大国大转型

中国经济转型与创新发展丛书

中国（海南）改革发展研究院组织编著

"十二五"国家重点图书出版规划项目

# 赢在转折点

## 中国经济转型大趋势

WIN

AT

THE

TURNING

POINT

迟福林◎著

ZHEJIANG UNIVERSITY PRESS

浙江大学出版社

**图书在版编目（CIP）数据**

赢在转折点：中国经济转型大趋势 / 迟福林著. ——
杭州：浙江大学出版社，2016.8(2017.3 重印)
ISBN 978-7-308-16109-1

Ⅰ.①赢… Ⅱ.①迟… Ⅲ.①中国经济－转型经济－
经济发展趋势－2016－2020 Ⅳ.①F123.2

中国版本图书馆 CIP 数据核字（2016）第 178671 号

**赢在转折点：中国经济转型大趋势**

迟福林 著

| | |
|---|---|
| 丛书策划 | 袁亚春　王长刚 |
| 责任编辑 | 葛玉丹 |
| 责任校对 | 杨利军　於国娟 |
| 封面设计 | 卓义云天 |
| 出版发行 | 浙江大学出版社 |
| | （杭州市天目山路148号　邮政编码310007） |
| | （网址：http://www.zjupress.com） |
| 排　　版 | 杭州中大图文设计有限公司 |
| 印　　刷 | 浙江印刷集团有限公司 |
| 开　　本 | 710mm×1000mm　1/16 |
| 印　　张 | 21.75 |
| 字　　数 | 276 千 |
| 版 印 次 | 2016 年 8 月第 1 版　2017 年 3 月第 3 次印刷 |
| 书　　号 | ISBN 978-7-308-16109-1 |
| 定　　价 | 56.00 元 |

# 总　序

## 2020:经济转型升级的历史抉择

### 迟福林

13 亿多人的大国,正处于"千年未有之变局"。变革、转型、创新,是这个时代的主旋律、主音符。在增长、转型、改革高度融合的新时代,"大转型"是决定中国命运的关键所在:不仅要在转型中全面清理传统体制遗留的"有毒资产",而且要在转型中加快形成新的发展方式,释放新的发展动力。

"十三五"的中国"大转型"具有历史决定性。以经济转型为重点,社会转型、政府转型都处于承上启下、攻坚克难的关键时期。总的判断是,2020 年是一个坎:化解短期增长压力的希望在 2020;转变经济发展方式的关键在 2020;实现全面小康、迈向高收入国家行列的关节点在 2020。如果谋划好、把握好 2020 这个"中期",就能奠定中长期公平可持续增长的坚实基础;如果错失 2020"中期"这个重要历史机遇期,就会失去"大转型"的主动权,并带来多方面系统性的经济风险。

"十三五"实现经济转型升级的实质性突破,关键是把握和处理好"四个三"。首先,抓住三大趋势:一是从"中国制造"走向"中国智造"的工业转型升级大趋势;二是从规模城镇化走向人口城镇化的城镇化转型升级大趋势;三是从物质型消费走向服务型消费的消费结构升级大趋势。其次，应对三大挑战：一是在经济下行压力下，加大结构调整力度，实现结构改革的重大突破；二是应对全球新一轮科技革命，加快提升创新能力，实现"弯道超车"；三是在改革上要"真改"、"实改"。当前，转型更加依赖于改革的全面突破，对改革的依赖性更强。没有制度结构的变革，转型寸步难行，增长也将面临巨大压力。再次，实现三大目标：一是在产业上，加快推进制造业服务化进程，形成服务业主导的产业结构；二是增长动力上，形成消费主导的经济增长新格局，消费引导投资，内需成为拉动经济增长的主要动力；三是对外开放上，形成以服务贸易为主的开放新格局，实现服务贸易规模倍增。最后，处理好三大关系：一是短期与中长期关系，做好2020"中期"这篇大文章，立足中期、化解短期、着眼长期；二是速度与结构关系，在保持7%左右增速的同时，加快结构调整的进度；三是政策与体制关系。在经济下行压力下，关键是在制度创新中形成政策优势。

近40年的改革开放，给我们留下许多宝贵的财富。最重要的一条就是：越是形势复杂，越是环境巨变，越需要坚定改革的决心不动摇，坚持转型的方向不动摇。这就需要对"大转型"进行大布局、大谋划，需要实现产业结构、城乡结构、区域结构、所有制结构、开放结构、行政权力结构等改革的重大突破，需要对绿色可持续发展、"互联网＋"等发展趋势进行前瞻性的谋划，布好"先手棋"。

基于对"十三五"转型改革的判断，中国（海南）改革发展研究院与浙江大学出版社联合策划出版这套"大国大转型——中国经济转型与创新发展丛书"。丛书在把握战略性、前瞻性和学术性的基础上，注重可读性。我们期望，本套丛书能够对关注中国转型改革的读者有所启示，对促进"十三五"转型改革发挥积极作用。

　　本套丛书的作者大多是所在领域的知名专家学者。他们在繁忙的工作之余参加了丛书的撰写。作为丛书编委会主任，我首先对为丛书出版付出艰辛努力的顾问、编委会成员，以及作者和出版社的领导和编辑，表示衷心感谢！

　　本套丛书跨越多个领域，每本书代表的都是作者自己的研究结论和学术观点，丛书不追求观点的一致性。欢迎读者批评指正！

2015 年 9 月

# 目　录

# 总　论　"十三五"：经济转型与结构性改革

实践案例说明，一个企业也好，一个地区也好，常常不是赢在起点，而是赢在转折点。如何"赢在转折点"是企业与政府共同面对的重大问题：首先，"十三五"是我国经济转型升级的历史关节点，经济转型升级将为我国今后 10 年、20 年的可持续增长奠定重要基础；其次，"十三五"转型发展的特点十分突出，增长、转型、改革高度融合，以转型改革促发展是一个大趋势；再者，经济转型升级蕴藏着巨大的增长潜力和市场空间，同时面临诸多矛盾叠加、风险隐患增多的严峻挑战。适应经济转型升级的大趋势，"十三五"需要以结构性改革破解结构性矛盾，以实现经济转型升级的主要目标。

# 一、"十三五":经济转型的基本趋势

经济发展的活力在于结构变化和制度创新。经济转型升级是"十三五"发展的最大潜力和最大亮点。尽管当前经济下行和经济结构调整压力增大,矛盾增多,但经济转型升级趋势初见端倪。

## 1. 产业结构正由工业主导向服务业主导转型

(1)走向服务业主导的大趋势。第一,2000 年以来,我国服务业发展迅速,服务业增加值每五年翻一番。第二,服务业增加值占 GDP 的比重明显提高,从 2001 年的 41.3% 提高到 2015 年的 50.5%。第三,服务业成为拉动 GDP 增长的主导力量。2014 年,第三产业对国内生产总值增长的拉动为 3.5 个百分点,比第二产业高出 0.1 个百分点。第四,服务业成为创新创业的主要领域。2015 年,我国新登记注册服务业企业 358 万家,同比增长 24.5%,占全部新登记注册企业总数的 80.6%。第五,服务业成为吸纳就业的主要领域。2015 年年末,服务业就业人员占全部就业人员比重达到 42.4%。

(2)工业化后期形成服务业主导的产业结构是一个经济规律。工业化后期，比工业、农业更高附加值的现代服务业发展是产业结构演进的大方向。在这个特定时期，服务业增加值占 GDP 的比重一般都在 60％以上。改革开放以来，我国工业化进程大体经历了三个时期：第一阶段是工业化初期，加工和轻工类产品占据主导地位；第二阶段是工业化中期，重化工业成为工业的重要组成部分；第三阶段是工业化中后期，服务业开始成为主导产业。"十三五"，我国开始进入工业化后期，基本形成以服务业为主导的产业结构是一个客观规律。

（3）"十三五"，以现代服务业为主导的产业结构形成。当前，我国服务业进程与工业化的阶段相比还存在明显差距。2015 年，服务业增加值占 GDP 的比重为 50.5％，比金砖国家低了 8~10 个百分点，比发达国家低了 20 多个百分点。国家"十三五"规划将服务业发展的预期目标定为 56％。从实际来看，到 2020 年，服务业占比有可能达到 58％。

第一，"十三五"或者更长一段时间内，服务业增加值占 GDP 的比重年均提升 1.2 个百分点是有条件的。预计到 2020 年，服务业占比将由现在的 50.5％提升到 58％左右，有可能接近 60％。由此，基本形成以服务业为主导的产业结构。

第二，服务业有望保持 8％~9％的年均增长速度，服务业增加值将有可能从当前的 30 多万亿元增加到 2020 年的 50 多万亿元。

第三，服务业内部结构明显优化。目前，以研发、金融、物流等为重点的生产性服务业占 GDP 的比重仅为 15％左右，占服务业的比重为 40％左右。而作为制造业强国的德国，其生产性服务业占 GDP 的比重为 40％左右，占服务业比重高达 70％以上。我国现代生产性服务业占 GDP 的比重偏低是制造业转型升级的突出短板。预计在国家创新战略驱动下，到 2020 年，我国生产性服务业占 GDP 比重将达到 25％左右，这将成为我国制造业转型升级的巨大推动力。

（4）服务业发展的主要条件。一方面，新一轮科技革命和全球制造业变革的大趋势推动生产性服务业发展。在全球新一轮的科技革命背景下，未来 5～10 年，全球制造业正处在由生产型向服务型转型升级的重要时期。目前，全球 500 强企业所涉及的 51 个行业中，有 28 个属于服务业，56％的企业在从事服务业。① 当前，我国产业变革和新一轮的全球科技革命相交汇，将有效促进制造业由生产型向服务型转型升级，为我国推动现代服务业，尤其是生产性服务业发展创造了重要的外部条件。

另一方面，居民消费结构的变化推动生活性服务业快速发展。居民消费结构的变化是一个国家产业结构变革的重要内生动力。当前，教育、医疗、健康、旅游等服务型消费需求全面快速增长，成为产业结构变革和现代服务业发展的重要推动力。

**2. 城镇化结构正由规模城镇化向人口城镇化转型**

(1)城镇化仍处在快速发展的阶段。2014 年，我国规模城镇化率达到 54.7％，2015 年提高到 56.1％。从总体上看，城镇化进程还远落后于工业化进程。从实践看，工业化后期，常住人口城镇化率一般应达到 65％左右。目前，我国常住人口城镇化率刚刚超过 55％，仍有近 10 个百分点的发展空间。此外，我国中小城镇化发展比较落后，新型城镇化的区域布局也不合理，城镇化在中西部的发展空间巨大。

(2)"十三五"基本形成户籍人口城镇化的新格局。无论是从城镇化与工业化相协调，还是从全面建成小康社会的现实需求看，"十三五"人口城镇化发展都应达到以下两大目标：

第一，常住人口城镇化率不低于 60％。通过深化户籍制度改革，加快推动城乡基本公共服务均等化，未来 5 年常住人口城镇化率有可能以每年不低于 2 个百分点的速度提升。到 2020 年，我国常住人口城镇化率有可能达到 65％左右。

---

① 迟福林：《转型闯关——"十三五"：结构性改革历史挑战》，中国工人出版社，2016 年。

第二，户籍人口城镇化率将达到 50％左右。目前，虽然我国常住人口城镇化率超过 55％以上，但户籍人口城镇化率严重偏低，2015 年仅为39.9％，比常住人口城镇化率低了约 16 个百分点。户籍人口城镇化率偏低是我国新型城镇化建设的突出矛盾，它与全面建成小康社会的目标不相适应。国家"十三五"规划将户籍人口城镇化率的预期目标定为 45％，如果户籍制度改革有所加快，就有条件、有可能达到 50％左右。

（3）城镇化的历史条件发生深刻变化。中华人民共和国成立之初，我国并不存在城乡二元的户籍制度。为了快速实现工业化，20 世纪 50 年代末期，我国实行了城乡二元户籍制度。工业化发展到今天，户籍制度产生的历史条件已经发生了根本性变化：

第一，城乡一体化进程明显加快。随着农业规模化经营的展开和农业现代化进程的加快，农村人口向城镇的流动会呈现逐步增加的趋势。

第二，农民工的结构发生重要变化。随着"80 后""90 后"成为农民工的主体，他们中的多数人已经扎根于城市，很难再回到农村。"十三五"深化户籍制度改革的重要目标就是要让农民工成为历史。

第三，以居住证取代城乡二元户籍制度的历史条件开始形成。全面深化户籍制度改革的突破点是用居住证制度全面替代城乡二元户籍制度。全面实施居住证制度，需要让农村转移人口享受同城镇化居民均等的基本公共服务。在居住证制度设计上，有人担心由此可能会形成大中城市的"盆地效应"。在实践中，大城市设置标准可以高一些，中小城镇设置标准可以适当放宽，在这个条件下逐渐允许人口自由流动。总的看来，在加快建设公共财政体制、总体实现城乡基本公共服务均等化的前提下，到 2020年我国有条件全面实施居住证制度。

**3. 消费结构正由物质型消费为主向服务型消费为主转型**

（1）消费结构变化的历史关节点。2008 年以后，我国总体上进入一个以人的自身发展为重要目标的发展型新阶段。城乡居民的消费更多地用于人的自身发展上,这是社会发展阶段发生深刻变化的集中体现。在这个新的发展阶段,城乡居民消费规模不断扩大。例如,我国社会消费品零售总额由 2011 年的 18.39 万亿元增长到 2015 年的 30.09 万亿元,年均增速达到 13.4％,高于 GDP 增速 6.5 个百分点。

(2)消费结构正在快速升级。

第一,从生存型消费向发展型消费升级。城镇居民的消费需求已由工业品为主向教育、医疗、健康、旅游等服务型消费为主转变,农村居民的消费需求已由以生活必需品为主向以工业消费品为主转变。

第二,从传统消费向新型消费升级。人们对绿色消费、信息消费、便捷消费等新型消费的需求进一步提高。例如,过去 10 年城乡居民的信息消费规模以年均 20％左右的速度增长。

第三,从物质型消费向服务型消费升级。2000—2014 年,我国城镇居民人均服务型消费支出从 1960.92 元提高到 7563.44 元,年均增长 10.1％,2014 年服务型消费支出比重达到 45.32％的高位。预计到"十三五"末期,城镇居民的服务型消费占比将提高到 50％以上,一些发达地区有可能达到 60％左右,这将是加快现代服务业发展的重要推动力。

(3)"十三五"消费结构升级的目标判断。"十三五",我国城乡居民服务型消费将进入全面快速增长的新阶段,由此消费对经济增长的贡献率将明显提升。

第一,2015 年,社会消费品零售总额增速为 10.6％,"十三五"消费年均增长 9％～10％是有条件的。

第二,到 2020 年,消费总规模由 2015 年的 30 万亿元左右提高到 50 万亿元左右。

第三,2013—2015 年,消费对经济增长的贡献率从 48.2％提高到 66.4％。考虑到这是在投资贡献率快速下降条件下实现的,所以"十三五"消费对经济增长贡献率将会稳定在 65％左右。

## 二、"十三五"：经济转型升级与经济增长潜力

"十三五"，我国经济正进入中速增长阶段：一方面，增长将呈现"L"型；另一方面，新的增长动力开始出现，经济结构将发生明显变化。总的看来，"十三五"，经济将保持年均 6%～7% 的增速，平均增速有望达到6.5%。这不仅意味着我国将成功跨越中等收入陷阱，而且意味着我国将为新阶段世界经济增长带来稳定的贡献。

**1. 转型增长的突出特点**

（1）增长对转型的依赖性明显增强。"十三五"，经济转型蕴藏着巨大的经济增长潜力。实现经济转型的突破，不仅能缓解短期经济增长压力，而且将形成中长期可持续增长的重要基础。

（2）一个地区能否成功实现转型是决定这个地区经济增长的重要因素。例如，"新东北"现象主要是由东北地区转型发展不足和开放程度不够所造成。

（3）经济转型升级将释放增长潜力。经济转型升级的条件下，潜在经济增长率将保持在 6%～7% 的区间，这是我国维持中速增长的重要基础。由于新的增长动力逐步形成，我国有条件在"十三五"期间实现年均 6.5% 的经济增长。

**2. 现代服务业发展对经济增长的主导作用**

（1）服务业对经济增长的作用。形成以服务业为主导的产业结构，加快经济服务化进程，将为经济增长带来新动力。

第一，初步测算表明，到 2020 年，我国服务业增加值占 GDP 的比重将达到 58% 左右，服务业对经济增长的贡献率将从 2014 年的 62.8% 提高到72.5%～79.6%。

第二，1978—2014 年，在我国处于工业化快速发展阶段时，第二产业

每增加 1 个百分点对经济增长的贡献率为 0.62 个百分点,第三产业每增加 1 个百分点对经济增长的贡献率为 0.33 个百分点。

第三,初步估计"十三五"期间服务业每增加 1 个百分点,对经济增长的贡献率将提升 0.49 个百分点,由此可以带动 3.8～4.3 个百分点的经济增长。

(2)现代服务业对创新的影响。以区域创新为例,服务业每增加 1 个百分点,区域创新能力将提高 10.4 个百分点;区域创新能力每增加 1 个百分点,服务业占 GDP 的比重将提高 4.3 个百分点。

(3)以现代服务业推动制造业转型升级。我国制造业做大做强的关键在于加快生产性服务业的发展,以生产性服务业引领制造业走向中高端。把握全球制造业高端化的大趋势,推动制造业向服务环节延伸和产品定价权向服务环节转移,推动制造业由生产型向服务型转型。当前,尤为重要的是要改革不合理的科研奖励制度,形成以成果为导向,着力向科技人员倾斜、有利于科研发展的大环境。

(4)以服务业为主导的产业结构引领经济新常态。

第一,形成 6.5% 左右的增长新常态。服务业增加值年均增长 9% 左右,就能为我国 6.5% 左右的经济增长奠定重要基础。

第二,形成新增就业不断扩大的新常态。有数据显示,2008 年,我国 GDP 每增加 1 个百分点,新增就业只有 70 万～80 万人;而到 2013 年,GDP 每新增 1 个百分点,带动新增就业 150 万人。[①] 这说明,就业不仅与经济增长相关联,也与产业结构变革相关联,服务业已成为扩大就业的主要渠道。

第三,形成大众创业、万众创新的新常态。现代服务业是朝阳产业,是目前广大社会成员创新创业最有发展前景的领域。

---

① 李克强:《GDP 增长 1 个百分点能拉动 150 万人就业》,《工人日报》,2013 年 11 月 5 日。

第四,形成利益结构逐步优化的新常态。服务业就业人数的增加,尤其是生产性服务业就业的增加,将有效改变利益结构,加快中等收入群体的形成。

第五,形成绿色增长和绿色转型的新常态。初步测算表明,如果第三产业占比从 46.1% 提高到 55%,以 2012 年 GDP 总量估算,我国能耗总量有望下降 14.16%,二氧化硫排放总量有望下降 18.23%。[①]

### 3. 消费对经济增长的拉动作用

(1)消费是拉动经济增长的重要驱动力。在服务型消费带动下,消费成为拉动经济增长的重要引擎。服务型消费的快速增长,将使投资与消费在拉动经济增长中的作用发生历史性变化,消费在拉动经济增长中的"主角"地位将逐步确立。2011 年,消费对经济增长的贡献率达到 62.83%,首次高于投资贡献率(45.35%)。2015 年,最终消费对 GDP 增长贡献率为 66.4%,比上年高出 14.8 个百分点,消费在拉动经济增长中"第一推动力"的地位日渐稳固。

(2)13 亿多人的消费全面快速增长不仅是我国经济增长的最大亮点,也是经济转型的突出优势。尽管 2015 年我国经济增速有所下滑,但从实际来看,消费促进了产业变革,起到了稳定经济增长的作用。实践证明,消费既是生产的目的,也是生产的动力。

(3)以服务型消费引领新业态快速发展。消费结构变革驱动经济转型,服务型消费推动服务型经济比重和水平的提高,成为经济结构转型升级的驱动力。以健康服务业为例,近年来全球健康服务业在总支出中占比为 15.6% 左右,而我国只有 1.5% 左右。目前,我国对消费促进经济转型升级的作用重视还不够。通过供给侧结构性改革,释放 13 亿多人的消费需求,将形成我国经济增长的重要内生动力。

---

① 迟福林:《形成服务业主导的产业结构》,《人民日报》,2015 年 8 月 26 日。

**4. 新型城镇化对经济增长的重大作用**

(1)人口城镇化仍是推动经济增长的重要动力。"十三五"加快人口城镇化进程,将释放出巨大的"发展红利":不仅有利于拉动消费,还有利于拓宽投资空间,为去产能、去库存创造有利条件。有研究表明,城镇化水平每提高 1 个百分点,可拉动 GDP 增长 1.5～2 个百分点。预计到 2030 年,中小城镇将成为我国经济增长的最大推动力,其对城镇 GDP 增长的贡献将达到 40%。[①]

(2)人口城镇化能有效带动投资。有测算显示,近些年每增加一个城镇人口,可带动 10 万元左右的投资,如果 2.7 亿农民工转化为市民,将带动 27 万亿元政府投资。预计 2020 年我国常住人口城镇化率将达到 60%以上,由此带来的投资需求约为 42 万亿元。[②]

(3)人口城镇化能有效拉动消费。研究表明,城镇化率每提高 1 个百分点,城镇居民人均年消费支出将增加 2%。[③] 目前,我国城镇居民的消费是农民消费的 3.6 倍。未来 5～10 年,人口城镇化将带来巨大的消费潜力。

**5. "十三五"转型发展要着力解决好五大关系**

(1)速度与结构。"十三五",我国经济转型既面临着短期经济下行压力的诸多矛盾困难,又面临着经济转型升级释放中长期发展潜力的重要机遇。在这个特定背景下,关键是把握好、谋划好经济转型与经济增长的路径依赖,以转型发展释放经济增长的巨大潜力。在保持 6.5%经济增速的同时,要重视经济结构的调整和经济质量的提升。

(2)短期与中长期。不能就短期而论短期,把矛盾和隐患留给中长期。尤其是不能为了短期的经济增速,而推迟经济结构的调整。解决短期问

---

① 周子勋:《新型城镇化或将成为中国经济增长的新动力》,《中国经济时报》,2014 年 12 月 22 日。
② 陈青松:《新型城镇化的金融大考》,《中国企业报》,2014 年 4 月 1 日。
③ 朱敏:《如何更好地发挥城镇化对消费的拉动作用》,《中国经济时报》,2013 年 5 月 13 日。

题,需要从经济转型升级入手,立足2020这个中期化解短期矛盾,实现标本兼治。

（3）政策与体制。在当前的经济形势下,短期内的政策刺激起托底作用。但化解经济下行压力,主要不是靠政策刺激,关键在于适应发展趋势,在制度创新中发挥政策的放大效应。而且,政策要与体制创新相配套,以促进制度创新。

（4）政府与市场。经济生活领域诸多的结构性矛盾源于过多的行政干预导致的政府与市场关系扭曲,但在去产能、去库存、去杠杆中又往往不自觉地运用行政手段。结构性改革要防止政府进一步替代市场,严防政府主导型经济增长方式的回归。

（5）顶层设计与基层创新。结构性改革顶层设计很重要,基层改革创新更重要。我国是一个转型中的大国,地方情况千差万别,相当多的改革不能一刀切。改革需要发挥顶层推动和基层创新这两大优势。就是说,既要强化改革的顶层协调和顶层推动,以更大的决心和魄力突破既得利益。与此同时,按照经济转型升级的要求合理安排改革试点,鼓励地方结合实际进行探索创新,充分发挥基层首创精神。鼓励地方按照中央统一部署,结合本地实际先行先试。建立鼓励改革的激励机制,赋予地方政府更大的改革自主权,营造全社会改革的大环境。

# 三、以经济转型升级为主线的结构性改革

结构性改革的重要目标是促进经济转型升级。适应经济转型升级的趋势,推动经济转型升级是"十三五"规划的一大亮点。以结构性改革破解经济转型的结构性矛盾,取决于结构性改革能在多大程度上适应经济转型的需求与趋势破题发力,取决于尽快推出一批具有重大牵引作用的供给侧结构性改革举措,以实现供给与需求的动态平衡。经济转型升级对结构性

改革提出了内在需求，对结构性改革的依赖性明显加大，结构性改革是促进经济转型升级最重要的条件。

### 1. 以服务业市场开放为重点的市场化改革

（1）从工业市场开放到服务业市场开放是个大趋势。无论是从工业主导向服务业主导的转型升级、从物质型消费为主向服务型消费为主的转型升级，还是从规模城镇化向人口城镇化的转型升级，都对服务业市场开放提出了新的要求。"十三五"，市场化改革的关键是市场能不能适应工业变革、消费变革、城镇化变革的大趋势，发挥市场在服务业领域资源配置中的决定性作用。

改革开放 38 年来，工业领域的市场开放极大地激发了市场活力，在推动我国快速工业化进程中扮演了重要角色。"十三五"，实现由工业市场开放到服务业市场开放，将为我国服务业发展带来强劲动力，并由此释放出新一轮市场化改革的巨大红利。

（2）服务业市场开放滞后是市场化改革的"突出短板"。

第一，服务业市场化程度低。有数据显示，我国工业部门 80％ 以上是制造业，属于高度市场化部门，而服务业 50％ 以上仍被行政力量垄断，属于垄断竞争部门。[①] 当前，教育、医疗、航空等服务业市场已经向社会资本开放。问题在于，这些领域的市场化改革滞后，国有企业在市场中仍处于垄断地位，民营企业往往处于弱势地位。

第二，服务业对外开放的程度较低。例如，我国上海、广东、天津和福建四个自由贸易试验区在推动服务业市场对外开放中扮演重要角色，但从四个自贸区共用的负面清单来看，对服务业的限制仍然比较多。例如，在负面清单 122 项特别管理措施中，有 80 余项是针对服务业，远高于国际一般水平。

---

① 张斌：《中国经济趋势下行的逻辑》，《21 世纪经济报道》，2013 年 10 月 14 日。

第三,服务化水平低。由于相当多的服务业领域存在垄断现象,服务质量整体不高。近几年来,我国因服务质量问题引发的消费投诉不断增多。例如,2010—2014 年,我国消费者协会的万人服务投诉量由 1.49 件提高到 2.08 件,提高了 39.6%。①

第四,服务价格高。在价格管制、缺乏有效竞争的情况下,不少服务业领域价格居高不下。例如,2015 年,我国宽带平均上网速度全球排名第 91 位,而平均一兆每秒的接入费用却是发达国家的 3～5 倍。②

(3)服务业市场开放是市场化改革的"最大红利"。目前,服务业领域社会资本投资增速超过工业,服务业固定资产投资中社会资本占比过半,服务业市场开放可以扭转投资快速下降的势头。教育、医疗、电信等服务业市场的逐步放开,将为社会资本带来巨大的投资空间,社会资本进入服务业领域的势头将逐步加快。以健康服务业为例,预计到 2020 年我国消费总规模将高于医疗消费总规模,健康服务业市场潜力将高达 8 万亿元人民币。③

(4)服务业市场开放的重大任务。第一,处理好行业利益和部门利益,打破服务业市场的行政垄断与市场垄断。第二,推进服务业市场的便利化改革,使社会资本成为现代服务业发展的主体力量。第三,全面放开服务业市场价格,以形成统一开放、公平竞争的市场体系。第四,加快调整服务业与工业用地政策,实现工业与服务业政策平等。目前,服务业用地价格平均高于工业用地 4～5 倍,部分甚至高达 9 倍。第五,全面完成服务业营改增。以促进服务业市场开放为导向加快税收政策调整,通过结构性减税为服务业发展创造良好的政策环境。

---

① 《质量是服务业迈向中高端水平的关键》,《中国质量报》,2015 年 12 月 9 日。
② 迟福林:《转型闯关——"十三五":结构性改革历史挑战》,中国工人出版社,2016 年。
③ 王昌林:《支撑 7% 的产业发展新动力》,《光明日报》,2015 年 8 月 7 日。

（5）以政府购买公共服务为重点加快公共服务业市场开放。在服务业市场开放中,政府的作用至关重要,但应减少政府过多的行政干预。在政府采购中,以高效率和低成本为目标,有效提高公共服务业供给效率,降低公共服务业的供给成本。

**2. 以优化企业发展环境为重点的结构性政策调整与结构性改革**

（1）经济转型时期优化企业发展环境具有紧迫性。在经济转型升级背景下,实体经济发展面临严峻挑战,应依靠市场为企业转型发展创造空间。在经济转型升级过程中,政府要为国企发展创造市场环境和市场空间,国企要创造机遇实现产品结构、组织结构和体制转型,积极稳妥地推进企业兼并重组。

当前,化解产能过剩已成为供给侧结构性改革的重大任务。在经济转型中某些产能过剩行业将逐步走出困境,在此过程中政府应对具有发展空间的"僵尸企业"给予适当的政策扶持。

（2）向企业"放权"要有新突破。近两年的简政放权在减少审批数量上取得重要进展,下一步重点是要减少企业的制度成本。

第一,借鉴国际商事制度经验,全面实施企业自主登记制度。目前,商事制度改革取得了重大进展,但改革仍有一定空间。

第二,适时取消企业一般投资项目备案制。在实体经济发展比较缓慢的特定背景下,尽快全面取消企业一般投资项目备案制,有利于创新市场发展的大环境。

第三,以公平竞争的政策取代产业政策。在工业起飞阶段,产业政策可以对工业发展起到十分重要的支撑作用。但在市场经济体制基本形成的背景下,应转变政府职能,加强市场监管,以公平竞争的市场政策取代产业政策。

（3）激发企业家精神,依法保护企业家财产权和创新收益。供给侧结构性改革的主角是企业和企业家,要重视产业变革中的企业家精神,要营造保护企业家财产权和创新收益的政策环境、法治环境、市场环境和社会环境。

（4）破题混合所有制。国有企业需要通过改革去产能。在当前财政收入增长缓慢的背景下，国有企业要脱困，需要在发展混合所有制上有新的突破，通过多种形式使社会资本能够参与国企改革，搞活企业。

### 3. 以服务贸易为重点的二次开放

（1）经济转型升级对服务贸易依赖性明显增强。与 2001 年我国加入 WTO 时不同，"十三五"我国外贸转型的突出挑战是服务贸易的双向市场开放。

第一，国内消费结构的升级要求加快以服务贸易为重点的对外开放进程。重点是发展服务型的制造业，并制定服务标准、消费标准和环保标准。为此，应加快服务贸易对外开放，以适应国内消费结构升级的需求。

第二，全球新一轮贸易自由化的聚焦点在于服务贸易。加入 WTO 之后，我国的外贸政策聚焦点在货物贸易市场开放。目前，服务贸易不仅是双边和区域性自由贸易协定的聚焦点，也开始成为全球多边自由贸易协定的聚焦点。在这个背景下，对外开放需要更多地聚焦在以服务贸易为重点的市场开放上。

第三，服务贸易开放成为我国扩大开放的基本趋势。在工业化初期，我国抓住全球货物贸易需求扩张和发达国家制造业转移的历史机遇，推动了制造业与全球的直接融合，成为全球第二大经济体和第一大货物贸易国，这为全球经济和贸易增长做出巨大贡献。

未来五年，以服务贸易为重点的全球自由贸易进程将明显加快，我国经济转型升级对服务贸易和服务业市场双向开放的依赖性明显增强。在这个大背景下，我国开放的特点、重点也都将发生明显变化。

（2）服务贸易发展滞后成为我国供给侧的"短板"。我国已成为世界货物贸易的第一大国，但服务贸易占比偏低。2014 年，全球服务贸易占整个对外贸易的比重为 20％左右，我国仅为 12.3％。2014 年，我国服务贸易额为 6043 亿美元，不足货物贸易额的 1/7。我国货物贸易额在全球货物贸易总额中占比超过 10％，而服务贸易额在全球服务贸易总额中占比仅为 6.2％。在世界前十大服务贸易国中，我国人均服务贸易额为 448 美元，是美国的 12％、德国的 6％、日本的 16％。这就需要把加快提升服务贸易水平作为优化贸易结构、扩大有效供给的重点。

（3）以服务贸易为重点加快"二次开放"。与以工业市场开放为重点、推动我国制造业全球化的"一次开放"相比，"二次开放"的历史使命是以服务贸易为重点全面实施自由贸易战略，有序推进服务业市场的双向开放，在开放中推进全球自由贸易进程，在开放中发挥我国在新一轮全球自由贸易中的重要作用。

（4）发展服务贸易需要特别重视建立中欧自贸区。2015 年 6 月 30 日，欧盟首次表态，支持开展中欧自由贸易区的可行性研究。建立中欧自贸区具有重要意义：一是将对完善全球治理结构和稳定经济增长起到重要作用；二是对于欧洲开辟我国市场和我国消费结构转型升级是一个双赢。如果我国与欧盟的服务贸易比重提高到 20％，双方服务贸易总额将达到 2000 亿～2200 亿欧元。这对我国经济转型升级将是一个巨大的促进，尤其是在环保、制造业服务化的技术转让方面。这就需要抓住机遇，做好中欧自贸区的可行性研究，并以服务贸易为重点开展中欧投资谈判和贸易谈判。

### 4. 以监管转型为重点的简政放权

（1）监管变革是简政放权向纵深发展的关键。在经济转型升级中，更好地发挥政府作用的关键在于监管转型，现实中经济社会转型改革难以突破与监管转型不到位紧密相关。与此同时，政府放权"一放就乱"的关键是市场监管转型滞后。因此，监管转型滞后成为简政放权改革的最大短板和重要掣肘，纵深推进简政放权需要把监管转型作为关键和重点。

(2)监管体制转型要有新举措。目前,审批权、监管权不分是最突出的矛盾。以证券市场监管为例,既有审批权,又有监管权,在现实中,导致相关人员将很大的精力放在审批上,进而忽视监管的独立性、专业性、权威性和标准性。要解决监管权和审批权不分的矛盾,关键是实现审批权和监管权相分离,并在监管转型中实现决策权、执行权、监督权相分离。

(3)保障市场监管机构的独立性、权威性、专业性。调整优化市场监管的行政权力结构,在金融领域、消费领域、反垄断领域尽快建立统一的综合性市场监管机构,形成政府与社会协同的市场治理新格局。在强调政府市场监管主导作用的同时,积极引导各类市场主体自治,提升企业社会信用,促进市场主体自我约束,诚信经营,充分发挥行业组织的自律作用以及社会舆论和社会公众的监督作用,逐步形成统一开放、竞争有序的市场生态环境,尽快建立起与市场经济发展阶段相适应的市场治理体系。

(4)监管变革是一场深刻的政府革命。监管变革涉及政府理念、利益和权力结构等一系列变革,具有深刻性、复杂性,需要进一步凝聚改革共识,并以更大的决心和魄力破除既得利益。

# 第一章　产业变革正处在由工业主导转向服务业主导的转折点

"十三五",我国经济转型升级的核心是产业结构变革:一方面,工业化进入后期,服务业加快发展是大趋势;另一方面,由于产业结构不合理导致的矛盾日益突显。到2020年,形成服务业主导的产业结构,关键在于以打破垄断为重点推进服务业市场开放,并着力破除服务业市场开放中的政策与体制性矛盾。

形成服务业主导的产业结构是我国工业化后期产业结构演进的客观规律。问题在于，由于服务业市场开放的严重滞后，释放服务业发展潜力的制度结构尚未形成。从工业市场开放转向服务业市场开放，成为"十三五"攻坚结构性改革的首要任务。

# 一、走向服务业主导是一个大趋势

"十三五"，随着工业化进入后期，无论是工业转型升级，还是城镇化结构变革，都对加快现代服务业发展提出了新的要求，由工业主导走向服务业主导是一个大趋势。

## （一）全球新一轮产业革命凸显发展生产性服务业的重要性

"十三五"是我国产业结构转型的关键时期。全球新一轮产业革命与我国工业化后期形成了历史性交汇，工业转型升级对发展生产性服务业的依赖性全面增强。

### 1. "工业 3.0"与"工业 4.0"时代到来

如果将工业革命以来的历史分为四个阶段，"工业 1.0"（1760—1860 年）

是蒸汽机时代，"工业2.0"(1860—1950年)是电气化时代，在互联网、大数据技术等多种因素的推动下，"工业3.0"与"工业4.0"正在同步到来。所谓"工业3.0"，主要特征是"互联网＋新能源"，由此推动人类社会逐步告别传统石化能源时代，进入新能源时代；所谓"工业4.0"，主要特征是"互联网＋制造业"，由此推动制造业进入数字化时代。全球新一轮产业革命为工业发展带来新机遇的同时，也正在颠覆、侵蚀传统重化工业的基础。2015年以来，石油、煤炭、有色金属等价格的断崖式下跌，使得资源依赖型的国家和地区陷入困境。例如，2016年新年伊始，石油价格就跌破了2008年国际金融危机以来的最低点。总的看来，在新工业时代，生产要素软化的特征十分突出，与传统大工业时代有很大不同。判断一个国家是否工业强国，并不取决于其有多大的生产能力，而是取决于其是否具有强大的工业服务能力。

**2."工业3.0"依赖于生产性服务业**

当前，我国迫切需要通过"工业3.0"化解日益严峻的环境污染、生态破坏、资源能源匮乏等严峻挑战。尤其是解决雾霾困境，需要依托新能源，对电力、汽车、钢铁等传统产业进行系统性重构。以太阳能光伏向家庭普及为例，重要的并不是太阳能光伏本身的制造环节，而在于其服务环节。能否通过以高新技术服务为重点的现代服务业发展，加强研发和销售并降低交易成本，使家庭多余的发电能够及时销售出去，成为太阳能光伏向家庭普及的核心难题。

**3."工业4.0"更依赖于生产性服务业**

以德国的智能制造为代表，如今工业强国都在抢占"工业4.0"的高地。美国的"制造业回归"并非建立在传统"工业2.0"的基础上，而是建立在"工业4.0"的基础上。在这个背景下，我国制造业却面临着劳动力和土地等要素成本的上升、传统比较优势逐渐丧失的挑战。如何搭建"工业4.0"的基础，重塑制造业的国际竞争优势，成为我国"十三五"工业转型升级不可回避的重大问题。例如，在生产制造过程中，设计、研发、生产有关的所有数据通过传感器采集并进行分析，形成可自动操作的智能生产系统，使信息技术向生产环节渗透，用智能装备和先进技术改造传统工艺设备，促进生产方式由大规模同质粗放生产向智能化、数字化、精细化、柔性化生产的转变。

## （二）新型城镇化对发展生活性服务业提出新的要求

"十三五"，我国正由规模城镇化向人口城镇化转型，随着人口城镇化进程的加快，对发展现代服务业的需求日益迫切。

### 1. 人口城镇化推动工业主导转向服务业主导

经过近 38 年的改革开放，我国城镇化发展正由工业主导走向服务业主导。随着"80 后""90 后"等新生代社会群体成为主流人群，一方面他们对城镇服务品质的要求急剧提高，另一方面他们在就业选择上更倾向于服务业领域而不是传统的工业领域。过去靠重化工业起家的城市如果缺乏服务品质，人口就会流出；而以现代服务业为支撑的城市，则逐步成为人口集聚的洼地，并形成经济持续发展的动力。按照经济合作与发展组织关于2015 年中国城市政策评论报告显示，我国超过千万人口的大城市已达到 15 个，除了北京、上海、广州、深圳，华中和西南地区的武汉、成都、重庆紧随其后，新榜单还包括天津、杭州、西安、常州、汕头、南京、济南，以及哈尔滨。这些城市之所以能够吸引人口，一个共同的特征是服务业比较发达，城市生活品质较其他地区更高，并能够为年轻人提供更多的白领就业岗位。相反，根据 2010 年第六次人口普查的数据，东北三省总人口为 1.0995 亿人，对比之前 2000 年第五次人口普查的数据，10 年间东北人口净流出 180 万人，[①]东北地区人口外迁的现象，在很大程度上反映了传统工业主导型城市所面临的困境。

----

① 《东北 10 年间人口净流出 180 万人　卫计委将调研》，《新京报》，2015 年 11 月 12 日。

**2.人口城镇化对发展生活性服务业的依赖全面增强**

从国际经验看,工业化后期伴随着人口城镇化的快速发展,使得一个国家能够迅速推进城镇化进程。然而,由于教育、健康、文化、养老、娱乐等生活性服务业的发展滞后,以及城乡基本公共服务存在较大差距,我国城镇化滞后于工业化进程的矛盾仍然十分突出。我国目前的户籍人口城镇化率尚不到40%,远低于全球工业化后期人口城镇化率的平均水平(60%)。"十三五"深化户籍制度改革,户籍人口城镇化率有望提升到50%左右。

### （三）消费结构升级与走向服务业大国

当前,我国已进入消费新时代。把握消费需求升级的大趋势,加快发展现代服务业,才能抓住发展新阶段的新机遇,释放新动力,从而赢得稳增长、促改革、调结构、惠民生、防风险的主动权。

**1.消费结构升级是形成服务业主导格局的基本前提**

(1)消费升级带来服务升级的巨大需求。伴随着经济发展水平的不断提高,广大社会成员消费需求的变化主要表现为对服务品质追求的元素增多。也就是说,消费升级离不开服务升级。以软件开发为例。当前软件开发已经过了单纯为硬件配套的时代,尽管一些新的硬件生产对软件开发仍有比较大的需求,但软件开发最大的需求是适应消费者最直接的服务需求。"十三五"扩大内需、拉动消费,更需要把服务升级作为重点。

(2)服务型消费需求释放推动服务业发展。例如,这些年在大数据等新信息技术革命下,生活性服务业也开始不断升级改造,移动教育、移动医疗、移动健康等服务业快速发展,推动了传统生活性服务业向现代生活性服务业的转型升级。大数据推动产业转型升级重要的方向是利用大数据来服务于新的消费需求,为社会成员提供更高质量、更便捷的教育、健康、保健等服务。

(3)服务型消费需求释放推动传统产业的转型升级。例如,在生存型阶段城乡居民以吃饱为主要目标,随着温饱问题的解决,人们对饮食的环境、安全、服务提出了更高的要求,这在不断推动饮食服务业创新发展的同时,也推动着传统农业向绿色农业的转型。在人们越来越注重绿色食品消费的情况下,由传统农业向绿色农业转型升级的压力和动力将越来越大。

**2. 消费结构升级扩大服务业发展的市场空间**

(1)消费结构升级为服务业创新发展提供巨大的市场空间。以电子商务为例。虽然阿里巴巴、京东的发展,有其自身在服务、技术、营销、管理等方面不断创新的原因,但更根本的原因是抓住了我国居民消费结构升级与消费需求释放带来的历史机遇。再加上与现代信息技术的结合,适应了现代城市居民消费模式的改变,进一步拓展了释放消费需求的有效途径。2015年天猫"双十一"交易额达到 912.17 亿元,同比增长 59.72%。随着消费结构升级与消费需求释放的不断加快,服务业创新发展的市场空间会越来越大。

(2)消费需求增长推动服务业快速增长的趋势正在形成。消费升级伴随着消费规模的快速扩张,形成走向服务业大国的原动力,推动服务业成为国民经济的主导产业。2008 年的国际金融危机以来,我国已经开始从生产大国走向消费大国。一些人担心我国走向消费大国会降低我国经济的竞争力,会使世界难以承受。现实地看,消费结构升级既提供了走向消费大国的动力,又提供了走向服务业大国的动力。我国走向消费大国,不仅给阿里巴巴,同时也给美国的苹果等现代服务业企业带来巨大的市场空间。我国消费潜力的释放不仅对我国,对世界也是一种贡献。

**3. 消费结构升级为服务业创新发展提供源源不断的动力**

服务创新的基本出发点是满足人的需求,只有适应市场需求的服务创新才能获得市场的回报。在商品供不应求的时代,企业的商品一经生产出来就能够销售出去,企业并不关注消费者服务与体验。随着买方市场的形成,消费者对商品有了更多的选择权,企业的竞争力就不仅仅取决于商品质量的好坏，而是越来越取决于服务质量的好坏。一个企业，无论它是零售企业、制造企业还是咨询企业，能否适应消费者的需求变化而不断创新服务，决定着这个企业竞争力的强弱。例如，苹果手机的核心就是采取新的软件开发模式，把服务变成软件，创新消费者服务模式，使消费者更便捷、更舒适地使用功能更强大的手机，从而造就了一个巨型企业。我国的海尔，不仅在于其家电设备质量好，更重要的是形成了售后服务的"海尔模式"，消费者买到的不仅是产品，更是持久的优质服务。

13亿多人的消费需求释放正在推动我国服务业创新发展，同时也为众多的国际现代服务业巨头提供市场机遇。把握消费结构升级的大趋势，主动、积极布局现代服务业发展，成为"十三五"经济转型升级的"重头戏"。

## 二、基本形成以服务业为主导的产业结构

与以往相比，我国经济的基本面正发生深刻变化，主要表现在服务业将成为经济增长的突出亮点，成为拉动经济增长的主要引擎，成为引领整个产业结构升级的重要驱动力。到2020年，形成以服务业为主导的产业结构，将为我国实现工业转型升级创造重要条件。

### （一）现代服务业发展是迈向高收入国家行列的重要前提

现代服务业大发展是全球经济的基本趋势，服务型经济成为高收入国家的突出特征。进入中等收入阶段，发展现代服务业是我国迈向高收入国家行列的重要前提。

#### 1. 服务业大发展是全球经济的基本趋势

根据世界产业结构的发展规律，随着世界工业化进程的不断向前推进，服务业大发展将成为全球经济的基本趋势。20世纪中期以来，全球经济正经历一场深刻的结构性变革，即全球经济向服务型经济转型，尤其是

欧美发达国家。例如,1980—2004 年,全球服务业增加值占 GDP 的比重由 56％升至 68％,高收入国家甚至达到 72％,中等收入国家达到 53％,低收入国家为 49％。在服务业就业占比方面,2009 年高收入国家为 68.5％,中等偏上收入国家为 56％,中等偏下收入国家为 47.3％。[①]

**2. 发展服务型经济是发达国家产业结构的突出特征**

比传统工业、农业附加值更高的现代服务业快速增长,是一个国家进入高收入国家行列的必经之路。自 20 世纪 50—60 年代以来,发达国家无一例外地经历了一场向服务型经济转型的结构性变革,即服务业增加值和就业贡献在经济社会发展中占据主导地位(见表 1-1)。2004 年,美国这一比重为 77％,法国为 76％,英国为 73％,日本、新加坡和韩国分别为 68％、65％、56％。从服务业就业占比情况看,2009 年高收入国家达到 68.5％。[②]

表 1-1　不同类型国家服务业增加值比重与服务业就业比重　　(单位:％)

| | 低收入国家 | | 中等偏下收入国家 | | 中等偏上收入国家 | | 高收入国家 | |
|---|---|---|---|---|---|---|---|---|
| | 服务业占比 | 服务业就业占比 | 服务业占比 | 服务业就业占比 | 服务业占比 | 服务业就业占比 | 服务业占比 | 服务业就业占比 |
| 平均值 | 44.1 | 27.3 | 53.5 | 44.5 | 60.4 | 58.3 | 68 | 69.8 |
| 中位数 | 44.9 | 25.5 | 55 | 41.8 | 62.5 | 59.9 | 71.1 | 71.3 |
| 最大值 | 63.4 | 44.3 | 79 | 61.9 | 78.3 | 75.2 | 98 | 85.6 |
| 最小值 | 21.3 | 8.6 | 19.6 | 24.7 | 20 | 28.4 | 4.7 | 54.4 |
| 标准差 | 11 | 12.9 | 13.8 | 10.1 | 13.1 | 9.3 | 16.9 | 8.2 |
| 样本数 | 33 | 8 | 49 | 20 | 45 | 31 | 44 | 51 |

注:第一,国家分类根据世界银行标准划分,即以 2009 年人均 GNI 划分为四个类别,低收入国家、中等偏下收入国家、中等偏上收入国家和高收入国家。划分标准分别为:低于 995 美元、996～3945 美元、3946～12195 美元、12196 美元及更高。第二,数据时间样本为,服务业增加值比重主要是 2009 年数据,共 171 个有效样本,其中个别国家由于缺乏数据,使用的是 2008 年或更早年份的数据。服务业就业比重由于 2008 年和 2009 年数据严重缺乏,使用的主要是 2007 年数据,共 110 个有效样本。

资料来源:江小涓,《服务业增长:真实含义、多重影响和发展趋势》,《经济研究》2011 年第 4 期。

---

① 陈宪,殷凤,程大中:《中国服务经济报告 2009》,上海大学出版社,2010 年。
② 陈宪,殷凤,程大中:《中国服务经济报告 2009》,上海大学出版社,2010 年。

## （二）基本形成以服务业为主导的产业结构

"十三五"，基本形成以服务业为主导的产业结构，不仅对我国经济转型升级有决定性影响，而且将引领经济新常态，推动经济结构再上一个新的台阶。

### 1. 服务业在国民经济中的地位与作用凸显

（1）服务业规模不断扩大。2000—2015 年，我国服务业增加值从 3.97 万亿元左右增长到 34.16 万亿元左右，扩张了 7.6 倍，服务业增加值基本实现每五年翻一番（见图 1-1）。2012 年是一个拐点，服务业增加值达到 24.3 万亿元，规模首次超过工业增加值（24.02 万亿元）。2015 年，第二产业增加值为 27.4 万亿元，第三产业增加值为 34.16 万亿元，比第二产业高出 6.76 万亿元，服务业规模超过工业规模已是大势所趋。

（2）服务业增速超过工业。进入新世纪以来，我国服务业增加值增速在绝大多数年份都超过了工业增加值增速。自 2001 年第二产业中工业占GDP 的比重首次被第三产业占比超过后，15 年间有 11 个年份的第三产业

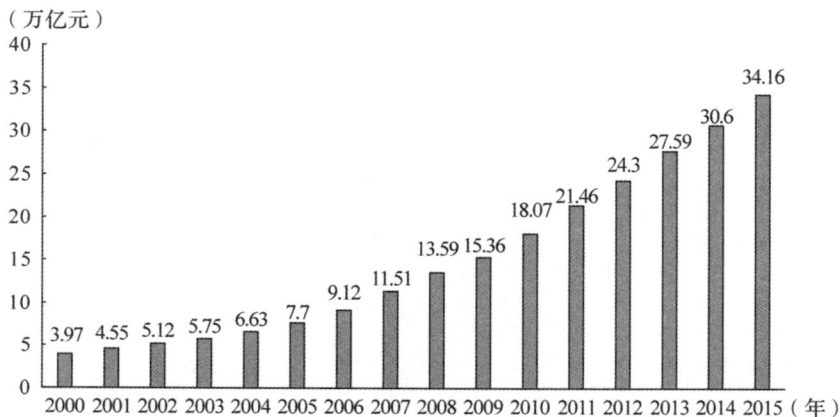

图 1-1　2000—2015 年服务业增加值增长情况

数据来源：国家统计局：《中国统计年鉴 2015》，中国统计出版社，2015 年；国家统计局：《2015 年国民经济和社会发展统计公报》，国家统计局网，2016 年 2 月 29 日。

增速高于第二产业增速。2015年,我国第二产业增长速度为6.0%,第三产业增长速度为8.3%,第三产业比第二产业高出2.3个百分点(见图1-2)。[①]可以说,在工业去产能的大背景下,服务业不仅成为稳定经济增长的重要因素,也成为拉动经济增长的主要引擎。

(3)服务业开始成为拉动GDP增长的主导力量。2013年,我国第三产业对国内GDP增长的拉动为3.7个百分点,与第二产业对国内GDP增长的拉动持平。2014年,我国第三产业对国内GDP增长的拉动为3.5个百分点,高出第二产业0.1个百分点(见图1-3)。

**2. 服务业占比仍有很大的提升空间**

2015年,我国服务业增加值占GDP的比重已达到50.5%,不仅远低于发达国家2000年的平均水平(70.1%),而且也低于同是金砖国家的俄罗斯、巴西和南非等国。总的来看,与俄罗斯、巴西、南非等金砖国家相比,

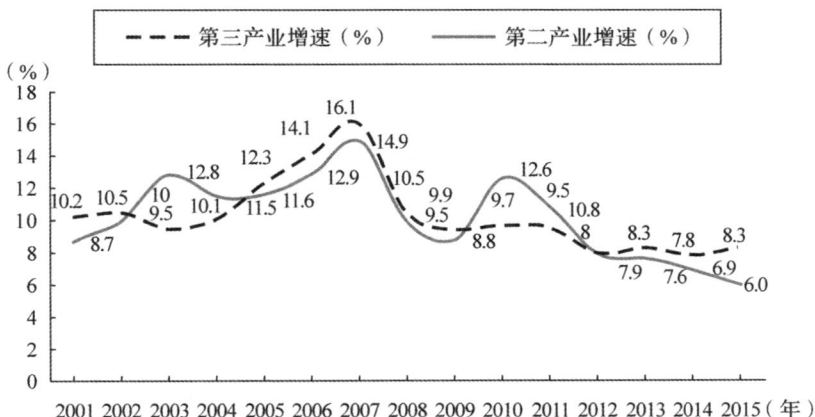

图 1-2 2001—2015年我国第三产业与第二产业增速比较

数据来源:国家统计局:《中国统计年鉴2015》,中国统计出版社,2015年;国家统计局:《2015年国民经济和社会发展统计公报》,国家统计局网,2016年2月29日。

---

① 国家统计局:《2015年国民经济和社会发展统计公报》,国家统计局网,2016年2月29日。

我国服务业增加值占 GDP 的比重至少低 10 个百分点；与发达国家相比，至少低 20 个百分点（见图 1-4）；与进入工业化后期的实际需求相比，至少相差 5 个百分点。这表明，我国服务业市场发展空间巨大。

### 3. 走向以服务业为主导的战略目标

（1）到 2020 年服务业占比将达到 58％左右。从"十二五"期间的情况

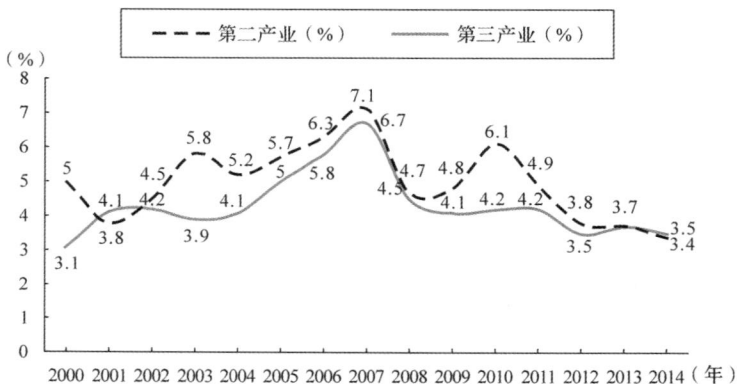

图 1-3　2000—2014 年第二产业和第三产业对 GDP 增长的拉动

注：拉动是指 GDP 增长速度与三次产业贡献率之乘积。

数据来源：国家统计局：《中国统计年鉴 2015》，中国统计出版社，2015 年。

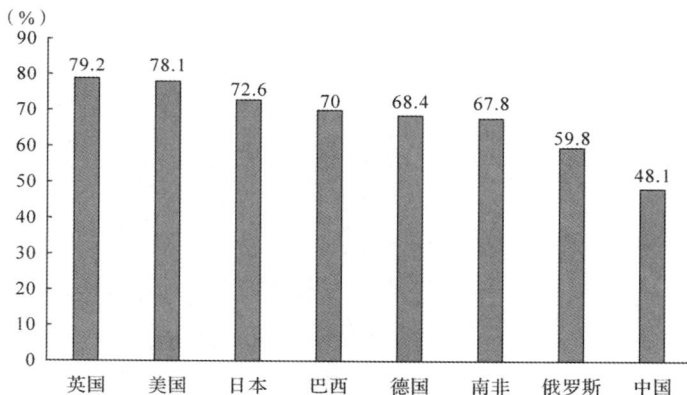

图 1-4　2013 年中国与部分国家服务业占比情况

注：中国为 2014 年数据。

数据来源：国家统计局：《中国统计年鉴 2015》，中国统计出版社，2015 年。

看,国家"十二五"规划纲要明确提出,"到2015年,服务业增加值占国内生产总值的比重较2010年提高4个百分点",即从43％提高到47％。而实际上2015年我国服务业占比已经达到50.5％,高出"十二五"目标3.5个百分点。也就是说,"十三五"或者更长一段时间内,服务业增加值占GDP的比重年均提升1.2个百分点是有可能的。预计到2020年,我国服务业增加值占GDP的比重将由现在的50.5％提升到58％左右,有可能接近60％。由此,我国将基本形成以服务业为主导的产业结构。

(2)服务业将保持8％左右的增长速度。初步测算,如果"十三五"要使服务业占比提升到58％左右,就需要服务业增加值年均增长保持8％左右。2015年服务业增加值达到34.16万亿元,同比增长8.3％。为此,建议把服务业增加值年均增长8％作为"十三五"重要的约束性目标。

(3)服务业规模将超过50万亿元。自2008年的国际金融危机以来,在国内外经济形势发生深刻复杂变化的背景下,我国服务业增加值从2008年的13.59万亿元增长到2015年的34.16万亿元,实现了规模上的倍增。如果"十三五"继续保持这个增速,即便略低1个百分点,即年均增长速度保持在8％~9％,我国服务业增加值也有望从2015年的34.16万亿元扩大到2020年的50.2万亿~52.6万亿元(见表1-2)。

表1-2　"十三五"服务业增长情况预测

| 年　份 | 服务业增加值(亿元)<br>按8％的增速 | 服务业增加值(亿元)<br>按9％的增速 |
| --- | --- | --- |
| 2016 | 368892.4 | 372308.0 |
| 2017 | 398403.8 | 405815.7 |
| 2018 | 430276.1 | 442339.1 |
| 2019 | 464698.2 | 482149.7 |
| 2020 | 501874.0 | 525543.1 |

数据来源:以2015年服务业增加值为基数,按照8％和9％的增速测算未来几年服务业增加值变化情况。

## （三）以服务业为主导引领经济新常态

"十三五"期间,形成以服务业为主导的产业结构,是主动适应、引领经济新常态的战略选择。实现这一重大目标,既可以在转型升级的基础上促成中高速增长的经济新常态,又能够引领就业扩大、创新创业、利益协调以及绿色环保的发展新常态。

### 1. 形成经济中速增长的新常态

"十三五"期间,如果服务业能够保持两位数的增长,或者略低一些(即8%～9%),我国服务业增加值预计将会实现倍增,达到50.2万亿～52.6万亿元,从而为我国经济保持6%～7%的中速增长的新常态奠定重要基础。这样,到2020年,我国GDP总量将达到85.5万亿～91.34万亿元,人均GDP将超过1.1万美元,我国就有望由中高收入国家成功迈入高收入国家行列。[①]

### 2. 形成新增就业不断扩大的新常态

有数据显示,2008年我国GDP每增长1个百分点,新增就业达70万～80万人。到2013年,我国GDP每增长1个百分点,可以吸纳城镇新增就业150万人。[②] 也就是说,就业问题既和速度相关联,也和产业结构相关联。随着经济转型升级加快,以服务业为主导的产业结构将是扩大就业的主要载体。未来五年,我国每年需要消化大学毕业生600万～700万人,而且2.4亿的农业就业人口还有相当大一部分要转移到城镇。面对如此严峻形势,要有效化解中长期的就业压力,必须依靠服务业的大发展,形成服务业吸纳新增就业的新格局。

"十三五"如果服务业就业吸纳能力与当前GDP吸纳就业能力相同

---

① 迟福林:《转型抉择——2020:中国经济转型升级的趋势与挑战》,中国经济出版社,2015年。
② 李克强:《GDP增长1个百分点能拉动150万人就业》,《工人日报》,2013年11月5日。

（150 万～170 万人），服务业增加值年均增长 9%，每年吸纳的就业将至少达到 1350 万～1530 万人，[①]这将有效吸纳农业转移人口、制造业转型升级中释放出来的劳动力以及每年新增劳动力。

**3. 形成绿色发展的新常态**

以服务业为主导的经济转型，具有引领产业结构升级的突出特征，这将明显降低经济增长对资源环境的依赖。形成以服务业为主导的产业结构，也就意味着经济增长方式的转变，即逐步实现由依赖资源要素投入和高环境成本为代价的增长模式，向注重提高资源使用效率和环境友好的增长模式转变。从绿色发展的角度看，加大环境保护力度等因素很重要，但更重要的是产业结构的变革。根据初步测算，如果未来五年服务业占比由 50% 提高到 55%，我国能源消耗总量将下降 14% 左右，二氧化碳的排放量将下降 18% 左右。[②] 以服务业为主导走出一条以较低的资源环境代价实现工业化和城镇化的新路子，将为我国乃至全球减排目标的实现创造积极条件，也是我国实现绿色发展的重要支撑。

**4. 形成大众创业、万众创新的新常态**

（1）以服务业拓展创业空间。由于服务业对资本规模的要求不高，其创业的门槛和难度低于制造业，过去几年迅速成长的跨国公司主要集中在服务业，如亚马逊（Amazon）、谷歌（Google）、脸谱（Facebook）等国际服务业巨头。以北京中关村为例。2013 年，中关村现代服务业总收入突破 2 万亿元，比 2011 年 1.3 万亿元增长了 53.8%，占中关村企业总收入的比重为 66.7%，比 2011 年的 61.8% 提高了近 5 个百分点。[③] 从产业发展规律看，服务业门类繁多，个性化、差异化程度高，可提供广阔的创业空间。尤

---

① 迟福林：《转型抉择——2020：中国经济转型升级的趋势与挑战》，中国经济出版社，2015 年。
② 迟福林：《走向服务业大国的转型与改革——2020 年中国经济转型升级的大趋势》，《上海大学学报（社会科学版）》2015 年第 1 期。
③ 《调查显示：创新型服务业发展信心最低》，经济观察网，2014 年 6 月 19 日。

其值得关注的是,我国大数据、互联网产业的迅速发展,给传统产业带来模式再造的机遇,许多传统产业可以通过在线定制实现大规模的去中介化,引发新一轮的创业潮。

（2）以服务业引领创新浪潮。随着服务业市场开放,在巨大的消费需求引导下,我国有望迎来巨大的创新创业浪潮。以"滴滴""快的"为例。这两家成立不足三年的打车软件公司,已经对传统的出租车领域形成了巨大的冲击。同时,传统的家政业也出现了相应的 APP,家政 O2O 模式开始市场化。可以预期,随着信息化的不断提高,越来越多的传统服务业将采纳"滴滴快的"的服务模式。

### 5. 引领利益结构逐步优化的新常态

（1）以服务业主导提高劳动者报酬占比。服务业是人力资本密集型产业,无论是传统服务业还是现代服务业,服务质量与人直接相关,而与资本要素相关度较弱。由于服务业高度依附于人的发展,对不变资本的要求相对较低,而对可变资本的要求较高,因此服务业的劳动者报酬占比普遍要高于工业。从其他国家看,劳动者报酬与服务业占比之间存在直接关系,总体而言,服务业占比越高的国家,其劳动者报酬占比越高的概率也比较大（见表 1-3）。从我国的情况看,根据中国（海南）改革发展研究院课题组测算,2006—2012 年期间我国各省服务业占比与劳动者报酬占比之间的相关系数达到 0.97,服务业占比每提高 1 个百分点,劳动者报酬占比提高 0.38 个百分点。"十三五",如果我国服务业能够提高 10 个百分点左右,劳动者报酬占比就有可能提高 3.8 个百分点,即从 2013 年的 45.6％提高到 2020 年的 49.4％,达到 50％左右。[1] 这将扭转我国劳动者报酬占比不断下降的趋势,实质性优化国民收入分配格局。

---

[1]　迟福林:《转型抉择——2020:中国经济转型升级的趋势与挑战》,中国经济出版社,2015 年。

表 1-3　各经济体 2010 年服务业占比与劳动者报酬占比　　（单位：％）

| 国　别 | 服务业占比 | 劳动者报酬占比 |
|---|---|---|
| 墨西哥 | 62.2 | 28.21 |
| 波　兰 | 64.8 | 36.81 |
| 捷　克 | 60 | 42.09 |
| 意大利 | 72.9 | 42.29 |
| 韩　国 | 58.2 | 44.86 |
| 南　非 | 67 | 45.16 |
| 澳大利亚 | 77.9 | 47.53 |
| 西班牙 | 71.3 | 48.77 |
| 俄罗斯 | 59.3 | 50.14 |
| 日　本 | 71.5 | 50.6 |
| 荷　兰 | 64.8 | 51.06 |
| 德　国 | 71 | 51.25 |
| 加拿大 | 66.1 | 52.3 |
| 法　国 | 79.2 | 53.31 |
| 英　国 | 77.6 | 54.41 |
| 美　国 | 78.8 | 55.32 |

注：劳动者报酬按当年所在国的本币计算；服务业占比的数据，加拿大为 2008 年数据，法国为 2009 年数据，南非和墨西哥为 2011 年数据；本表按劳动者报酬升序处理。

数据来源：根据《国际统计年鉴 2013》整理。

（2）以服务业主导扩大中等收入群体规模。从国际经验看，服务业快速发展将大大促进中产阶层的发展和壮大。以美国为例。20 世纪 40 年代到 70 年代的 30 年间，伴随服务业主导格局的形成，美国白领阶层的规模扩大了 5 倍。从我国的情况看，尽管我国目前中产阶层占人口比例只有 25％左右，但随着服务业持续发展，其吸纳就业和创造收入的能力不断上升，估计到 2020 年中产阶层的比重可能达到 35％～40％。"十三五"，如果我国服务业就业比重达到 50％以上，服务业就业的人口将不少于 4 亿。无论是金融、现代物流、研发等生产服务业，还是教育、医疗等生活性服务业，都具有培育和形成中产阶层的巨大潜力。

# 三、服务业领域是市场化改革的"突出短板"

改革开放以来，我国的市场开放主要是在工业领域，服务业市场开放严重滞后，服务业领域成为我国市场化改革的"突出短板"。加快从工业市场开放到服务业市场开放是形成以服务业为主导产业结构的重要途径。

## （一）服务业领域成为市场化改革的"突出短板"

改革开放以来，由于我国市场开放的重心一直在工业领域，服务业市场开放严重滞后主要表现在"三低一高"：服务业市场化程度低、对外开放程度低、服务水平低和服务价格高。

### 1. 服务业市场化程度低

有数据显示，我国工业部门 80% 以上是制造业，属于高度市场化部门，而服务业 50% 以上仍被行政力量垄断，属于垄断竞争部门。[1] 社会资本进入服务业市场，不仅面临着国有垄断行业的排挤，还需要到各级行政部门办理繁琐的行政审批事项。当前，教育、医疗、航空等服务业市场已经向社会资本开放。问题在于，这些领域的市场化改革滞后，国有企业在市场中仍处于垄断地位，体制外企业往往处于弱势地位。例如，当前我国民营医院数量已接近国内医院总数的一半，但民营医院在医疗卫生领域的市场份额只有 10% 左右。[2]

### 2. 服务业市场对外开放程度低

2013 年以来，我国选择在上海、广东、天津和福建四省市设立自由贸

---

[1]  张斌：《中国经济趋势下行的逻辑》，《21 世纪经济报道》，2013 年 10 月 14 日。
[2]  《数量与公立医院持平却只占 10% 市场份额》，《青岛日报》，2014 年 4 月 10 日。

易试验区。总的来看,服务业市场对外开放是四个自由贸易试验区的重要
试点内容,尤其是金融、教育、文化、医疗市场,对外资开放力度比较大。从
国际经验看,国与国之间的自由贸易协定中发达国家对服务业的限制一般
比较少,约在 30 项以内。发展中国家会多一些限制,但一般也在 40 项以
内(见表 1-4)。尽管当前国内四个自由贸易试验区在服务业对外开放上取
得了重要进展,但从四个自贸区共用的负面清单来看,对服务业的限制仍
然比较多,在负面清单 122 项特别管理措施中,有 80 余项针对服务业,远
高于国际一般水平,由此也制约了服务贸易的发展。

### 3. 服务业的服务水平低

与发达国家相比,我国服务业增加值占 GDP 的比重偏低只是个表象

表 1-4　国际投资协定负面清单限制措施的行业分类　　　（单位:项）

| 签约方<br>(甲/乙) | 签约时间 | 分类标准 | 第一产业 | 第二产业 | 第三产业 |
|---|---|---|---|---|---|
| 美　国 | 2003.5.6 | CPC | 0 | 2 | 29 |
| 新加坡 | | | 0 | 7 | 68 |
| 美　国 | 2003.6.6 | HS | 0 | 2 | 28 |
| 智　利 | | | 3 | 3 | 57 |
| 美　国 | 2005.1.1 | HS | 0 | 2 | 30 |
| 澳大利亚 | | | 1 | 0 | 27 |
| 澳大利亚 | 2008.7.30 | CPC | 2 | 1 | 37 |
| 智　利 | | | 3 | 3 | 40 |
| 加拿大 | 1996.12.5 | CPC | 3 | 7 | 29 |
| 智　利 | | | 3 | 5 | 33 |
| 日　本 | 2007.3.29 | CPC、JSIC | 2 | 7 | 47 |
| 智　利 | | | 3 | 2 | 26 |
| 日　本 | 2011.2.20 | ISIC、NIC | 3 | 7 | 19 |
| 印　度 | | | 12 | 14 | 7 |

资料来源:樊正兰、张宝明:《负面清单的国际比较及实证研究》,《上海经济研究》2014
年第 12 期。

问题,重要的在于服务业领域服务质量整体不高。例如,在电信领域,网速慢,服务投诉多;在旅游行业,消费者满意度连年下滑。据中国旅游研究院统计,全国游客满意度指数由 2012 年的 80.66 下降到 2014 年的 74.1。因服务质量问题引发的消费者投诉不断增多,截至 2014 年年底,我国消费者协会的万人服务投诉量为 2.08 件,较 2010 年的 1.49 件提高了 39.6%。[①]

**4. 服务业的市场价格较高**

政府对基本公共服务进行价格管制具有一定的合理性,但目前我国相当多的服务业领域需要利用价格机制和竞争机制促进发展。尽管近几年来政府放开了一大批服务业领域的定价权,但总的来看,政府对服务业领域的价格管制仍过泛、过宽。根据 2015 年 10 月国家发改委公布的《中央定价目录》显示,中央政府定价涉及范围减少到 7 类 20 项,减少约 80%。[②]但从目录看,水电气价格、邮政资费价格、银行服务价格等仍未放开。价格管制导致服务业市场价格扭曲。例如,电信行业是我国国有资本控股比例最高的领域之一,尽管近两年来在电信销售环节引入了社会资本,但由于竞争不充分,不仅服务价格高,而且服务质量改进较慢。根据 Akamai 公司统计数据,2015 年我国的宽带平均上网速度全球排在第 91 位,仅为韩国的 18%。但是,平均一兆每秒的接入费用却是发达国家的 3~5 倍。[③]

## (二) 从工业市场开放到服务业市场开放

改革开放 38 年来,工业领域的市场开放极大地激发了市场活力,在推动我国快速工业化进程中扮演了重要角色。"十三五",实现从工业市场开放到服务业市场开放,将为我国服务业发展带来强劲动力,并由此释放出新一轮市场化改革的巨大红利。

---

① 《质量是服务业迈向中高端水平的关键》,《中国质量报》,2015 年 12 月 9 日。
② 李洪鹏,温如军:《中央定价范围减少至 7 类 20 项》,《法制晚报》,2015 年 10 月 21 日。
③ 迟福林:《"十三五"改革应以服务业开放为重点》,《经济参考报》,2015 年 10 月 29 日。

### 1. 工业领域的市场开放推动我国成为世界制造业第一大国

(1)工业市场开放推动我国工业化快速发展。从 38 年改革开放的实践看,工业领域一直是我国市场开放的前沿阵地。我国正是抓住了全球化的重要历史机遇,加快工业领域的市场开放步伐,才能在充分利用国际、国内两个市场的基础上,推动了工业化快速发展。1978—2014 年,我国工业增加值年均增速达到 11.2%。尤其是加入 WTO 以来,工业化进程明显加快。2003—2011 年,我国规模以上工业增加值年均增长 15.4%,其中 2003—2007 年年均增速达到 17%。[①] 工业增加值占 GDP 的比重和对经济增长的贡献率长期保持在 40%左右,成为拉动经济增长的重要动力(见图 1-5)。

(2)我国成为全球制造业第一大国。工业的快速发展使我国制造业在全球的影响力不断提升。据美国经济咨询公司环球通视数据,2010 年,我国制造业产出占世界的比重达到 19.8%,超过美国成为全球制造业第一大国;

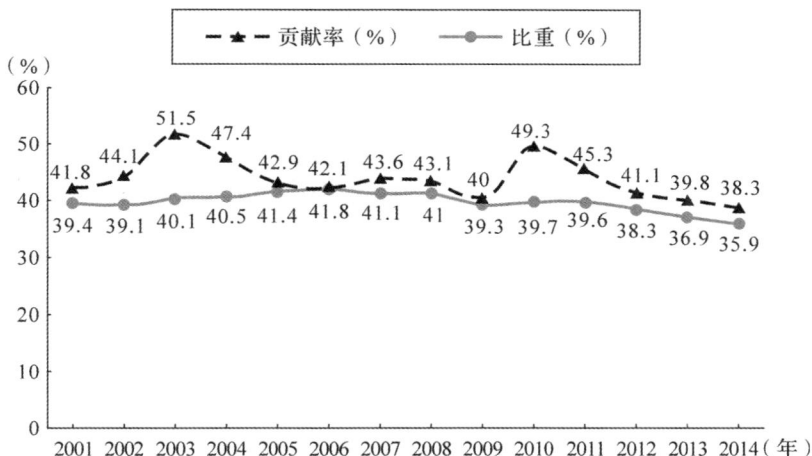

图 1-5  2001—2014 年我国工业增加值占 GDP 比重和对经济增长的贡献率

数据来源:国家统计局:《中国统计年鉴 2015》,中国统计出版社,2015 年。

---

① 国家统计局:《工业经济实力大幅提升经济结构不断优化——从十六大到十八大经济社会发展成就系列报告之八》,国家统计局网,2012 年 9 月 4 日。

在世界 500 种主要工业品中，我国有 220 种产品产量居全球第一位。[①] 尽管当前一些制造业领域产能严重过剩，但我国制造业在全球的竞争力仍然较强。据德勤和美国竞争力委员会发布的《全球制造业竞争力指数 2013》报告显示，我国的制造业竞争力指数到 2018 年仍将位居榜首（见表1-5）。

（3）工业企业的国际竞争力大幅提升。工业领域的对外开放，拓展了国内工业企业参与国际竞争的广度与深度，由此大幅提升了我国工业企业

表 1-5  主要国家或地区制造业竞争力指数排名及预测

| 排　名 | 2012 年 | | 2018 年 | |
|---|---|---|---|---|
| | 国家或地区 | 指　数 | 国家或地区 | 指　数 |
| 1 | 中　国 | 10 | 中　国 | 10 |
| 2 | 德　国 | 7.98 | 印　度 | 8.49 |
| 3 | 美　国 | 7.84 | 巴　西 | 7.89 |
| 4 | 印　度 | 7.65 | 德　国 | 7.82 |
| 5 | 韩　国 | 7.59 | 美　国 | 7.69 |
| 6 | 中国台湾 | 7.57 | 韩　国 | 7.63 |
| 7 | 加拿大 | 7.24 | 中国台湾 | 7.18 |
| 8 | 巴　西 | 7.13 | 加拿大 | 6.99 |
| 9 | 新加坡 | 6.64 | 新加坡 | 6.64 |
| 10 | 日　本 | 6.6 | 越　南 | 6.5 |
| 11 | 泰　国 | 6.21 | 印度尼西亚 | 6.49 |
| 12 | 墨西哥 | 6.17 | 日　本 | 6.46 |
| 13 | 马来西亚 | 5.94 | 墨西哥 | 6.38 |
| 14 | 波　兰 | 5.87 | 马来西亚 | 6.31 |
| 15 | 英　国 | 5.81 | 泰　国 | 6.24 |

　　数据来源：德勤有限公司与美国竞争力委员会：《全球制造业竞争力指数 2013》，2013 年。

---

　　[①]　国家统计局：《工业经济实力大幅提升经济结构不断优化——从十六大到十八大经济社会发展成就系列报告之八》，国家统计局网，2012 年 9 月 4 日。

的国际竞争力。1995 年,《财富》世界 500 强企业中,我国内地仅有 2 家上榜企业,2000 年增加到 9 家,而到 2015 年,我国内地上榜企业达到 94 家,其中,工业企业约占三分之二。[①]

**2. 市场资源配置的重点由工业领域转向服务业领域**

(1)工业化进入后期,市场配置资源的重点转向服务业领域。"十三五",适应经济转型升级的新趋势、新结构,必然要求增长动力的转换。从国际经验看,由高附加值的现代服务业逐步取代低附加值的传统工业是产业结构演进的客观规律,也是一个国家由工业化中期走向工业化后期的客观趋势。当前,在我国进入工业化后期的特定历史阶段,发挥市场在资源配置中的决定性作用,突出矛盾在服务业领域,关键在于服务业市场开放。

(2)服务业市场由放宽准入到"非禁即准"。改革开放以来,我国对服务业领域由行政管理到放宽市场准入,到 20 世纪末,一般性竞争领域的服务业市场已基本对社会资本放开,但对教育、医疗、电信、金融等服务业仍实行严格管制。进入新世纪,随着我国加入 WTO,在放宽服务业领域外资市场准入的同时,为了打破社会资本进入教育、医疗、航空、金融等服务业市场的"玻璃门",2005 年和 2010 年,国务院先后出台"非公 36 条",鼓励和引导社会资本进入法律法规未明确禁止准入的领域。实践中,"非公 36 条"在推动我国服务业发展中扮演了重要角色。尽管如此,受传统体制影响,社会资本进入服务业市场仍受到行政垄断、市场垄断等因素的掣肘。

## (三)服务业市场开放将释放巨大的改革红利

在工业领域投资下降的背景下,服务业民间投资的大幅增长在稳

---

① 《财富杂志发布 2015 世界 500 强榜单,中国内地 94 家企业上榜》,《浙江日报》,2015 年 7 月 29 日。

定经济增长中发挥了重大作用。"十三五"，随着服务业市场开放进程的加快，在调动社会资本的积极性和做大服务业"蛋糕"上将取得明显成效。

**1. 服务业领域社会资本投资增速超过工业**

"十二五"以来，在加大工业领域市场开放的同时，服务业进一步向社会资本开放。当前，在工业领域投资下降的背景下，服务业民间投资的大幅增长在稳定经济增长中发挥了重大作用。2013 年，服务业民间固定资产投资增速达到 25.4%，超过工业 4.7 个百分点。近两年受宏观经济下行的影响，工业与服务业民间固定资产投资增速均出现大幅下降。据统计，2015 年，我国服务业民间固定资产投资同比增长 9.4%，与工业相当（见图 1-6）。

**2. 服务业固定资产投资中社会资本占比过半**

"十二五"以来，在我国转方式、调结构的过程中，服务业领域投资力度不断加大，服务业投资中社会资本比重明显提升。据统计，服务业民间固定资产投资由 2012 年的 10.1 万亿元增长到 2015 年的 16.4 万亿元，服务

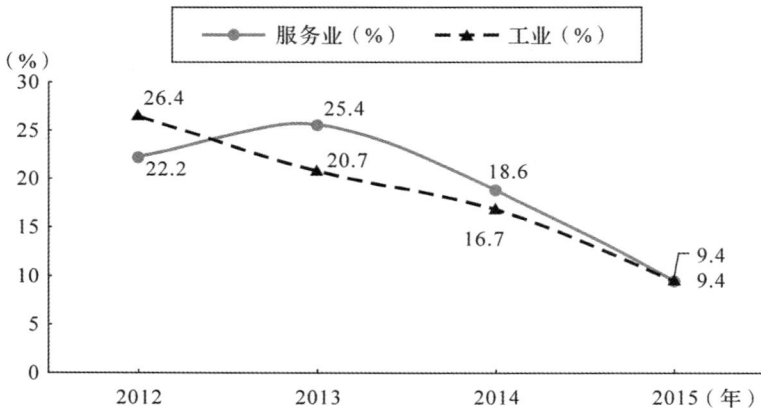

图 1-6　2012—2015 年服务业与工业民间固定资产投资增速

数据来源：根据历年国家统计局民间固定资产投资统计数据整理。

业民间固定资产投资占全社会服务业固定资产投资总额的比重由 51.3％ 上升到 52.7％(见图 1-7)。

**3. 服务业市场开放将给社会资本带来巨大的投资空间**

随着教育、医疗等服务业市场逐步放开,社会资本进入服务业领域的速度加快,在满足社会多元化公共需求中扮演着重要角色。从教育领域看,截至 2014 年年底,全国共有各类民办学校(教育机构)15.52 万所,各类民办学校在校生达 4301.91 万人。[①] 有机构预测,到 2018 年我国民办教育市场规模将超过 1 万亿元。[②] 从医疗卫生领域看,2014 年我国民营医院已经发展到 12546 所,占全国医院数量的比重达 48.5％。[③] 有机构估计,"十三五"期间,我国健康服务业的市场消费总规模将高于医疗消费总规模,健

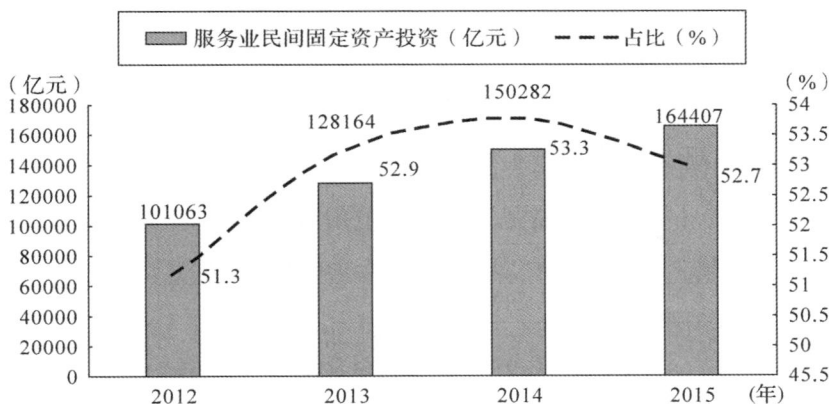

图 1-7 2012—2015 年服务业民间固定资产投资情况

数据来源:根据 2012—2015 年国家统计局全社会服务业固定资产投资和民间固定资产投资统计数据整理。

---

① 教育部:《2014 年全国教育事业发展统计公报》,教育部网,2015 年 7 月 30 日。
② 中研普华公司:《2013—2018 中国民办高校行业市场动态及发展前景预测报告》,2013 年。
③ 国家卫生和计划生育委员会:《2014 年我国卫生和计划生育事业发展统计公报》,国家卫生计生委网,2015 年 11 月 5 日。

康服务业市场潜力高达 8 万亿元人民币，[①]这将给社会资本带来巨大的投资空间。

# 四、以打破垄断为重点推进服务业市场开放

"十三五"，市场配置资源的关键在服务业领域。发挥市场在服务业领域内的资源配置作用，需要尽快打破服务业市场的行政垄断与市场垄断，全面放开竞争性领域服务市场价格，以形成统一、开放、公平、竞争的市场环境，使社会资本成为现代服务业发展的主体力量。

## （一）服务业市场要对社会资本开放

形成服务业主导的产业结构必须加快服务业市场的开放，放开社会资本进入服务业领域的管制，鼓励社会资本进入。

### 1. 我国社会资本的潜力巨大

与改革开放初期工业发展缺乏资本有很大的不同，现在我国发展服务业并不缺乏资本。一方面，我国形成了大量的居民储蓄。据统计，2003—2014 年，我国城乡居民人民币储蓄存款由 10.36 万亿元增长到 48.53 万亿元，11 年间扩张了近 4 倍（见图 1-8）。另一方面，庞大的高净值人群成为社会资本投资的重要力量。有数据显示，2014 年年末，我国个人可投资资产1000 万元以上的高净值人群规模已超过 100 万人，较 2012 年增长了 33 万人，高净值人群总体持有的可投资资产规模达到近 32 万亿元，这些高净值人群投资热情相对集中在创新行业和消费服务业（见图 1-9）。但与此不相适应的是，我国服务业市场面临不同程度的政策或制度"玻璃门"。"十三五"，能否在经济转型升级上取得决定性成果，调动全社会的力量把服务业

---

① 王昌林：《支撑 7% 的产业发展新动力》，《光明日报》，2015 年 8 月 7 日。

（万亿元）

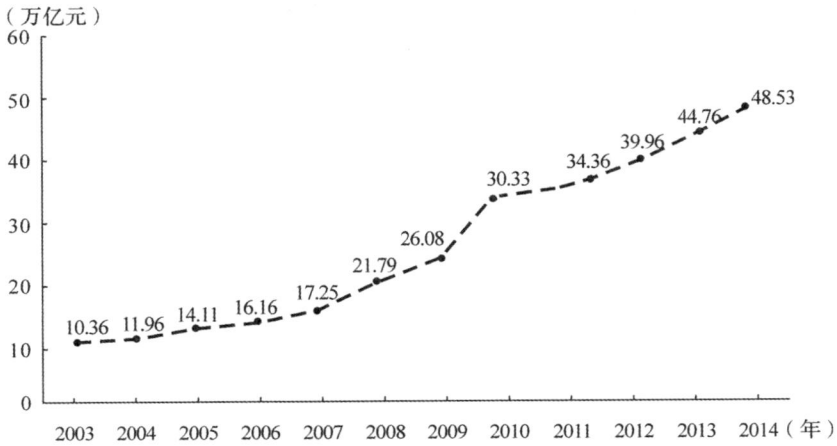

图 1-8 2003—2014 年我国城乡居民人民币储蓄存款

数据来源：国家统计局：《中国统计年鉴 2015》，中国统计出版社，2015 年。

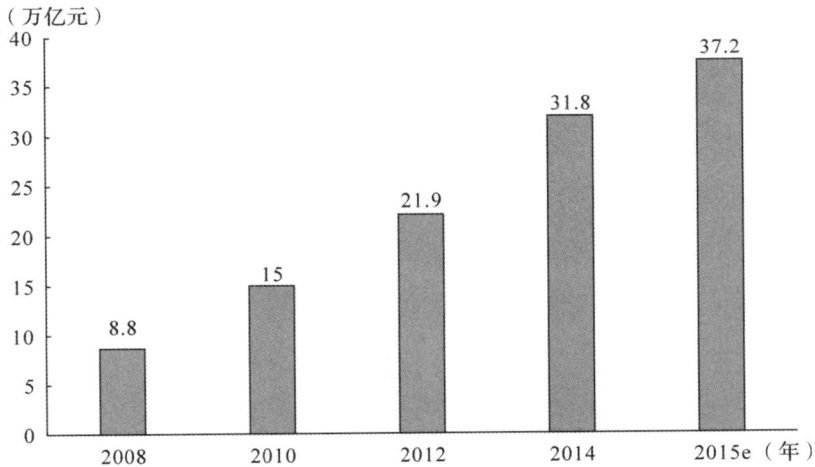

（万亿元）

图 1-9 2008—2015 年我国高净值人群可投资资产规模

数据来源：招商银行：《中国私人财富报告》，2015 年 5 月。

"蛋糕"做大，在很大程度上取决于服务业的市场开放进程。

**2. 加快服务业市场对社会资本开放**

在银行、证券、保险、电信、邮政快递等行业进一步放开市场准入，取消某些不合理的经营范围限制，严格按照"非禁即入"的原则，全面清理、取消不合理的前置审批事项，并实现由行政监管为主向法治监管为主的转变；实质性打破对社会资本的限制，鼓励支持社会资本进入教育、医疗、健康、文化等领域。以发展政府购买服务为重点，支持公益性社会组织在公共服务领域有所作为，发挥其独特的作用；加快公共资源配置市场化，在城镇公用事业领域特许经营权的出让上全面引入竞争机制，在行政系统服务资源配置方面规范完善政府采购。

### （二）打破服务业领域的行政垄断和市场垄断

服务业市场开放滞后的根源在于服务业领域的行政垄断和市场垄断。"十三五"，加快服务业市场开放，彻底打破服务业领域的行政垄断和市场垄断，引导社会资本更多进入服务业领域。

**1. 推动服务业领域国有资本战略性调整**

将服务业领域的国有资本从一般竞争性领域中退出来，为国内社会资本和外资进入留下更大空间。与此同时，将服务业领域的国有资本主要配置在公共服务领域，使国有资本能够更多地满足全社会日益增长的公共需求，在公共服务领域做出更大的贡献。

**2. 垄断行业竞争环节对社会资本全面放开**

进一步破除电力、电信、石油、民航、邮政等行业各种形式的行政垄断。推进资本市场的国有股减持，在非自然垄断环节退出部分国有资本，给社会资本进入这些领域腾出空间；全面实现自然垄断和竞争环节相分离，在自然垄断部分强调国有资本主导，在竞争性环节对社会资本放开；完善基础领域的市场准入制度，对垄断行业逐步放松或解除管制，广泛引入市场竞争机制，鼓励社会资本参与基础领域的公平竞争。

**3. 垄断行业自然垄断部分吸纳社会资本广泛参与**

对国有资本继续控股经营的自然垄断行业，根据不同行业特点实行网运分离,放开竞争性业务。在自然垄断环节,通过 BOT(建设—经营—转让)、TOT(移交—经营—移交)等多种形式鼓励社会资本参与投资;对银行、保险、航空等与民生密切相关的行业,全面向社会资本放开;对完全市场化的自然垄断行业和企业,则能退出的全部退出,暂时不能退出,或退出条件不具备的企业,探索进行混合所有制改革。

**4. 健全城市公用事业特许经营制度,积极引导社会资本参与**

对城市公用事业,要尽快健全特许经营制度,形成合理的价格机制。实现城市公用事业政事分开、政企分开、事企分开,建立完善的市场竞争机制、企业经营机制和政府监管机制;打破垄断经营,引入市场竞争机制,提高城市建设运营效率;充分利用资本市场,彻底改变城市公用事业政府投资的单一模式,允许社会资本参与投资城市公用事业;利用已有的经营性公用事业资产,以特许经营方式积极引导社会资本参与,有效缓解公用事业建设资金短缺的状况。

### (三) 形成公平竞争的服务业市场环境

加快服务业市场开放,需要清理服务业市场中的各种行政法规,破除服务业市场壁垒,形成统一开放、公平竞争的市场环境。

**1. 破除服务业市场壁垒**

与制造业有所不同,服务业市场主要在当地,外地服务业企业的进入,短期内会对当地企业产生冲击和替代作用。因此,不少地方政府为了保护本地经济,对本地服务业企业进行不同程度的保护。"十三五",要彻底打破服务业领域的市场分割和地区封锁。凡是法律法规没有明令禁入的服务业领域,都要向异地社会资本开放,建立全国统一开放、竞争有序的服务市场体系;允许服务业企业、服务产品自由进入全国各地市场,各地区凡是对本地企业开放的服务业领域,应全部向外地企业开放;促进各类生产要素在全国范围自由流动,提高资源配置效率和公平性。

### 2. 建立公开、透明的市场规则

(1)建立平等规范、公开透明的市场准入标准。放宽服务业投资准入标准,最大限度减少对服务业企业的经营服务、一般投资项目和资质资格的限制;在制定负面清单的基础上,依法开放各类资本平等进入负面清单之外的服务业领域。

(2)实现内外资同等待遇。凡国家法律法规未明令禁入的服务业领域,在向外资开放的同时,同步对国内社会资本开放,力争在"十三五"期间实现包括市场准入、准入后和经营过程中民企、外资和国企享受同等待遇。

(3)建立守信激励、失信惩戒机制。建立健全服务业企业信用信息采集、查询和征信管理制度,整合各地信用信息资源,加快形成全国统一的公共联合征信系统和市场主体信用信息公示系统,定期公布服务业企业信用信息,并建立失信企业的联合惩戒机制,构建诚实守信的营商环境。

### 3. 加快清理制约服务业市场开放的行政法规

(1)清理和废除妨碍全国统一市场和公平竞争的相关规定与做法。按照"非禁即准"的原则,清理与法律法规相抵触、制约各类市场主体进入服务业的规定和程序,严禁和惩处各类违法实行优惠政策的行为。

(2)加快建立竞争政策与产业、投资等政策的协调机制。清理各种歧视性政策规定,在投资核准、股权比例、融资服务、财税政策等方面,同等对待各类市场主体,促进统一开放、竞争有序的市场体系建设。

(3)清理服务业收费。清理涉企行政事业性收费,积极探索建立"零收费"制度,加大服务业企业减负力度;各地根据实际确定服务业企业收费标准,按规定权限对中小服务业企业减免行政事业性收费。

### (四)放开服务业市场价格管制

形成服务业市场开放的新格局,必须深化服务业领域的价格改革,发挥市场的决定作用,完善政府定价机制,同时加强政府对服务业价格的市场监管。

**1. 全面深化服务业领域价格改革**

(1)全面放开竞争性领域服务业价格。实践表明,竞争性领域服务业价格放开有利于充分利用市场竞争扩大服务业供给,提升服务业发展质量。党的十八届五中全会提出"全面放开竞争性领域商品和服务价格"。"十三五",按照党的十八届五中全会精神,尽快放开竞争性领域服务价格,凡竞争性领域的服务业,政府原则上不进行价格干预。到2017年,实现竞争性领域和环节价格基本放开。

(2)完善垄断行业价格形成机制。垄断行业需要一定的价格管制,但竞争性环节的价格可以放开。为此,需要区分竞争性和自然垄断环节,建立不同的价格形成机制。对自然垄断环节的服务业,仍实行政府定价;对竞争性环节的服务业,政府全面放开价格控制,引入竞争机制,实行企业自主定价。加快推进水、石油、天然气、电力、交通运输等领域价格改革,放开竞争性环节价格。

(3)完善公共服务价格形成机制。区分基本公共服务与非基本公共服务,对其实行不同的定价机制。基本公共服务是政府必须兜底的公共服务,可以由政府通过管制形成较低的价格,但非基本公共服务可以放开价格管制。在"保基本"的前提下,加快形成非基本公共服务领域主要由市场决定的价格形成机制。政府定价范围主要限定在重要公用事业、公益性服务、网络型自然垄断环节。对基本公共服务领域,政府仍保留定价权以保障公益性;对非基本公共服务,如部分民办教育、社会办养老机构等,全面放开价格管制,完全由市场供求关系决定价格。

**2. 完善政府定价机制**

(1)不断完善政府定价项目清单。对于纳入《中央定价目录》的商品和服务，"十三五"期间要定期评估价格改革成效和市场竞争程度，适时调整具体定价项目。同时，要推进政府定价信息公开，提高价格透明度，接受社会监督，使定价权力在阳光下运行。

（2）规范政府定价程序。根据《中央定价目录》，制定具体的管理办法、定价机制、成本监审规则，规范定价程序；完善政府定价过程中的社会参与，推行专家论证、社会听证等制度，保证定价程序规范、公开、透明，有效约束政府定价行为。

**3. 加强服务业市场价格监管**

（1）加强价格主管部门的行政监管。价格主管部门要加强相关服务价格的动态监测和分析，及时反映市场价格动态；开展市场价格巡查，加大力度查处价格欺诈、哄抬物价等价格违法行为，切实保护消费者权益；加快推进宽带网络提速降费；建立健全服务业价格监督法规体系，依法监管服务业市场。

（2）完善价格社会监督体系。"十三五"，建立和完善服务业信息披露制度，加强社会公共监督；充分发挥全国四级联网的12358价格举报管理信息系统的作用，鼓励消费者和经营者共同参与价格监督；依托社会信用体系，推进价格体系建设，构建经营者价格信用档案，设立价格失信者"黑名单"，并对价格失信行为给予惩戒；充分发挥新闻媒体的舆论监督作用，切实维护服务业市场价格稳定。

（3）完善价格听证制度。鼓励消费者参与价格听证，合理确定服务提供商与消费者代表比例；鼓励社会中介组织参与价格听证，保证听证程序规范和公开，听证会全程接受社会监督。

## （五）推进政府购买公共服务

在全社会公共需求全面快速增长的新阶段，推进政府购买公共服务，既是创新公共服务供给方式的客观要求，又是提高公共服务质量和供给效率的重大举措。

**1. 政府购买公共服务的大趋势**

(1)公共服务社会化、市场化是大势所趋。进入发展型新阶段,尤其在全面深化改革的背景下,政府购买公共服务的主要目的是实现公共服务公开化、公正化和效益最大化。尽管我国 2003 年就开启了政府购买公共服务的进程,但由于公共服务体制创新滞后,在传统事业单位体制下,政府购买公共服务发展相当缓慢。例如,2014 年我国政府采购规模占全国财政支出的比重为 11.4%,其中服务类仅占 11.2%;[1]而欧美发达国家政府采购规模占财政支出的比例为 30%～40%,服务类采购占采购规模的 50%以上。[2]

(2)建立政府购买公共服务的新体制。"十三五",如何充分利用社会资本的力量扩大公共服务供给,取决于政府的采购规模。党的十八届五中全会明确指出:"创新公共服务供给方式,能由政府购买服务提供的,政府不再直接承办;能由政府和社会资本合作提供的,广泛吸引社会资本参与。"适应 13 亿多人公共服务需求变化的大趋势,把形成多元供给主体、多元竞争主体作为发展和完善政府购买公共服务的基本目标,尽快取消政府购买公共服务过程中对市场组织和社会组织的某些歧视性政策。争取到 2020 年,形成法治化、规范化、透明化的政府购买公共服务的体制机制安排,使政府采购规模占财政支出比重达到 15%～20%,服务类采购占政府采购的比重在 30%～40%。

**2. 加快公共服务业市场开放**

(1)区分基本公共服务与非基本公共服务开放市场。

非基本公共服务全面开放市场。对于养老服务、托幼、专业培训、健康

---

[1]　财政部国库司:《2014 年全国政府采购简要情况》,财政部网,2015 年 7 月 30 日。

[2]　迟福林:《政府购买公共服务须开放竞争》,《经济参考报》,2014 年 4 月 30 日。

保健、家庭服务等非基本公共服务，全面放开市场，引入竞争，发挥市场配置资源的决定性作用。

基本公共服务引入竞争机制。义务教育、基本医疗卫生、基本住房保障、基本社会保险、就业服务、公共文化等基本公共服务，通过加大政府向社会购买公共服务的力度，鼓励企业和公益性社会组织参与。

（2）创新公共服务业市场开放的体制机制。凡是法律法规没有明令禁止的领域，都要有序向社会资本开放；借鉴发达国家经验，所有公共服务项目必须依法面向社会实行公开、公正和公平的招投标，引入市场竞争机制，探索通过合同外包、公私合营（PPP）、凭单制度等方式，推进公共服务市场化。

### 3. 尽快形成政府购买公共服务的制度安排

（1）细化政府购买公共服务的指导目录。2015 年 1 月 4 日，财政部、民政部与国家工商总局联合发布了《政府购买服务管理办法（暂行）》，对政府购买服务的基本原则、购买主体和承接主体、购买目录和指导目录做出规定。建议进一步细化政府购买公共服务的指导目录，使其更具有可操作性。

（2）发展公益性社会组织。推进政府购买公共服务，需要解放思想，对体制内的事业机构与体制外的公益性社会组织一视同仁，遵循同样的游戏规则，把社会组织作为政府购买公共服务的重要承接主体。为此，建议尽快建立公益法人制度，赋予公益性社会组织公益法人地位。

（3）建立公平竞争机制。除某些特殊领域外，多数公共服务领域原则上都要引入竞争机制，建立政府购买公共服务的公示制度，通过合同、委托等方式向社会组织购买公共服务，最大限度地避免暗箱操作，以保证各类承接主体的公平竞争。实现体制内的事业机构与体制外的公益性社会组织之间的公平竞争，在同样成本下，谁能够提供更多的公益性，政府就向谁购买公共服务。

（4）将政府购买公共服务纳入《政府采购法》。实现政府购买公共服务于法有据，依法规定政府购买公共服务的范围和程序，使之规范化、制度化。

# 五、破题服务业市场开放中的政策与体制性矛盾

长期以来我国服务业发展滞后，这在很大程度上是由于我国服务业在发展过程中面临着政策与体制的结构性矛盾，与此同时，现行的财税和金融体制也对服务业的发展形成了抑制作用。

## （一）服务业市场开放面临政策与体制的结构性矛盾

我国服务业发展过程中面临着各类不合理的政策，严重影响着服务业的健康发展。"十三五"要形成以服务业为主导的产业结构，必须着力破题服务业市场开放中面临的各类政策性与体制性矛盾。

### 1. 服务业发展面临着政策与体制的结构性矛盾

当前，服务业市场供给不足反映出供给侧的结构性矛盾比较突出。以土地政策为例，2015 年第四季度，全国主要监测城市商服、工业地价分别为 6729 元每平方米和 760 元每平方米，前者比后者高 7.85 倍。[①] 究其原因，主要在于现行的宏观政策与宏观体制结构带有鼓励工业发展、抑制服务业发展的某些特征。一是投资体制改革滞后，导致民间资本投资服务业领域困难重重，供需失衡的局面难以扭转；二是由于服务业发展的"营改增"尚未完成，消费税改革进展缓慢，导致地方政府"重投资、轻消费"的行为模式难以改变；三是金融结构不合理，普惠性金融发展相对滞后，导致中小企业融

---

① 中国土地勘测规划院城市地价动态监测组：《2015 年第四季度全国主要城市地价监测报告摘要》，中国城市地价网，2016 年 1 月 15 日。

资难的问题难以得到有效缓解；四是教育结构不合理，导致经济转型亟须的实用型、技术技能型人才严重短缺。因此，服务业发展面临着一系列的政策性、体制性的结构性矛盾，这些矛盾不解决，难以形成服务业市场开放的大环境。

**2. 以服务业市场开放促进投资结构转型**

从当前的情况看，稳增长需要投资，问题的关键是投资要有市场、要有效益。这就需要突出消费的导向作用推进投资转型，扩大有真实需求的服务业投资比重，实现投资与消费的互动和融合。为此，建议：(1)与服务型消费需求快速增长趋势相适应，重点加大教育培训、家政服务、健康服务、养老服务、旅游服务、体育服务等生活性服务领域的投资。(2)从工业转型升级的现实需求出发，重点加大信息、研发、设计、物流等生产性服务领域的投资。(3)适应我国公共产品需求全面快速增长的基本趋势，把投资的重点转向教育、医疗、社会保障等基本公共服务领域。(4)尽快在电信、教育、医疗、金融等领域再推出一批向社会资本开放的重大项目。

**3. 调整服务业与工业用地政策**

(1)土地供给向现代服务业倾斜，提高现代服务业用地比例。在土地利用总体规划和城乡规划中统筹安排服务业发展用地规模、布局和时序，调整城市用地结构，将更多的土地应用到现代服务业领域。

(2)新增建设用地向新兴服务业倾斜。优先安排国家鼓励发展的高技术、高附加值、低消耗、低排放的新兴服务业项目用地。鼓励工业企业利用自有工业用地兴办促进企业转型升级的自营生产性服务业，经依法批准，对提高自有工业用地容积率用于自营生产性服务业的工业企业，可按新用途办理相关手续。

(3)缩小服务业与工业用地价格差距。鼓励地方试点，加大政策调整力度，对服务业用地给予各种优惠政策，大幅降低服务业用地价格，争取到2020年全国基本实现服务业用地与工业用地"同地同价"。

**4. 实现服务业与工业平等竞争使用水、电、气等资源要素**

(1)实现服务业与工业用水同价。"十三五"前期,各地结合实际情况可以采取不同模式尽快实现服务业与工业用水同价:一是通过财政补贴或财政与供水企业共同承担的方式,将现行服务业用水价格直接降到工业用水价格水平;二是通过提高工业用水价格和降低服务业用水价格,将现行服务业用水与工业用水价格拉齐;三是简化城市供水价格分类,即除居民生活用水、特种行业(洗浴、洗车等高耗水行业)供水价格外,将原来的工业、行政事业、基建行业、商业、饮食业、服务业用水统一归类为其他行业供水价格。

(2)实现服务业与工业用电同价。分步推进电价合并,实现商业电价与普通工业电价同网同价。先将商业电价与普通工业电价合并,两者归并为一般工商业用电电价;再将非工业和一般工商业用电合并为一般工商业及其他用电,包括党政机关、事业单位都执行该类别电价。

(3)实现服务业与工业用气同价。一是简化气价分类,实行工商业用天然气同价。将用气价格分类由现行的"居民生活、工业生产、商业服务、其他(公用事业)"四类调整为"居民生活用气、非居民生活用气和其他用气"三类。二是实行工商服务并轨政策。将"商业服务"和"工业生产"用气归并为"非居民生活用气";根据各地实际情况,通过有升有降的价格调整方式,确定新的价格标准。

## (二) 形成有利于服务业发展的财税结构

合理的税制结构有利于增强经济转型与产业结构调整的有效激励,是理顺政府与市场、政府与企业、政府与社会关系的基本条件。"十三五"要形成服务业主导的产业结构,必须要加快税制结构的改革,形成服务业发展的公平税负环境,切实减轻企业负担,形成有利于服务业发展的财税结构。

**1. 基本形成服务业发展的公平税负环境**

(1)全面完成"营改增"改革。"营改增"是形成制造业和服务业公平税负环境的关键举措。自2012年试点以来，"营改增"改革不断加快，至2015年还剩建筑业、房地产业、金融业和生活服务业等四大行业未改革。这四个行业涉及近1000万户纳税人，是已纳入"营改增"纳税人规模的两倍。2016年政府工作报告中已明确提出从2016年5月1日起，将"营改增"试点范围扩大到建筑业、房地产业、金融业、生活服务业，确保所有行业税负只减不增，但这些行业户数众多，业务形态丰富，利益调整复杂，需要合理设计税率、计税方法、抵扣方式等税制要素，妥善安排过渡政策。

(2)推进增值税改革。一是降低税率。21个亚太经合组织成员中有18个国家和地区开征增值税及与其同性质的货劳税（文莱、中国香港和美国除外）。除我国外的17个成员的增值税平均标准税率为11.15%，而我国增值税两档税率均高于这一平均税率，显著高于日本（8%）、泰国（10%）、越南（10%）、新加坡（7%）、韩国（10%）和澳大利亚（10%）。可以考虑对现行的税率进行简化，在合并税率基础上降低税率。例如，交通运输业、粮食等民生产品的税率可以考虑统一降到10%以下；实行1档基本税率加2档优惠税率，即1档基本税率降低至13%，2档优惠税率分别为6%和零税率；对特定的区域，甚至可以考虑试行单一增值税率（8%左右）。

二是降低小规模纳税人征收率。从当前的3%降至1%，以实质性减轻小微企业的税负。对全行业亏损的企业，参照小规模纳税人的征收率，实施增值税优惠税率，减轻企业负担，以此避免大面积企业倒闭潮。

三是扩大增值税抵扣范围。考虑到鼓励创新型企业发展，除了技术创新所涉及的设备等固定资产抵扣范围外，把技术创新涉及的全部研发支出列入抵扣范围。

(3)形成制造业和服务业公平发展的税收制度环境。一是加大对生产性服务业的税收支持力度。2014 年 8 月,国务院出台的《关于加快发展生产性服务业促进产业结构调整升级的指导意见》明确提出:"研发设计、检验检测认证、节能环保等科技型、创新型生产性服务业企业,可申请认定为高新技术企业,享受 15％的企业所得税优惠税率。"在此基础上,充分借鉴一些发达国家对生产性服务业的税收支持,制定进一步的优惠政策。

二是适时清理税收优惠政策。以往区域优惠政策往往只针对工业、大企业,不利于服务业的发展。国务院已经提出加快清理区域税收优惠政策,但由于经济下行压力加大的原因,2015 年 5 月暂停了税收优惠政策的清理工作。从转型升级的趋势看,应着眼于形成统一市场和促进公平竞争,短期内先做好相关的摸底工作,对暂停后可能带来的影响做出客观评估;一旦经济形势好转,及时重启税收优惠清理,为形成统一市场、促进服务业发展奠定坚实基础。

**2. 优化税收结构**

(1)直接税比重偏低制约经济转型升级。一般来说,直接税比重高更有利于服务业发展,有利于消费释放,有利于收入差距调节。[1] 我国目前有 18 个税种[2],其中增值税、消费税、营业税、关税、资源税、城市维护建设税和土地增值税等 7 个税种为间接税,其他 11 个税种为直接税。在税收收入上,直接税和间接税"四六开",即直接税约占 40％,间接税约占 60％(见表 1-6)。根据党的十八届三中全会关于财税体制改革的总体部署,税制改革的基本方向是推动间接税为主向直接税为主转化,即由主要在生产经营环节征税转向主要在收入、财产、消费等环节征税,以此适应经济转型升级的需要。从国际上看,高收入国家直接税占比平均达到 63.56％[3]。

---

① 贾康:《直接税和间接税比重失衡阻碍经济转型》,《人民日报》,2012 年 10 月 10 日。
② 现行 18 个税种包括增值税、消费税、车辆购置税、营业税、关税、企业所得税、个人所得税、土地增值税、房产税、城镇土地使用税、耕地占用税、契税、资源税、车船税、船舶吨税、印花税、城市维护建设税、烟叶税。
③ 刘国艳等:《从国际比较看我国直接税与间接税比例关系》,《财政研究》2015 年第 4 期。

表 1-6　2014 年我国税收总额及结构

| 税　种 | | 税收额（亿元） | 占比（％） |
|---|---|---|---|
| 间接税 | 国内增值税 | 30855.36 | — |
| | 国内消费税 | 8907.12 | — |
| | 进口货物增值税、消费税 | 14425.3 | — |
| | 出口货物退增值税、消费税 | −11356.5 | — |
| | 营业税 | 17781.73 | — |
| | 资源税 | 1083.82 | — |
| | 城市维护建设税 | 3644.64 | — |
| | 关　税 | 2843.41 | — |
| | 土地增值税 | 3914.68 | — |
| | 小　计 | 72099.6 | 60.5 |
| 直接税 | 企业所得税 | 24642.19 | — |
| | 个人所得税 | 7376.61 | — |
| | 房产税 | 1851.64 | — |
| | 印花税 | 1540 | — |
| | 城镇土地使用税 | 1992.62 | — |
| | 车船税 | 541.06 | — |
| | 船舶吨税 | 45.23 | — |
| | 车辆购置税 | 2885.11 | — |
| | 耕地占用税 | 2059.05 | — |
| | 契　税 | 4000.7 | — |
| | 烟叶税 | 141.05 | — |
| | 其他税收 | 0.45 | — |
| | 小　计 | 47075.71 | 39.5 |
| 税收总额（亿元） | | 119175.31 | 100 |

数据来源：国家统计局：《中国统计年鉴 2015》，中国统计出版社，2015 年。

到 2020 年，我国进入高收入国家行列的可能性相当大，目前不到 40％的直接税比重明显偏低。为适应我国经济转型升级的趋势，需要改变直接税比重偏低的格局。

（2）实现个人所得税改革的突破。改革个人所得税，可以考虑确立"宽税基、低税率、减税负"的新思路，把减轻纳税人的税负水平作为基本出发点。

一是扩大税基主体。个人所得税应是"有收入即纳税"。应尽快实行综合与分类相结合的个人所得税,考虑家庭赡养等负担,对减去合理免税额后的居民全部收入进行征税。

二是降低免征额,甚至取消免征额。这对低收入者是有利的,过去每提高一次定征额,高收入者获得的边际收益要远超过低收入者,反而扩大了收入差距。

三是降低税率。现在的工资、薪金所得税率是3％～45％,共分七档税率,可以考虑进一步简化税率并降低边际税率。如果采取普遍征收的思路,税率可以考虑设计为1％～30％。

四是实施负所得税制度。对于低保、贫困家庭,在缴纳所得税后,根据当地生活水平予以所得税返还,形成负所得税制度。这样可以加大对低收入者的保障力度。

(3)完善财产税体系。一是改变财产税收入比重过低的格局。我国当前的财产税都属于地方税,主要包括房产税、城镇土地使用税、土地增值税、契税和车船税等小税种。2014年,五个税种收入之和仅为总税收的3.72％,其中房产税占比仅为1.56％[1],财产税在调节收入分配中的作用远没有发挥出来。这就要求加快完善财产税体系,优化财产税结构。

二是适时推出新房产税。目前,我国城镇家庭户均拥有住房已接近1.1套。根据2013年中国家庭金融调查的数据,我国城镇家庭自有住房拥有率为87％。根据2015年抽样调查,城镇居民家庭住房自有率为91.2％。近两成城乡居民家庭拥有两套以上住房。[2] 我国居民房产持有情况与财产税的征收情况不相适应。过去几年,我国在重庆、上海进行了房产税试点,但一直未能落地和实际运行。"十三五",应尽快推出新房产税,具体包括:在全国普遍征收;扣除人均基本住房面积;作为地方主体税

---

[1]　根据《中国统计年鉴2015》,由中国(海南)改革发展研究院课题组测算得到。
[2]　社会蓝皮书:《近2成城乡居民家庭拥有两套以上住房》,中国新闻网,2015年12月24日。

种之一；整合现有税种，合并城镇土地使用税、耕地占用税等。

三是合并重复的财产税税种。有研究指出，契税与印花税存在重复课税问题。[1] 在当前去库存压力加大的情况下，把契税与印花税合并征收，能够起到一定的作用。以 2014 年为例，全年契税约为 4000 亿元，印花税为 1540 亿元，全国商品房销售面积为 12.1 亿平方米。初步测算表明，如果把印花税合并到契税中征收，商品房成本每平方米可以减少 127 元；如果把契税合并到印花税中，则每平方米可以减少 330 元成本。

**3. 加大企业减负力度**

（1）加大结构性减税力度。我国目前宏观税负偏高，尚有减税的空间。例如，以政府总收入[2]占 GDP 的比重来衡量的企业宏观税负，2015 年政府总收入为 19.71 万亿元，宏观税负水平为 29.1％。根据世界银行的研究，我国最优宏观税负为 25％左右[3]，这表明我国至少还有 4 个百分点的减税空间。另据调查显示，微型企业、工商业企业中的小微企业税负，总体上高于其他类型企业的税负。微型企业和小型企业税收负担分别是大型企业的 2.5～3.6 倍、2.3 倍。[4] 可以考虑适度提高小规模纳税人标准，形成小微企业的自动减税机制，如显著提高小微企业增值税、营业税起征点等。

（2）全面清理不合理收费。尽管"十二五"期间国家取消了企业年检、绿化费等一批行政性事业收费，但根据财政部公开目录，目前仍有 200 多项行政事业性收费和政府性基金。为此，需要深化简政放权，进一步削减行政收费。"十三五"前期，对全国性的行政审批前置服务等行政收费项目

---

[1] 刘植才：《我国财产税制存在的缺陷及其改革构想》，《现代财经》2006 年第 1 期。

[2] 大口径的政府总收入，除了财政收入外，还包括政府性基金、国有企业经营预算收入等。根据财政部公布数据，2015 年，我国政府基金收入为 4.23 万亿元，国有资本经营预算收入为 0.26 万亿元，加上财政预算收入 15.22 万亿元，政府总收入为 19.71 万亿元。

[3] 诸建芳：《中国的宏观税负》，证券网，2013 年 5 月 20 日。

[4] 许生：《企业税负现状调查与政策建议》，《学习时报》，2013 年 8 月 26 日。

进行全面清理、整合、削减和取消；到 2020 年，力争减少 1/2 以上的行政事业性收费，实质性减少企业承担的行政费用。

（3）实质性降低企业社保负担。绝大多数小微企业属于劳动密集型企业，社会保险缴费额在企业成本中所占比重较大。适应小微企业和服务业特点，可以考虑如下调整：一是缴费所参考的社会平均工资要反映全体就业人员收入的实际情况，使其更接近真实的缴费能力；二是增加缴费政策的灵活性。考虑到劳动密集型小微企业的实际，可制定多档次缴费标准，适当下调缴费率。

### （三）形成金融支持实体经济的基本格局

"十三五"是我国推进供给侧结构性改革的关键时期。客观地看，当前我国金融结构与经济转型升级的趋势不相适应，金融"脱实就虚"的特点比较突出。"十三五"，金融改革要以服务实体经济为基本定位，加大金融与实体经济的融合，切实降低实体经济融资成本，为实现供给侧结构性改革的重大突破创造条件。

#### 1. 推进金融与实体经济融合

（1）现行金融结构下中小企业仍然融资难、融资贵。尽管各方高度重视实体经济融资难、融资贵，出台了包括"盘活存量"和"用好增量"等在内的一系列政策措施，但实体经济"资金饥渴"一直没有得到实质性破解，尤其是中小微企业融资难问题依然十分突出。调查显示，小微企业要获得银行贷款，感到困难的占 41.8％，比较难的占 31.03％，非常困难的占 27.79％。[①] 在融资成本上，金融机构对小微企业贷款的利率会在基准上再上浮 20％～30％，加上担保费、资产评估费、财务顾问费等隐性成本，小

---

① 吴楚:《中小微企业扶持政策不能"看上去很美，做起来很难"》,《中国青年报》,2015 年 3 月 8 日。

微企业实际融资成本超过 10%。[①]

（2）加大金融资源向实体经济配置。加大金融资源向实体经济配置，提高金融服务实体经济的效率，需要降低实体经济的融资成本，更需要加快金融市场产品创新，大力发展债券等融资工具。从国际经验看，高收益债券可以化解中小企业融资难的困境。通过高风险、高收益债券，吸引风险承受能力强的投资者进入，分担中小企业在企业转型、技术进步和创新过程中的风险。这就要求推进高收益债券及股债相结合的融资方式。此外，大力发展现代融资租赁，直接引用外资、项目融资、商业票据、出口信贷等其他融资方式，建设多层次金融市场，有效解决中小企业融资困难的问题。

（3）提高直接融资比重，降低企业融资成本。2015 年中央经济工作会议在提出降成本任务时明确要求"降低企业财务成本，金融部门要创造利率正常化的政策环境，为实体经济让利"。当前，我国金融结构中直接融资比重过低，间接融资比重过高，成为抬高企业融资成本的重要原因。以增量法测算，2014 年我国直接融资比重仅为 17.4%（见表 1-7）。尽管世界银行等国际机构主要按存量法测算，但我国直接融资比重与发达国家相比仍有明显差距。降低企业融资成本，需要大力发展直接融资体系，提高直接融资比重，发挥其在风险共担、利益共享、定价市场化和服务多层次方面的优势，更好地服务中小企业和创新型企业。[②] 到 2020 年，争取使非金融企业直接融资占社会融资规模比重提高到 25%，债券市场余额占 GDP 比例提高到 100%。[③]

"十三五"，提高直接融资比重要积极培育公开透明的资本市场，促进多层次资本市场的健康发展，推进股票和债券发行交易制度改革，重点加

---

[①] 《小微企业融资发展报告：四成融资成本超过 10%》，《经济参考报》，2013 年 4 月 8 日。
[②] 祁斌，查向阳等：《直接融资和间接融资的国际比较》，《新金融评论》2013 年第 6 期。
[③] 《〈中共中央关于制定国民经济和社会发展第十三个五年规划的建议〉辅导读本》，人民出版社，2015 年。

表 1-7　2002—2014 年我国直接融资规模与比重

| 年　份 | 社会融资规模增量(亿元) | 企业债券(亿元) | 非金融企业境内股票融资(亿元) | 直接融资规模(亿元) | 直接融资比重(%) |
|---|---|---|---|---|---|
| 2002 | 20112 | 367 | 628 | 995 | 4.95 |
| 2003 | 34113 | 499 | 559 | 1058 | 3.10 |
| 2004 | 28629 | 467 | 673 | 1140 | 3.98 |
| 2005 | 30008 | 2010 | 339 | 2349 | 7.83 |
| 2006 | 42696 | 2310 | 1536 | 3846 | 9.01 |
| 2007 | 59663 | 2284 | 4333 | 6617 | 11.09 |
| 2008 | 69802 | 5523 | 3324 | 8847 | 12.67 |
| 2009 | 139104 | 12367 | 3350 | 15717 | 11.30 |
| 2010 | 140191 | 11063 | 5786 | 16849 | 12.02 |
| 2011 | 128286 | 13658 | 4377 | 18035 | 14.06 |
| 2012 | 157631 | 22551 | 2508 | 25059 | 15.90 |
| 2013 | 173169 | 18111 | 2219 | 20330 | 11.74 |
| 2014 | 164773 | 24329 | 4350 | 28679 | 17.41 |

数据来源:国家统计局:《中国统计年鉴 2015》,中国统计出版社,2015 年。

快债券市场发展。大力发展企业债券融资,强化债券市场的市场化约束机制,促进债券市场互联互通,积极发展私募债券市场,统一规则和监管;实施积极财政政策,扩大国债发行规模,探索市政债发展,以替代地方政府融资平台贷款。

**2. 发挥金融创新对产业转型升级的引领作用**

(1)加大金融创新对"三农"的支持力度。"小康不小康,关键看老乡",从解决农村金融短缺的突出矛盾出发,迫切要求加大金融资源对农村、农业和农民的倾斜。依靠传统金融体系实现农村地区金融服务全覆盖,成本巨大,金融机构动力不足。这就需要大力发展农村互联网金融以有效破解这一难题。

一要加快发展"互联网＋农业"。利用互联网改造传统农业,加快传统农业的"上网触电"，鼓励电商进村入户；鼓励农民积极参与电商；加快发展农村物流。

二要完善农村金融服务。加快发展以农村小额贷款为重点的金融服务，积极发展农民理财业务，提高农民财产性收入；依托互联网真实交易数据，对农民、农户进行有效增信；加快农村消费金融发展。

三要发展农业众筹等新模式。吸引城镇资金直接流入"三农"发展所急需的领域，有效扭转资金流出农村的局面。

（2）加大金融创新对研发的支持力度。适应大数据、云计算、移动互联网快速发展的趋势，主动应对"工业4.0"的挑战，关键在于加大创新力度，改变我国创新相对滞后的局面。这就要求加快形成有效的金融支持系统，尤其是大力发展风险投资等。

一要鼓励创新服务平台与金融机构加强合作。发挥创新创业服务平台的桥梁作用，支持众创空间、创新工场等新型孵化器与天使投资、创业投资、互联网金融机构等开展合作，创新投融资服务。建立科技创新企业数据库，支持金融机构开展科技金融服务和产品创新。加强科技创新企业信用体系建设，着力解决科技创新企业和金融机构之间的信息不对称，促进金融机构与科技创新企业有效对接。

二要充分利用资本市场支持企业创新。支持创业企业上市或发行票据融资，鼓励创业企业通过债券市场筹集资金。积极研究尚未盈利的互联网和高新技术企业到创业板发行上市制度，在上海证券交易所建立战略新兴产业板。加快推进全国中小企业股份转让系统向创业板转板试点。研究解决特殊股权结构类创业企业在境内上市的制度性障碍，完善资本市场规则。规范发展服务于中小微企业的区域性股权市场，支持股权质押融资。[①]

① 国务院：《关于大力推进大众创业万众创新若干政策措施的意见》（国发〔2015〕32号），中国政府网，2015年6月11日。

（3）加大金融创新对创业的支持力度。

一要鼓励金融机构发展支持创业的产品及服务。对于农民创业，抓住目前农村土地承包经营权流转制度改革、集体林权制度改革等有利时机，扩大农村有效担保物范围，探索开发土地承包经营权流转抵押贷款、林权抵押贷款、水域滩涂使用权抵押贷款等新产品；大力发展大学生村干部创业互保、联保贷款，灵活采取到期一次偿还、分期偿还等还款方式，扩大贷款覆盖面，提高贷款满足率。

二要调动金融机构扶持创业的积极性。充分发挥公共财政的引导作用，采取贴息、补贴担保费用等方式，为金融机构提供信贷风险补偿，调动其开展创业贷款扶持业务的积极性。同时，利用财政资金成立公益性担保基金，为青年创业提供担保；积极探索建立政府、银行、青年共同承担的风险防范机制。

三要加大金融新业态对创业的支持。支持互联网金融发展，引导和鼓励众筹融资平台规范发展，开展公开、小额股权众筹融资试点，加强风险控制和规范管理。丰富完善创业担保贷款政策。支持保险资金参与创业创新，发展相互保险等新业务。完善知识产权估值、质押和流转体系，推动知识产权质押融资、专利许可费收益权证券化等服务常态化、规模化发展，支持知识产权金融发展。[①]

### 3. 加大金融对社会资本开放力度

（1）社会资本参与金融有很大空间。近年来，我国不断加大社会资本进入金融领域的政策支持力度并取得比较明显的效果。从对上市公司股权结构的分析结果看，近10年我国国有资本对金融类上市公司的持股水平明显下降，社会资本逐步成为金融类上市企业的重要股东。尽管社会资

---

① 　国务院：《关于大力推进大众创业万众创新若干政策措施的意见》（国发〔2015〕32号），中国政府网，2015年6月11日。

本大量进入金融领域，但社会资本参与金融的潜力仍相当大。中国家庭金融调查与研究中心的数据显示，2013 年我国仍有 22.3％的家庭有民间金融负债，我国家庭民间金融市场规模为 5.28 万亿元，相比 2011 年的 4.47 万亿元，规模上升 18％。① 发展民间金融仍有很大潜力。

（2）合理界定准入门槛。党的十八届三中全会提出，要保证各种所有制经济依法平等使用生产要素，坚持非公经济和公有经济权利平等、机会平等、规则平等。允许民营资本发起设立银行，在准入标准上也要一视同仁。从具体准入要求看，大多数国家主要集中在最低资本数额、高管人员经验、内控制度、IT 系统等方面，并且这些要求对所有申请人都一视同仁。从我国的情况看，民间金融在发展定位与经营业务上与一般国有大型金融机构有着很大的不同。为此，应当根据实际情况，为各类民间金融机构建立合适的准入门槛。在加强监管的前提下，适当降低民间资本进入金融领域门槛，加快引导民间金融组织从"地下"走向"地上"，推动其向规范化、合法化、机构化转变。同时，尽快完善对各类民间金融机构的准入规则。

（3）保障各类金融机构公平竞争。对各类金融机构一视同仁，在监管、审批等方面，不对民营金融机构设置过多障碍，造成"玻璃门"现象。针对民营金融机构在市场竞争方面的弱势地位，政府给予一定的扶持和政策倾斜，以实现各类金融机构的公平竞争。

**4. 推进普惠金融制度创新**

（1）保障普惠金融的资金供给。普惠金融要实现商业可持续性，除了普惠金融机构自身努力外，还需要得到政府的政策支持。进一步加大央行对普惠金融机构的定向降准力度，并采取低息杠杆工具，保障普惠金融贷款的充足性。

（2）加大对特殊群体的财政贴息力度。通过财政贴息减轻小微企业、

---

① 《民间金融发展报告：家庭民间借贷规模超过 5 万亿》，《扬子晚报》，2014 年 2 月 27 日。

农民等特殊群体负担。建立制度化的贴息政策,保障普惠金融贷款的实际利息不高于一般商业贷款利息。财力允许的地方,探索普惠金融贷款全贴息制度,使小微企业、农民等特殊群体可以享受到低息、无息贷款。此外,鼓励财政资金对农村专业合作社的普惠金融贷款予以部分贴息。

(3)对发展普惠金融业务的金融机构予以财政奖补。对特定额度以下的小额贷款,给予金融机构一定的奖励和风险补偿金。以此降低金融机构风险,调动其发展普惠金融业务的积极性。

### (四) 推进国有企业转型升级

当前我国工业领域产能过剩与服务供给不足问题并存,推进国企转型升级,既是去产能的要求,也是发挥国有资本在推动国家产业结构变革和增加服务供给方面的重要作用。

#### 1. 去产能是当前国企改革的重要任务

(1)去产能的重点和难点在国有企业。多年来积累下来的过剩产能,与国企改革滞后所导致的市场供求关系扭曲、市场难以出清直接相关。"十三五",以供给侧改革缓解经济下行压力,首要任务是通过国企改革去产能。

当前,去产能的主要挑战在于国有企业。一般来说,民营企业如果处于产能过剩状态,在资不抵债的条件下,会自动被市场淘汰。但国有企业有所不同,由于预算上的软约束,加上政府和银行等方面的扶持,还要考虑职工安置问题,即使亏损多年,也很难退出市场。近年来,钢铁、煤炭、水泥、玻璃、石油、石化、铁矿石、有色金属等国企比较集中的八大行业是产能过剩的"重灾区",亏损面已经达到 80% 左右。目前,这八大行业对整个工业 PPI 下降的贡献占了 70%～80%。[①] 中国钢铁工业协会最新统计数据

---

① 李锦:《2016 将是产能过剩国企"要命"之年》,和讯网,2015 年 12 月 13 日。

显示,2015 年,全国大中型钢铁企业的主营业务全年累计亏损超过 1000 亿元,同比增亏 24 倍,同时市场并没有显示出扭亏的迹象,2016 年 1—2 月全行业亏损 114 亿元。[①]

(2)国企改革应当在去产能中扮演重要角色。

首先,新形势下,深化国企改革的焦点问题是去产能。产能过剩凸显了国有资本配置不合理的矛盾,突出表现在国有资本在传统产业、产能过剩行业、重化工行业配置的比例过重。优化国有资本配置,需要把去产能摆在突出位置。

其次,发挥国有资本在产业转型中的重大作用,需要国企改革在去产能上有所作为。实现去产能,国有资本才有条件实现优化配置,才有条件增强活力、控制力、影响力。

再次,破题国企改革去产能,才能形成市场决定资源配置的新格局。让市场供求关系决定国有资本进退,是尊重市场规律、解决国企预算"软约束"的有效途径,是使国企更好融入现代市场经济的重大举措,是实现市场决定资源配置新格局的客观要求。

最后,以去产能为重点调整优化国有资本配置。适应去产能的要求,为推动国有资本优化重组创造有利条件,并为实现发展混合所有制的新突破创造重要契机。

**2. 分类推进国企改革**

(1)推动传统国有大企业向创新型企业转型。工业转型升级的关键是大企业向创新型企业转型。一方面,大企业在实体经济中的地位举足轻重。有统计显示,2015 年中国 500 强企业的营业收入达到 59.5 万亿元,[②]相当于 2014 年 GDP(63.6 万亿元)的 93.6%;500 强企业纳税总额达到

---

① 中钢协:《钢铁行业主营业务去年亏损超千亿》,中国证券网,2016 年 4 月 7 日。
② 华晔迪,向志强:《中国企业 500 强榜单出炉 中石化连续第 11 年问鼎》,新华网,2015 年 8 月 22 日。

3.98 万亿元,占当年全国税收总额的 33.4%。[①] 应当看到,没有大企业的转型升级,我国制造业版图很难真正改变。另一方面,规模以上工业企业利润下降,大型国有企业经营形势严峻。据统计,2015 年全国规模以上工业企业实现利润总额 6.36 万亿元,同比下降 2.3%。规模以上工业企业中,国有控股企业实现利润总额 1.09 万亿元,同比下降 21.9%,创历史新低。[②]

(2)把做强生产性服务业作为发展混合所有制的重要任务。

一要做强国有企业生产性服务业。在新技术革命的浪潮下,像 IBM、苹果这样的国际制造业巨头纷纷加快剥离制造环节,专注于产品的研发设计,成为世界级创新型大企业。我国高铁之所以能够形成国际竞争优势,关键是做强了研发、设计为龙头的生产性服务业。

二要以做强生产性服务业为重点推动社会资本参与国企改革。推动部分国有大型工业企业剥离生产性业务,将生产性业务转让给社会资本运营,将主要业务集中在生产性服务业领域;推动部分国有大型工业企业围绕生产性服务业延伸产业链,部分生产性服务业转让给社会资本运营,将主要业务集中在高端生产性服务业环节。

三要培育一批高端生产性服务业企业集团。通过发展混合所有制在国有企业中培育总部经济,充分利用现代信息网络技术及平台,发展一批具备国际竞争力、在国内国际具有强大资源配置能力的专业化研发服务机构。

(3)在部分产能领域重组整合一批国有企业。

一要以提升产业集中度为重点推动国企并购重组。提升产业集中度是传统行业可持续发展的重要条件。以钢铁行业为例,美国、日本、韩国钢铁产业代表了世界的最高水平,这三个国家钢铁产业的集中度都很高。

---

① 冯立果,李素云:《中国大企业的盈亏能力如何?》,财新网,2015 年 9 月 28 日。
② 国家统计局:《2015 年国民经济和社会发展统计公报》,国家统计局网,2016 年 2 月 29 日。

2007 年美国前四家钢铁企业的市场占有率为 68.7％,日本前四家钢铁企业的市场占有率为 73.9％,韩国前四家钢铁企业的市场占有率为 88.87％。也就是说,成熟的、形成有效竞争和规模经济的钢铁产业市场结构,前四家企业的市场集中度一般不应低于 60％,而我国前四家钢铁企业市场占有率只有 35％。再如煤炭行业,目前我国前四大企业的市场集中度仅为 20％,前八家市场集中度也仅为 28％,比较合理的比例应分别达到 40％和 60％。美国、澳大利亚、南非、印度、德国前十大企业市场集中度分别为 46％、50％、60％、90％、100％。煤炭行业产业集中度低,带来了严重的资源浪费、环境污染以及职业健康安全等社会问题。[①] 这就需要把提高产业集中度作为国企改革去产能的重要手段,推动钢铁、煤炭、有色金属等领域国有企业跨地区重组、兼并,形成效率更高的市场结构。

二要推动"国企＋国企"式的并购重组。在产能过剩领域,同一行业往往有多家国企上市公司,这些上市公司有强有弱,有效益好的也有效益差的。这些国企可以采取跨地区兼并重组,实现优势互补,提升规模经济,增强营利能力,形成跨国经营、全球领先的大型综合性产业集团,制定统一的海外市场拓展战略,通过强强联合在国际竞争中获得更加有利的地位。

三要鼓励"民企＋国企"式的并购重组。以去产能为契机,鼓励"民企＋国企"式的并购重组,不仅有利于化解国企的困境,也有利于为社会资本参与国企改革创造条件,有利于实现发展混合所有制的新突破。2015 年 8 月出台的《中共中央、国务院关于深化国有企业改革的指导意见》明确指出:"主业处于充分竞争行业和领域的商业类国有企业,原则上都要实行公司制股份制改革,积极引入其他国有资本或各类非国有资本实现股权多元化,国有资本可以绝对控股、相对控股,也可以参股,并着力推进整体上市。"建议出台具体政策,鼓励民企通过资本市场并购等方式取得部分商

---

① 李荣融:《问题不是垄断,是产业集中度太低》,国资委网,2014 年 3 月 25 日。

业类国有企业的控股权,对国有企业进行兼并重组,实现国企、民企的双赢。

(4)清理退出一批"三高产业""夕阳产业"

首先,国有资本原则上退出"三高产业"。国有资本作为国家资本,需要在推动"绿色发展"中扮演骨干角色。为此,应对"三高产业"的国有企业进行全面评估,对不符合国家能耗、环保、质量、安全等标准和长期亏损的产能过剩国有企业实行关停并转或剥离重组。要抓紧形成综合性的改革方案,争取到 2018 年,实现国有资本从"三高产业"全面退出。

其次,降低国有资本在"夕阳产业"中的比例。"夕阳产业"并非社会不需要的产业,任何一个国家都需要"夕阳产业"。问题在于,国有资本过多配置在"夕阳产业",既不利于发挥国有资本在产业转型中的引领作用,又不利于国有资本保值增值。建议在将国企划分为商业类和公益类的基础上,出台相关规定,限制商业类国企在"夕阳产业"的比例,使大部分商业类国企从"夕阳产业"退出,推动国有资本向公共服务和民生领域集中,向战略性新兴产业集中,争取到 2020 年,形成国有资本合理配置的新格局。

再次,淘汰部分"僵尸企业"。所谓"僵尸企业",主要指那些恢复生机无望,但由于获得放贷者或政府的支持而免于倒闭的负债企业。"僵尸企业"的存在阻碍了市场出清,并占用大量本来应当用于创新的经济资源,导致资源的长期错配和低效率配置,并成为拖累政府和金融机构的包袱。"僵尸企业"的存在是长期积累下来的问题,解决起来难度相当大。既要积极,又要稳妥。需要妥善处理各方利益关系,既要注重解决职工后顾之忧,又要充分利用破产、重组、收购等市场工具,实现国有资本优化配置和保值增值。

### 3. 解决人的问题

人的问题不解决,推动国企改革会很难。当前,有的企业以不出事故为前提,这种状态下很多事情是做不成的,改革是难以落地的。解决人的问题，关键是以 2016 年政府工作报告提出来的"市场化选聘经营者""职业经理人制度"为突破口，把相关的选聘机制、治理结构、工资待遇、反腐机制等制度建立起来。在这些方面要有具体措施，才能使改革措施尽快落地，才能尽快扭转现在的被动局面。当前对国有企业而言，人的使用管理是阻碍国企改革落地最关键、最紧迫的问题。2016 年政府工作报告提出了"激励机制和容错纠错机制，给改革创新者撑腰鼓劲"，建议在国企中率先推行。

# 第二章　城镇化正处在由规模城镇化转向人口城镇化的转折点

"十三五",我国进入人口城镇化发展的新阶段。新型城镇化仍是我国发展的最大潜力。基于此,"十三五"深化户籍制度改革要有新的思路:一是由对人口的控制向对人口的服务与管理转变;二是由城乡二元户籍制度向全面实施居住证制度转变;三是人口管理由治安部门为主向人口服务部门管理为主转变。到2020年,用居住证制度取代城乡二元户籍制度是重大的历史性突破。

诺贝尔经济学奖的获得者、美国经济学家约瑟夫·斯蒂格利茨说："中国的城镇化和美国的新科技是 21 世纪带动世界经济发展的两大引擎。"如果说过去 30 多年,我国以城镇化为载体实现了经济的高速增长,那么未来五年,我国同样有赖于城镇化的转型与发展实现公平与可持续发展。可以说,"十三五"是我国由规模城镇化走向人口城镇化的关键五年。人口城镇化牵动影响转型发展全局,并成为我国转型发展的"最大红利"。

# 一、人口城镇化是新型城镇化的核心

　　"十三五",在经济下行压力增大的背景下,加快人口城镇化进程,将释放出新的发展红利,不仅能有效拉动消费,还有利于拓宽投资空间,为去产能、去库存创造有利条件。

## (一)"十三五":我国城镇化仍处于较快发展阶段

　　"十三五"期间,我国城镇化仍将处于较快发展阶段,城镇化面临转型升级的机遇与挑战;而人口城镇化将为城镇化的转型升级提供重要的历史机遇。

### 1. 城镇化正处于快速推进阶段

从国际经验看，城镇化率处于 30％～70％ 的水平区间是城镇化快速发展的阶段。从我国的情况看，1978—2015 年，城镇化从 17.9％ 上升到 56.1％，年均增长近 1 个百分点。我国用 30 多年的时间，走完了一些西方国家上百年甚至数百年所走的城镇化历程，比如，拉丁美洲用了 210 年，欧洲用了 150 年，北美用了 105 年。[①] 2015 年，我国的名义城镇化率为 56.1％，正处于快速发展阶段。未来五年，我国城镇化不仅有很大的发展空间，而且拥有较快的发展速度。

### 2. 大部分省区市正处于城镇化快速推进阶段的"加速期"

从 2014 年全国 31 个省区市的常住人口城镇化率看，除上海（89.6％）、北京（86.35％）、天津（82.27％）等 19 个省区市名义城镇化率超过 50％外，其他 12 个省区市名义城镇化率都在 50％ 以下，处于城镇化快速推进阶段的"加速期"（见图 2-1）。而名义城镇化率超过 50％ 的省区市，剔除外来人口等因素，实际的人口城镇化率大都在 50％ 以下。因此，无论是名义城镇化率，还是实际人口城镇化率，我国大部分省区市都处于城镇化快速推进阶段的"加速期"。

### 3. 人口城镇化的发展空间巨大

有数据显示，2014 年，我国人口城镇化率只有 36％ 左右。基于 2020 年的发展前景，人口城镇化率的合理区间应不低于 50％。也就是说，"十三五"人口城镇化率的年均增长不低于 2.5 个百分点，到 2020 年达到 2011 年世界人口城镇化率 52％ 的平均水平。从现实情况看，只要以农民工市民化为重点的相关改革到位，到 2020 年达到 50％ 以上的人口城镇化率是有条件、有可能的。[②]

---

① 任宗哲：《新型城镇化进程中的公共治理问题》，人民网，2013 年 5 月 19 日。
② 迟福林：《城镇化要走公平可持续新路》，《人民日报》，2013 年 1 月 23 日。

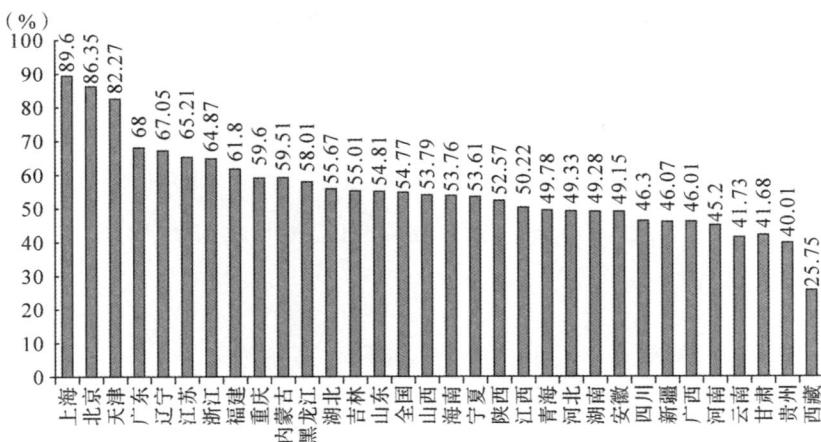

图 2-1　2014 年全国 31 个省区市常住人口城镇化率

数据来源：国家统计局：《中国统计年鉴 2015》，中国统计出版社，2015 年。

## （二）人口城镇化是扩大内需的最大优势

从发展趋势看，我国人口城镇化将释放巨大的投资需求和消费需求，扩大内需、拉动消费的主要潜力在于以人为核心的新型城镇化。也就是说，"十三五"人口城镇化承担着扩大内需的重大历史使命。

### 1. 人口城镇化是扩大投资的最大载体

"十三五"，人口城镇化进程将带来城市基础设施、公共服务设施和住宅建设等巨大投资需求。据预测，如果名义城镇化率从 2013 年的 53.73％提高到 2020 年的 60％，带来的投资需求将达到 42 万亿元人民币。[1] 比如，城市正规停车位缺口高达 5000 多万个，仅这一项就可能会带动 3 万亿元左右的投资。[2]

---

[1]　《财政部力推 PPP 模式助力城镇化：投资需求达 42 万亿》，《21 世纪经济报道》，2014 年 9 月 26 日。

[2]　《新型城镇化"任务清单"明确　催生巨大投资潜力》，央广网，2015 年 5 月 14 日。

### 2. 人口城镇化将拉动 13 亿多人的消费需求

农业转移人口向城镇迁移，将带来巨大的消费"累积效应"，有利于扩大城镇消费群体，推动消费结构升级和消费潜力释放。2014 年，我国城乡居民消费水平比为 2.9∶1，以此推算，到 2020 年，户籍人口城镇化率将提高到 50％，城镇将新增近 2 亿农业转移人口，估计将累计带来 3.3 万亿元左右的新增消费规模。[①]

## （三）人口城镇化将释放多方面的改革红利

随着我国人口老龄化进程加快等多种因素的影响，加快推进人口城镇化将释放多方面的新红利。

### 1. 人口城镇化是经济社会发展的新红利

通过人口城镇化提高劳动者素质，有利于提升全要素生产率，并缓解潜在增长率的下降。有研究显示，1982—2009 年，在 10％ 左右的年均GDP 增长率中，全要素生产率的贡献率为 1 个百分点，而接近一半的贡献来自于劳动力从农业转移到非农产业带来的资源重新配置效率的提升。[②]但随着经济社会的发展，人口红利正在递减，外出农民工人数已经从 2010年的平均增长 5.5％下降到 2014 年的 1.3％（见图 2-2）。农民工在城市难以安家，将会导致城镇因劳动力短缺而发展动力衰减。"十三五"，通过深化户籍制度、基本公共服务制度改革，推进农业转移人口市民化，优化劳动力要素配置，将明显增加城镇劳动力供给，并由此延长人口红利期。

---

① 根据《中国统计年鉴 2015》相关数据计算所得。
② 蔡昉：《对"人口红利"的几点认识》，《经济日报》，2015 年 6 月 18 日。

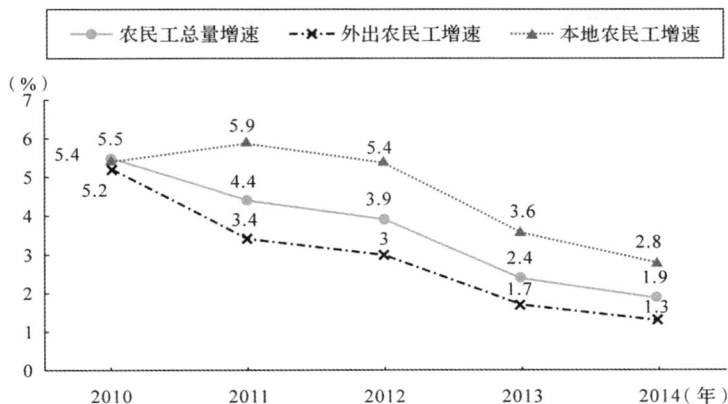

图 2-2　2010—2014 年农民工总量增长速度

数据来源：国家统计局：《2014 年全国农民工监测调查报告》，国家统计局网，2015 年 4 月 29 日。

## 2. 人口城镇化将提高全要素生产率

"十三五"是我国经济结构迈向中高端的关键阶段。国际经验表明，处在越高发展阶段的国家，经济增长越是依靠劳动者素质提高所带来的全要素生产率提高。农民工是未来我国城镇劳动力供给的重要来源，与我国全要素生产率的提高密切相关。总的来看，农民工受教育程度关乎我国经济发展质量和产业结构的转型升级。根据国家统计局公布的《2014 年全国农民工监测调查报告》，21～40 岁的农民工群体占比达到 53％，他们处于最佳就业期，但从受教育程度看，高中及以上农民工仅占 23.8％（见表 2-1），接受过技能培训的农民工只占 34.8％。未来五年，加快破除城乡二元户籍制度，加快提高农民工尤其是"80 后""90 后""00 后"农民工受教育程度和技能水平，人口红利将转型升级为人力资源红利，由此推动全要素生产率的提高。

表 2-1　2014 年我国农民工文化程度构成　　　　　（单位：%）

| 受教育程度 | 农民工合计 | 外出农民工 | 本地农民工 |
|---|---|---|---|
| 未上过学 | 1.1 | 0.9 | 1.6 |
| 小　学 | 14.8 | 11.5 | 18.1 |
| 初　中 | 60.3 | 61.6 | 58.9 |
| 高　中 | 16.5 | 16.7 | 16.2 |
| 大专及以上 | 7.3 | 9.3 | 5.2 |

数据来源：国家统计局：《2014 年全国农民工监测调查报告》，国家统计局网，2015 年 4 月 29 日。

# 二、基本形成户籍人口城镇化的新格局

推进规模城镇化向人口城镇化的转型，以户籍人口城镇化为主要载体，以政策和体制创新为重点，有效释放城镇化的内需潜力，争取到 2020 年基本形成户籍人口城镇化的新格局。

## （一）我国进入户籍人口城镇化的新阶段

改革开放 38 年来，我国城镇化的动力机制已发生深刻变化。未来五年，产业变革、消费升级拉动的人口城镇化呈现加快发展趋势。

### 1. 工业化和产业发展拉动的城镇化有逐步放缓的趋势

我国 38 年城镇化的快速发展，主要是靠工业化和产业发展的拉动。最典型的是城市围绕工厂而形成，"一厂一城"的现象比较普遍。当工业化总体上达到一定水平，甚至出现产能过剩时，工业主导下的城镇化，对消费的抑制和人口城镇化的排斥作用就开始显现。近年来，有些地方出现的"鬼城"就是工业城镇化导致的典型现象。高度依赖资源开采和重化工业而形成的"工业城镇""工厂城镇"发展模式，如果不能适应消费升级和人口城镇化的需求变化尽快转型，城镇支柱产业的衰退必然导致城镇的衰落。

**2. 消费结构升级推动人口城镇化加快发展**

进入发展型新阶段,城乡居民基本的生存性需求减少,发展型消费需求全面提升,尤其表现为农村居民和农业转移人口对教育、医疗、养老、文化等服务型消费需求以及耐用消费品需求的快速增长。居民消费结构升级,为人口城镇化的发展提供了重要的推动力。

(1)从农村内部看,随着经济发展和农民生活质量的提高,包括专业承包经营人员、私营企业主以及其他农村先富起来的人口,为追求生活质量和更好的发展前景,正逐渐向城镇尤其是县城迁移。

(2)从进城农业转移人口看,一部分农民工经过长期奋斗,逐步在城镇有稳定就业,也具有较高收入,尽管他们还是农村户籍,但生活方式和消费方式已经市民化。

(3)在城市有稳定工作、居住条件和稳定收入(但总体收入不高)的农民工群体,特别是随着城镇社会保障制度、住房制度、教育等基本公共服务范围的不断拓展,他们也会逐步把子女、父母接到身边,从而带动人口的城镇化进程。

(4)对于相当一部分没有、短期也不可能拥有稳定工作和居住条件的农民工和年龄偏大的农民工,会选择在原籍中小城镇购房解决父母与子女的市民化。

**3. 城乡一体化制度创新将加速人口城镇化进程**

(1)城乡基本公共服务制度并轨将推动农民工市民化进入提速阶段。长期以来,农民工不能均等地享受城镇教育、医疗、养老、住房等基本公共服务,严重阻滞了农民工市民化进程。2006年国务院出台的《关于解决农民工问题的若干意见》,对农民工的社会保障制度建设做了较为全面的规定。特别是最近五年,农民工的社会保障制度逐步健全,城市住房保障制度开始把农民工纳入保障范围,农民工子女逐步享受与城市居民子女基本均等的义务教育,这一系列促进农业转移人口与城市居民享有均等化的基本公共服务政策措施,推动了农民工及其家属融入城镇化进程。

(2)户籍制度改革将加快人口城镇化。2011 年以来,国务院先后出台《关于积极稳妥推进户籍管理制度改革的通知》《国家新型城镇化规划(2014—2020 年)》《关于进一步推进户籍制度改革的意见》等政策文件与规划,把加快户籍制度改革作为推进新型城镇化的重要举措,目的就是逐步取消城乡居民因户籍制度差别而导致的基本公共服务差距,保障城乡居民公平分享城镇化成果。总的来看,"十三五",户籍制度改革步伐的加快将进一步推动人口城镇化进程。

【专栏 2-1】

### 党的十八届三中全会以来中央关于户籍制度改革的主要部署

2014 年 3 月 16 日,国务院印发的《国家新型城镇化规划(2014—2020 年)》明确提出,要建立居住证制度,全面推行流动人口居住证制度,以居住证为载体,建立健全与居住年限等条件相挂钩的基本公共服务提供机制,并作为申请登记居住地常住户口的重要依据。

2014 年 7 月 24 日,国务院印发的《关于进一步推进户籍制度改革的意见》,提出建立"以人为核心、科学高效、规范有序的新型户籍制度"和进一步调整户口迁移政策,统一城乡户口登记制度,全面实施居住证制度等发展目标。

2014 年 9 月 12 日,国务院印发的《关于进一步做好为农民工服务工作的意见》,提出农民工及其随迁家属在输入地城镇未落户的,可依法申领居住证,持居住证享受规定的基本公共服务。在农民工输入相对集中的城市,主要依托社区综合服务设施、劳动就业社会保障服务平台等现有资源,建立农民工综合服务平台,整合各部门公共服务资源,为农民工提供便捷、高效、优质的"一站式"综合服务。

2015年12月20—21日举行的中央城市工作会议提出,要推进规划、建设、管理、户籍等方面的改革,要提升管理水平,着力打造智慧城市,以实施居住证制度为抓手推动城镇常住人口基本公共服务均等化,加强城市公共管理,全面提升市民素质。

2016年1月1日,《居住证暂行条例》(国务院令 第663号)正式实施,规定在全国建立居住证制度,推进城镇基本公共服务和便利向常住人口全覆盖,要求各地积极创造条件,逐步提高居住证持有人享有的公共服务水平。

资料来源:中国(海南)改革发展研究院课题组整理。

## (二) 户籍人口城镇化率将达到50%

到2020年,基本形成户籍人口城镇化的新格局,重在实现人口城镇化率达到50%左右,并以此作为"十三五"新型城镇化的重要指标之一。

### 1. 2020:我国户籍人口城镇化率将达到50%左右

2011年,常住人口城镇化率超过50%关口,城镇常住人口首次超过了农村常住人口,这是我国经济社会结构的一个历史性变化,标志着我国总体上进入城镇化时代。2015年,我国常住人口城镇化率达到56.1%,但户籍人口城镇化率只有39.9%。[①]"十三五",按照党的十八届五中全会提出的"户籍人口城镇化率加快提高"的目标要求,深化户籍制度改革,加快推

---

① 《我国常住人口城镇化率和户籍人口城镇化率仍存在16.2个百分点差距》,《经济日报》,2016年4月27日。

动城乡基本公共服务均等化,未来五年户籍人口城镇化率有可能以每年不低于 2 个百分点的速度提升。估计到 2020 年,我国常住人口城镇化率将有可能超过 60%,户籍人口城镇化率将提高到 50%左右。从现实情况看,只要以农民工市民化为重点的相关改革到位,到 2020 年达到 50%以上的户籍人口城镇化率是有条件、有可能的。

**2. 常住人口城镇化率与户籍人口城镇化率差距缩小到 10%左右**

(1)将两者差距控制在 10%左右作为"十三五"城镇化发展的预期性指标。根据统计数据计算,2000—2015 年,我国常住人口城镇化率与户籍人口城镇化率的差距从 10.5 个百分点扩大到近 16.2 个百分点。目前,我国 2.7 亿农民工虽然在城市工作,但难以享受与城市居民同等的教育、就业、社会保障等基本公共服务,仍处在"半城镇化"状态。从现实情况看,农民工问题已经成为城乡二元制度结构矛盾的焦点。到 2020 年,应将常住人口城镇化率与户籍人口城镇化率差距缩小到 10%左右作为全国城镇化转型发展的预期性目标,即常住人口城镇化率达到 60%,户籍人口城镇化率达到 50%,其他人口纳入流动人口管理。

(2)部分地区差距可以缩小到 5%～10%。对于山东、江苏、吉林、黑龙江、青海、宁夏等省区,常住人口城镇化率与户籍人口城镇化率差距已在 10%左右,可以相应加快户籍人口城镇化进程(见表 2-2)。例如,2012 年江苏省常住人口城镇化率与户籍人口城镇化率相差 7 个百分点。根据《江苏省新型城镇化与城乡发展一体化规划(2014—2020 年)》,把"有序推进农业转移人口市民化作为推进新型城镇化和城乡发展一体化的首要任务",使户籍人口城镇化率与常住人口城镇化率差距缩小到 5%。

(3)对于两者差距较大地区,可以设置缓冲时间和采取过渡性办法。东部沿海地区和北京、上海等发达城市,是农业转移人口的主要流入地,缩小常住人口城镇化率与户籍人口城镇化率差距难度较大。一方面,可以先实现公共服务由户籍人口向常住人口扩展;另一方面,逐步消化存量,优先将有稳定就业、稳定住所、连续居住多年和参加当地社会保障的农民工群体市民化。对于流动性大的农业转移人口,将其纳入流动人口管理。

表 2-2 2013 年我国常住人口与户籍人口城镇化率比较 （单位:%）

| 地 区 | 常住人口城镇化率 | 户籍人口城镇化率 | 差 距 |
|---|---|---|---|
| 全 国 | 53.73 | 35.93 | 17.8 |
| 北 京 | 86.3 | 80.92 | 5.38 |
| 天 津 | 82.01 | 62.8 | 19.21 |
| 山 东 | 53.75 | 42.97 | 10.78 |
| 上 海 | 89.6 | 90.03 | −0.43 |
| 江 苏 | 64.11 | 57.43 | 6.68 |
| 浙 江 | 64 | 32.02 | 31.98 |
| 福 建 | 60.77 | 34.2 | 26.57 |
| 广 东 | 67.76 | 53.69 | 14.07 |
| 海 南 | 52.74 | 37.83 | 14.91 |
| 河 北 | 48.12 | 32.37 | 15.75 |
| 辽 宁 | 66.45 | 51.67 | 14.78 |
| 吉 林 | 54.2 | 46.98 | 7.22 |
| 黑龙江 | 57.4 | 48.92 | 8.48 |
| 山 西 | 52.56 | 33.74 | 18.82 |
| 河 南 | 43.8 | 22.6 | 21.2 |
| 安 徽 | 47.86 | 22.92 | 24.94 |
| 湖 北 | 54.51 | 34.64 | 19.87 |
| 湖 南 | 47.96 | 22.26 | 25.7 |
| 江 西 | 48.87 | 26.59 | 22.28 |
| 内蒙古 | 58.71 | 41.27 | 17.44 |
| 广 西 | 44.81 | 19.43 | 25.38 |
| 重 庆 | 58.34 | 40.02 | 18.32 |
| 四 川 | 44.9 | 28.82 | 16.08 |
| 贵 州 | 37.83 | 16.38 | 21.45 |

**续　表**

| 地　区 | 常住人口城镇化率 | 户籍人口城镇化率 | 差　距 |
|---|---|---|---|
| 云　南 | 40.48 | 27.24 | 13.24 |
| 西　藏 | 23.71 | 17.34 | 6.37 |
| 陕　西 | 51.31 | 38.01 | 13.3 |
| 甘　肃 | 40.13 | 27.55 | 12.58 |
| 青　海 | 48.51 | 42.22 | 6.29 |
| 宁　夏 | 52.01 | 39.81 | 12.2 |
| 新　疆 | 44.47 | 42.59 | 1.88 |

数据来源：国家统计局：《中国统计年鉴 2014》，中国统计出版社，2014 年；国家统计局人口和就业统计司：《中国人口和就业统计年鉴 2014》，中国统计出版社，2014 年。

# 三、让"农民工"成为历史

农民工市民化是推进户籍人口城镇化的核心与重点。到 2020 年"让农民工成为历史"，不仅是个经济问题，更是个重大的社会问题。总的来看，随着城乡户籍制度改革进程的加快和基本公共服务均等化的推进，到2020 年是有条件让"农民工"退出历史舞台的。

## （一）"让农民工成为历史"的条件已具备

当前，我国已进入城镇化加快转型与发展的重要时期，无论是从现实需求还是从发展趋势看，"十三五"应当加快推进农民工市民化进程，"让农民工成为历史"。

### 1. 农民工市民化到了临界点

一方面，农民工在城镇居住呈长期化趋势。即使不放开户籍，80％左右的农民工也要留在城镇。也就是说，实现农民工市民化具有很强的现实需求。另一方面，农民工长期融不进城市社会，长期享受不到应有的权利，累积了大量的社会矛盾和风险。面对利益关系的失衡、社会矛盾的凸显，解决农民工市民化的时间和空间约束明显增强。推进农民工市民化，让农民工在城镇安家，享受与城镇居民同等的权利和义务，不仅有利于我国经济社会稳定，也为转型与发展赢得主动权。

**2. 农民工市民化可以将 2.7 亿大群体的潜在消费需求变成现实需求**

农民工市民化不仅是农村消费向城市消费转型的过程，也是缩小城乡消费差距的过程。按照国家统计局的调查数据推算，2015 年，农民工年收入约为 3.6 万元每人，如果其中有 1 万元收入返回农村消费，那么农民工每年带动农村消费将达到 2.7 万亿元。伴随农民工在城镇安家落户，其消费环境的改善、消费能力的提高和消费意愿的改变，必然会促进其在衣、食、住、行等方面的消费升级。这其中，新生代农民工的消费潜力尤为巨大。据调查，新生代农民工较其父辈有更高的精神文化需求。

**3. 农民工市民化蕴含着巨大的投资需求**

农民工市民化将带动巨大的基础设施、基本住房等投资需求。以住房为例，根据国家统计局的调查，2014 年，购房的农民工只有 1%。有 20%的农民工最希望政府在住房方面给予帮助。以 2.7 亿农民工计算，迫切希望解决住房问题的农民工总量达到 5400 万左右，加上这些农民工携带的家眷，涉及近 1.5 亿人口的城镇定居问题。按照农民工及其家庭人均居住面积 20 平方米、每平方米成本 1000 元计算，则会带来 3 万亿元的住房需求，将拉动上、下游约 6 万亿元的投资。不同于当前的房地产，农民工及其家眷的住房需求是一种刚性需求，是一种有利于调整我国经济结构的健康需求。

## （二）加快农民工市民化的配套服务和设施建设

农民工市民化是形成户籍人口城镇化新格局的重要条件，加快相关配套服务和设施的建设与完善，是加快农民工市民化进程的重要举措。

**1. 实现常住人口基本公共服务全覆盖**

根据《2014 年全国农民工监测调查报告》，2014 年，外出农民工工伤保险、医疗保险、养老保险、失业保险和生育保险的参保率分别为 29.7%、18.2%、16.4%、9.8% 和 7.1%，"五险"参保率尽管比 2008 年分别提高了 5.6、5.1、6.6、6.1 和 5.1 个百分点(见表 2-3)，但与城镇职工相比，农民工参保率明显偏低。"十三五"，以提高农民工社会保障参保率为重点，让有稳定就业和生活的农业转移人口平等地享受教育、就业、社会保障、医疗、住房等方面的基本公共服务，努力实现基本公共服务常住人口全覆盖。

**2. 把进城落户农民工纳入城镇住房保障体系**

住房是农民工进城面临的最大难题，也是农民工在城镇过上稳定生活的一个重要内容。2014 年，在务工地自购房的农民工仅占 1%，享有住房公积金的农民工比例仅为 5.5%。[①] 由于农民工收入相对房价明显偏低，大量农民工短期内很难在一、二线城市买房，需要通过多种途径满足农民工的基本住房需求。例如，将符合条件的外来务工人员纳入各级政府公共租赁住房保障范围的同时，对招用农民工比较多的企业，在符合规划的前提下，可以考虑出台政策鼓励支持企业在依法取得的土地上建设农民工的宿舍楼；促进住房租赁市场发展，可以参照上海的做法，实行 5% 的综合税率，以降低房屋出租人的税负。

表 2-3　外出农民工参加社会保障的比例　　　　(单位：%)

| | 2008 年 | 2009 年 | 2010 年 | 2011 年 | 2012 年 | 2013 年 | 2014 年 |
|---|---|---|---|---|---|---|---|
| 养老保险 | 9.8 | 7.6 | 9.5 | 13.9 | 14.3 | 15.7 | 16.4 |
| 工伤保险 | 24.1 | 21.8 | 24.1 | 23.6 | 24 | 28.5 | 29.7 |
| 医疗保险 | 13.1 | 12.2 | 14.3 | 16.7 | 16.9 | 17.6 | 18.2 |
| 失业保险 | 3.7 | 3.9 | 4.9 | 8 | 8.4 | 9.1 | 9.8 |
| 生育保险 | 2 | 2.4 | 2.9 | 5.6 | 6.1 | 6.6 | 7.1 |

数据来源：根据国家统计局发布的 2012—2014 年《全国农民工监测调查报告》整理。

---

① 国家统计局：《2014 年全国农民工监测调查报告》，国家统计局网，2015 年 4 月 29 日。

### 3. 基本实现"四个融入"

农民工市民化就是要逐步实现农民工与城市居民身份统一、权利一致、地位平等,实现农民工及其家属生活方式、消费方式的市民化,最终使农民工融入城镇,成为新市民。借鉴广州、珠海等地的实践经验,通过设置开展全方位的专业化、个性化、优质化融合项目培训,加快推进农民工在文化、经济、政治、生活等领域融入当地社会,努力实现农民工"上岗有培训、劳动有合同、子女有教育、生活有改善、政治有参与、维权有渠道、生活有尊严"[①],有效促进农民工及其家属实现"个人融入企业、子女融入学校、家庭融入社区、群体融入社会"。

## (三) 农民工市民化的时机成熟

当前,全面解决农民工市民化问题的时机、条件已经成熟,尽快"让农民工成为历史"从总体上看不是财力问题,关键在于中央层面下定决心,实现政策与体制的突破。

### 1. 农民工主体结构已发生深刻变化

新生代农民工融入城市的意愿强烈,而且新生代农民工正向"全职非农"转变。目前,"80后"的农民工占农民工总数的比重接近60%(见表2-4)。有调查表明,新生代农民工没有从事过农业劳动的比例高达85%;[②]20岁以下的农民工中有高达61%的人愿意留在城市,[③]其受教育程度、对城市生活的向往、从事的行业等都决定他们中的大部分不会再回到农村。农民工主体的变化以及经济社会发展的进程,决定了农民工市民化很难再往后推迟10年。

---

① 《情怀代替不了解决之道》,《南方都市报》,2016年1月7日。
② 《调查显示:85%的新生代农民工未从事过农业生产》,新华网,2012年4月24日。
③ 《空心化农村如何"养活中国"?》,《人民日报》,2012年3月20日。

## 2. 明确农民工市民化时间表

首先，"十三五"头 2～3 年，使有条件的农民工市民化。把实现有相对稳定的工作、有相对固定的居所、有留在城市意愿的农民工市民化作为"十三五"重要的约束性指标。现有满足以上三个标准的农民工占到 60%～80%，其他人口纳入流动人口管理（见表 2-5）。北京、上海、广州、深圳等大城市的条件可以比中小城市更高一些。其次，再用 3～5 年的时间，通过深化户籍制度改革和城乡基本公共服务均等化的制度安排，基本解决存量农民工的市民化。

## 3. 深化户籍制度改革

（1）由限制人口流动向引导和服务人口流动转变。人口在城乡、区域

表 2-4 2010—2014 年农民工年龄构成变化情况 （单位：%）

| | 2010 年 | 2011 年 | 2012 年 | 2013 年 | 2014 年 |
|---|---|---|---|---|---|
| 16～20 岁 | 6.5 | 6.3 | 4.9 | 4.7 | 3.5 |
| 21～30 岁 | 35.9 | 32.7 | 31.9 | 30.8 | 30.2 |
| 31～40 岁 | 23.5 | 22.7 | 22.5 | 22.9 | 22.8 |
| 41～50 岁 | 21.2 | 24 | 25.6 | 26.4 | 26.4 |
| 50 岁以上 | 12.9 | 14.3 | 15.1 | 15.2 | 17.1 |

数据来源：国家统计局：《2014 年全国农民工监测调查报告》，国家统计局网，2015 年 4 月 29 日。

表 2-5 符合市民化的条件、标准及农民工的比重

| 农民工市民化的基本条件 | 参考标准 | 符合标准的农民工比重 |
|---|---|---|
| 有相对稳定的工作 | 1 年及以上 | 70%以上 |
| 有相对固定的居所 | 租住房、单位安排的宿舍、自购房 | 80%以上 |
| 有留在城市的意愿 | 务工所在地城市、务工所在地城镇、老家所在城市、老家附近的小城镇 | 60%左右，新生代农民工在 80%以上 |
| 现有符合市民化条件的农民工比重和数量 | 2.7 亿农民工中，60%～80%符合市民化基本条件，人数达到 1.6 亿～2.2 亿人；新生代农民工中 80%以上符合市民化基本条件。 | |

资料来源：中国（海南）改革发展研究院课题组整理。

之间流动是经济社会发展活力的重要体现,通过劳动力资源的重新配置可以有效提高全要素生产率。《国家新型城镇化规划(2014—2020年)》提出,要"促进人口有序流动、合理分布和社会融合"。深化户籍制度改革,首要任务是推进对流动人口由"限制"向"引导和服务"转变,实现对流动人口的精细化管理。

一要建立有利于人口流动的政策体系。例如,加快推进各种社会保障制度之间的转移接续,为流动人口在城乡、区域间转移就业提供制度保障。

二要优先解决已经在城镇就业、居住和参保达到一定年限的人员的落户问题。确保农民在农村的各项权益,减少其后顾之忧;同时为农民进城常住或落户创造资本积累,增强进城定居的吸引力。

三要引导农业转移人口向中小城镇就业和生活,实现就近城镇化。把加快发展中小城镇作为优化城镇规模结构的主攻方向,加强产业和公共服务资源布局引导,提升质量,增加数量。

(2)由人口控制向人口服务转变。户籍制度从一开始就具有人口控制的目的和浓厚的行政化特征,维持社会治安稳定是其主要工作目标,重控制、轻服务,重短期、轻长期,应急管理色彩浓厚,服务意识不足。改革开放以来,随着人口城镇化进程加快和流动人口规模增加,以防范控制为主要目的的人口管理模式弊端日益突出。例如,近年来大量留守老人、留守儿童、留守妇女引发的社会问题以及进城农民工的劳资纠纷,对传统的防范控制型人口管理模式提出了严峻挑战。

首先,由应急管理向疏导管理转变。从现实问题看,以治安管理为主的人口管理模式,越来越难以适应人口城镇化所带来的社会结构深刻变化和利益主体多元化趋势。例如,农民工合法权益有效保护的长效机制尚未建立,其中突出的是劳资矛盾没有缓冲机制。有序推进人口城镇化,需要在公平原则下,通过法律、政策等手段,构筑有效的谈判沟通和意见表达平台,尤其是对于弱势一方,在其利益受损时,能够通过制度化的形式和渠道有效地进行利益表达，保护自身合法权益，或获得相应的行政、司法救济。

其次，由人口管制向人口服务转变。重点是加快社会保障制度改革，通过建立多层次的社会保障制度，以适应流动人口多样化社会保障需求，努力实现公共服务常住人口全覆盖。

（3）由"以证管人"向"大数据"管理服务转变。"以证管人"是我国人口管理的主要手段，即通过暂住证、外来人口就业证、婚育证、房租出租许可证等证件掌握人口信息。实践证明，由于大量流动人口的非正规就业和居无定所，"以证管人"的人口管理模式，不仅难以准确掌握流动人口信息和提供精准服务，还给常住人口带来"人在证途""证明你妈是你妈"的诸多困扰。随着"大数据"等现代信息技术的广泛应用，有必要、有条件通过建立公民信息大数据库网，构建现代化的社会治理体系，实现"一证走天下"和精准服务。

# 四、以居住证取代城乡二元户籍制度

长期以来，我国人口城镇化滞后于规模城镇化，深层次的原因是我国城乡二元户籍制度。打破二元户籍制度，以居住证取代城乡二元户籍制度，才有条件形成人口城镇化的新格局。

## （一）全面推行居住证制度的时机条件已成熟

总的看来，户籍制度改革经过多年的探索已取得重要成果，"十三五"全面实施居住证制度已具备条件，关键是要下决心打破利益格局，实现深化户籍制度改革的实质性破题。

### 1. 居住证制度包含了户籍的部分功能

近 10 年来，户籍制度改革步伐加快，各地居住证制度不断探索，政策效果持续显现。从各地实施的居住证制度与现行户籍制度比较看，城市户籍居民可以享受城市全面的社会保障及其福利权益;持有居住证(不包括临时居住证)的人口能够享受到部分与居住地户籍居民同等的服务和待遇。两者尽管还存在差别,但差距在缩小,户籍制度所强调的以身份为标准来获取福利和权益状况在淡化,居住证所强调的以居住、就业与缴纳社会保险为标准来获取福利和权益意识在增强,这就为到2020年在全国范围内建立统一的居住证制度奠定了重要基础(见表2-6)。

表2-6　不同层级或类别人群的权益比较——以上海为例

| 人口类别<br>政策措施 | 户籍居民 | 居住证<br>(较多积分) | 居住证<br>(标准积分) | 短期居住或<br>无居住证的<br>流动人口 |
|---|---|---|---|---|
| 教育 | 享有义务教育资源以及参加上海卷高考的权利。 | 子女可申请接受义务教育,可在本市参加高中阶段学校招生考试、普通高等学校招生考试。 | 子女可申请接受义务教育,可参加本市全日制普通中等职业学校自主招生考试和高等职业学校自主招生考试。 | 是否可以申请接受义务教育不确定;且不可参加本地高考。 |
| 社会保险 | 参加城镇职工基本医疗和养老保险以及失业保险,或者小城镇社会保险;享受最低生活保障。 | 本人及其配偶和同住子女可以按照本市有关规定参加本市社会保险,享受相关待遇。 | 参加本市社会保险的,享受相关待遇。 | 无任何社会保险待遇。 |
| 住房保障 | 享有参加住房公积金和住房补贴的权利;享有经济适用房和廉租房政策待遇。 | 按照本市有关规定,可申请本市公共租赁住房,按照国家和本市有关规定,可在本市缴存和使用住房公积金。 | | 无住房保障安排。 |
| 其他福利制度 | 享有居住证持有者所享有的待遇之外的诸如意外伤残赔偿和住房动拆迁补偿安置等多方面的特殊权益。 | 按照国家和本市有关规定,在本市免费享受基本的计划生育技术服务,同住子女可按照国家和本市有关规定,在本市享受国家免疫规划项目的预防接种等基本公共卫生服务,并享有护照、机动车驾驶证等证照办理权利。 | | 国家规定的基本项目的计划生育技术服务。 |

资料来源:《上海市居住证暂行规定》《上海市居住证暂行规定实施细则》《上海市居住证积分管理试行办法及其实施细则》《上海市居住证管理办法》。

### 2. 基本公共服务均等化加快推进

近年来，国务院出台《关于解决农民工问题的若干意见》等一系列促进以农民工为重点的流动人口市民化的政策措施，农民工子女教育、职业培训、公共卫生和社会保障享有水平不断提高。党的十八届五中全会提出"全面实施城乡居民大病保险制度""整合城乡居民医保政策和经办管理""实现职工基础养老金全国统筹"等改革举措，为"十三五"以实施居住证制度为目标推动城镇常住人口基本公共服务均等化创造了有利的政策条件。

### 3. 流动人口融入城市愿望强烈

根据《中国流动人口发展报告 2015》，2014 年，流动人口在现居住地居住三年及以上的占 55％，打算在现居住地继续居住五年及以上的占 56％。[①] 随着流动人口在现居住地居住时间的增长和居住意愿的增强，全面实施居住证制度的社会需求越来越大。

### 4. 信息科技手段为推行居住证制度提供技术保障

在大数据时代，信息科学技术的飞速发展，不仅为推行居住证制度提供了坚实的技术保障，也为拓展居住证功能开辟了广阔的空间。目前，身份证已经可以联网管理，对人员的属地管理和跨区域管理已经基本实现。借鉴美国等国家和地区经验，利用大数据等现代信息技术，以个人身份证号为核心形成新的居住证制度，实现居住证对其记录一生、管理一生、服务一生。

### （二）分类、分步建立全国统一的居住证制度

2016 年 1 月 1 日，《居住证暂行条例》正式开始施行，不仅标志着我国告别暂住证时代，也标志着户籍制度改革进入新阶段。分类、分步建立全

---

① 国家卫生计生委流动人口司：《中国流动人口发展报告》，中国人口出版社，2015 年。

国统一的居住证制度是我国推进人口城镇化的重要途径。

**1. 以居住证制度取代城乡二元户籍制度是重大历史突破**

(1)居住证制度突破户籍制度的身份等级划分,实现身份平等。户籍制度带有深刻的身份烙印,城市户口和农村户口之间存在着等级差异,目前已有60多种城乡不平等的社会福利。实施居住证制度,就是不再区分城市和农村户籍,在城里居住就是城里的居民,在农村居住就是农村的居民。农民和市民只有职业的不同,没有身份和权利的不同。

(2)居住证制度突破户籍制度单纯的人口控制功能,突出服务与管理并重。随着人口流动规模的扩大,以人口控制为主要功能的户籍制度对劳动力资源优化配置的制约越来越大。居住证制度的核心是突出居住概念和服务理念。一方面,能够替代暂住证发挥流动人口登记和管理的作用;另一方面,以居住证制度为依托,实现基本公共服务向流动人口的扩展。

(3)居住证制度是目标,不是过渡。近10年来,户籍制度改革一直没有停止,但总体改革严重滞后,甚至在某些方面有强化倾向。比如户籍制度与限购房、限购车相结合,强化了户籍色彩。"十三五"深化户籍制度改革,不是一般的改革创新,而是创造条件让传统二元户籍制度退出历史舞台,全面实施居住证制度。

**2. 到2020年基本建立全国统一的居住证制度**

(1)扩大覆盖范围。当前,很多地区存在居住证覆盖率低的问题,各地可以探索通过多种形式提高居住证覆盖范围,积极发挥居住证作用。例如,将非正规就业、长期居住在违章建筑内的流动人口纳入居住证体系,允许外来人口根据其所持有的暂住证作为连续居住证明免费换取居住证,要求企业为员工办理居住证等措施,可提高办证率。争取到2016年年底,基本实现流动人口居住证制度全覆盖。

(2)降低申领门槛。从实践情况看,部分地区申领条件偏高,不利于掌握流动人口的信息，也容易使居住证变成第二个户籍，丧失公平性。根据《中国流动人口发展报告 2013》，流动人口主要就业于私营部门或从事个体经营，他们中的相当比例既无社会保险也无租赁住房证明，很难达到居住证申领条件（见表 2-7）。因此，居住证申领条件应尽量低，按照"低门槛、阶梯制、累进式"的改革路径，细化相关规定，尽量扩大政策的覆盖范围，在保基本的前提下，为不同条件的流动人口提供相应的公共服务。

表 2-7　五省市居住证的申领条件及未达到申领条件的政策安排比较

| 地　区 | 居住要求 | 就业和缴纳社会保险要求 | 申领居住证要求 | 未达到申领居住证要求的政策安排 |
|---|---|---|---|---|
| 深圳市 | 合法稳定居住满 12 个月。 | 合法稳定就业，自办理居住登记之日起至申领居住证之日止，参加社会保险连续满 12 个月或申领居住证之日前 2 年内满 18 个月。 | 同时满足。 | 申报居住登记。 |
| 上海市 | 在本市合法稳定居住。 | 合法稳定就业，连续缴纳社保 6 个月；或因投靠具有上海市户籍亲属、就读、进修等需要在本市居住满 6 个月。 | 同时满足。 | 办理居住登记。 |
| 郑州市 | 拟居住满 30 日和居住地址证明。 | 提供就业证明。 | 同时满足。 | 申报暂住登记。 |
| 成都市 | 已购买房屋或办理了房屋租赁登记备案，且连续缴纳社会保险费满 6 个月。 | 签订劳动合同且连续缴纳社会保险费满 6 个月。 | 拟居住 1 年以上且满足任一项即可。 | 拟居住 7 日以上的申报居住登记；拟居住 1 个月以上的办理"成都市临时居住证"。 |
| 江苏省 | 拟居住满 6 个月，并提供居住证明。 | 尚无明确要求。 | 仅需居住证明。 | 申报居住登记。 |

资料来源：根据《居住证制度改革新政》（陆杰华、李月，《国家行政学院学报》，2015 年第 5 期）、《深圳经济特区居住证条例》《上海市居住证管理办法》《郑州市居住证管理暂行办法》《成都市居住证管理规定》《江苏省流动人口居住管理办法》等材料整理。

（3）提高服务水平。积极创造条件，逐步扩大为居住证持有人提供公共服务和便利的范围，提高服务标准。在保基本的前提下，增加居住证所涵盖的教育、就业、社会保障、医疗卫生、计划生育、住房保障、文化体育和证照办理等领域的公共服务，使"居住"与"福利"挂钩，根据居住时间、缴纳社会保险和对本地的经济贡献，建立"累进制"福利模式，享受不同水平的公共服务和权益；同时，要合理设置居住证制度体系，既要防止城市内部产生新的社会分化，又要避免形成"福利洼地"（见表2-8）。

表 2-8　五省市居住证持证人部分福利待遇情况比较

| 地区 | 教育 | 就业 | 住房 | 其他 |
|---|---|---|---|---|
| 深圳市 | 满足一定条件，可按照有关规定享受基本公共教育。 | 申请职业技能培训补贴和职业技能鉴定补贴。 | 尚无明确规定。 | 满足一定条件，还可以依照有关规定享受公共文化、就业扶持、社会救助、住房保障等方面相应的权益。 |
| 上海市 | 持证人子女可在上海市接受义务教育，参加全日制普通中等职业学校或全日制高等职业学校自主招生考试，满足一定条件，可参加高中学校招生和普通高等学校招生考试。 | 参加职业技能培训；参加劳动模范、职业资格评定和考试。 | 持证人可申请上海市公共租赁住房；在上海市缴存和使用住房公积金。 | 其配偶和同住子女可按照本市有关规定参加本市社会保险，享受相关待遇。 |
| 郑州市 | 持证人子女可享受与进城务工人员随迁子女相同的入学政策。 | 享受职业技能培训和公共就业服务。 | 满足一定条件，可购买限购商品房和申请公共租赁住房。 | 经市政府确定可享有一定权益和公共服务。 |
| 成都市 | 满足一定条件，持证人可安排其子女入学接受义务教育。"临时居住证"持证人子女，根据当年入学政策办理相关手续。 | 享受公共就业服务。 | 尚无明确规定。 | 按照规定享受居住地人民政府提供的社会保险等其他公共服务。 |

续　表

| 地　区 | 教　育 | 就　业 | 住　房 | 其　他 |
|---|---|---|---|---|
| 江苏省 | 享有与当地户籍人口同等的基本公共教育；结合随迁子女在当地连续就学年限等情况，逐步享有在当地参加中考和高考的资格。 | 享有就业服务。 | 尚无明确规定。 | 满足一定条件，可逐步享有与当地户籍人口同等的中等职业教育资助、就业扶持、住房保障、养老服务、社会福利、社会救助等权利。 |

资料来源：根据《居住证制度改革新政》（陆杰华、李月，《国家行政学院学报》，2015 年第 5 期）、《深圳经济特区居住证条例》《上海市居住证管理办法》《郑州市居住证管理暂行办法》《成都市居住证管理规定》《江苏省流动人口居住管理办法》等材料整理。

（4）完善技术手段。准确的人口信息数据是全面实施居住证制度的基础条件。为此，需要尽快建立动态、全国联网、部门互联互通的国家人口基础信息库和管理系统，统一社会信用代码制度和相关实名登记制度，完善社会信用体系。实施各部门数据库对接工程，整合公安、人社、计生、民政、住建和工商等部门掌握的本部门数据资源和采集系统，均储存在人口数据库中，实现数据的自动对比和更新。

（5）推进制度并轨。一是推进居住证与户籍制度并轨，统一以人口登记和服务管理为主要功能的居住证制度；二是推进省际居住证制度衔接；三是到 2020 年基本建立以身份证号为唯一标识、全国统一的居住证制度。

### 3. 分类、分步建立全国统一的居住证制度

（1）2～3 年内，剥离户籍制度的福利分配功能，在中小城镇全面取消户籍制度，一步到位建立居住证制度。除大城市外，中小城市和建制镇全面放开户籍政策，有合法稳定住所，包括租房的人员，本人以及同居生活的配偶、未成年子女、父母等，都可以在当地申请登记常住户口；在特大城市、大城市实施户籍和居住证并存的制度，逐步提高和改善持有居住证居民享有的公共服务水平，根据地方财力条件逐步放宽有固定工作岗位的农业转移人口落户。

（2）3～4 年内，除某些特大城市、大城市外，其他中等城市的户籍制度基本放开，全面实施居住证制度。以居住证为载体，建立健全与居住年限等条件相挂钩的基本公共服务提供机制；居住证持有人享有与当地户籍人口同等的劳动就业、基本公共教育、基本医疗卫生服务、计划生育服务、公共文化服务和证照办理服务等权利；结合随迁子女在当地连续就学年限等情况，逐步享有随迁子女在当地参加中考和高考的资格；不得以退出土地承包经营权、宅基地使用权、集体收益分配权作为农民进城落户的条件。

（3）到 2020 年，在全国范围内全面实行以身份证代码为唯一标识的居住证制度。居住证持有人享有与当地常住人口同等的基本公共服务；城乡居民实现在常住地依照当地标准，行使公民的各项基本权利，包括选举权、被选举权等；居住时间短的人口纳入流动人口管理体系。

## （三）加快相关配套制度改革

从近几年各地户籍制度改革的探索实践看，由于配套制度改革滞后，缺少全国统一的政策指导，各地居住证制度差异较大，影响了其实施效果。到 2020 年，全面实施全国统一的居住证制度，需要中央尽快出台配套改革措施。

### 1. 明晰各级政府的基本公共服务责任

（1）强化中央政府在基本社会保障服务中的责任。尽快实现由中央统一标准，统一提供，改变其政策不统一、主要由地方提供的局面。

（2）规范中央和省级人民政府在基础教育、公共卫生和基本医疗服务中的责任。进一步细化中央和省级人民政府的服务范围、支出比例和管理权限等，按照受益范围确定支出责任分担比例；针对流入地和流出地义务教育经费衔接困难的问题，实行义务教育全国通用的教育券制度。尽快出台全国统一的异地高考方案。

(3)强化地方政府在公共就业服务中的责任。公共就业服务的受益范围基本上是地方性的，溢出效应不大的，应由地方政府承担主要支出责任。

**2. 以流动人口变动为基础，建立财力与事权动态匹配的财税体制**

(1)完善中央转移支付制度，保障流入地的财力。以多种渠道增加一般性转移支付比例。在每年的增量上，提高一般性转移支付的份额，逐步增加其比例；将清理和取消的专项转移支付资金转化为一般性转移支付；实施中央对流入地流动人口基本公共服务的奖补机制。

(2)建立辖区财政责任机制，实现城镇基本公共服务常住人口全覆盖。人口流入地政府和财政在测算人均数时要按全部人口数来计算，而非按财政供养人口来计算，以实现基本公共服务的全覆盖。以调整财政支出结构为重点，从流动人口创造的财政收入中拿出一定比例用于流动人口基本公共服务的投入，解决流动人口基本公共服务供给难题。

**3. 加快建立城乡统一的社会保障制度**

(1)到2020年，实现"实际全覆盖、保障基本需求、城乡制度统一、转移续接无障碍"。到2017年，将符合条件的各类人群纳入社会保障制度体系，重点做好农民工、非公有制经济组织从业人员、灵活就业人员的参保工作；提高保障水平，缩小待遇差距，实现对重点人群"保基本"的目标。到2020年，整合城乡居民基本医疗保险制度、城乡最低生活保障制度，实现制度统一、转移续接无障碍，建成公平可持续的社会保障制度，基本实现基本公共服务均等化。

(2)推动城乡社会保障制度并轨。打破以身份为基础的社会保险制度设计架构，以建立共享社会保障制度为目标，推进城乡社会保障制度统筹发展。适时推动制度结构相同、筹资机制相似、待遇水平相差不大的城镇居民医疗保险和新农合并轨运行。同时，通过统一筹资渠道、统一基金管理、统一机构管理、明晰权益办法，使各类城乡社会保险制度统筹发展。

（3）完善社会保障的转移接续和异地就医机制。借鉴欧盟跨国养老保险权益计算办法，建立职工基本养老保险待遇"分段计算，归并发放"的新机制，使劳动者的养老金权益不会因跨地区流动而损耗。进一步完善《城乡养老保险制度衔接办法》，保障流动人口的合法权益，探索建立失业、生育保险的转移接续办法。

**4. 让农业转移人口带着"土地财产权"进城**

（1）把家庭承包土地纳入财产权法律保护范畴。建议在《土地管理法》第二条中增加一款"赋予农村土地使用权人的土地用益物权，使其拥有对土地使用权依法享有占有、使用、收益的权利"；建议将第十四条"土地承包经营期限为三十年"修改为"实现农村土地承包关系稳定并长久不变"；法律将其界定为"农民财产权"，纳入财产保护范畴。

（2）从法律上赋予农民住房财产权的完整产权。尽快结束现行法律限定农民宅基地"一户一宅"、转让限于本村的半商品化状况，赋予农民宅基地及其房屋所有人完整的财产权；发放统一的、具有法律效力的宅基地证书，从法律上赋予农民对宅基地使用权用益物权性质，赋予其占有、使用、收益、转让、抵押的完整权利。

（3）实现农村建设用地平等入市。建议在《土地管理法》第九条中增加一款"县级以上人民政府应当建立城乡统一的土地市场，主要通过市场配置土地资源"，为农民土地使用权的流转提供法律依据和制度保障；建议尽快出台建立城乡统一建设用地市场的实施方案，以严格规划和用途管制为前提，建立公开、公正、公平的统一交易平台和交易规则，打破目前地方政府独家垄断供地的格局，活跃土地二级市场，促进土地抵押、租赁、出让市场的发展和完善。

# 五、推进城乡公共资源均衡配置

中小城镇发展滞后成为"十三五"形成人口城镇化新格局的重要障碍。"十三五"，是以加大对中心城市的基础设施建设为重点，还是以加大中小城镇公共资源配置为重点，是投资战略方向的一个大判断。国家"十三五"规划纲要明确提出"促进城乡公共资源均衡配置"，建议"十三五"要以中小城镇公共资源均衡配置为重点，加大投资，使中小城镇成为吸纳农业转移人口的重要载体。

## （一）中小城镇发展滞后制约人口城镇化

多年来，我国一再强调大中小城市和小城镇协调发展，但收效甚微。由于公共资源配置向大中城市倾斜的状况尚未得到根本改变，中小城镇发展相对滞后，并成为人口城镇化进程中的"突出短板"。

**1. 中小城镇发展严重滞后**

（1）中小城镇辐射的城镇化率低。据相关统计，目前，我国中小城镇及其直接影响和辐射的区域城镇化率仅为35％左右，远低于全国55％的平均水平。[1]

（2）中小城镇发展质量不高。以京津冀为例，高度发达的中心城市下的中小城镇发展滞后，已经成为京津冀一体化的短板；由于京津冀周边小城镇生产和生活基础设施发展滞后，使很多建设中的新城成为"睡城"，远未发挥疏散人口的功能。

（3）中小城镇不断萎缩。相关研究显示，1990—2012年，我国大城市

---

[1] 《我国中小城市城镇化率仅为35.1％，未来20年将是城市化主战场》，新华网，2013年10月21日。

比重由 1990 年的 12.8％提高到 2000 年的 13.8％,然后迅速增加到 2012 年的 24.4％;中等城市的比重由 1990 年的 25.8％增加到 2012 年的 38.2％;小城市数量则显著减少,比重由 1990 年的 61.4％下降到 2000 年的 53.1％,到 2012 年进一步下降到 37.4％。① 根据国家统计局公布的数据计算,2014 年,全国地级及以上城市中,大城市、中等城市和小城市的比重分别为 48.97％、33.56％和 17.47％,②小城镇发育严重不足。

**2. 中小城镇发展空间巨大**

(1)中小城镇吸纳农业转移人口能力有增强的趋势。从现实情况看,大城市接纳大量的农业转移人口的能力逐步减弱,而中小城镇吸纳就业、促进城乡基本公共服务均等化的作用逐步显现。在全国已转移的农村劳动力中,乡镇企业等县域中小企业吸纳 50％以上,东部经济发达地区农村劳动力在中小城镇就地转移的高达 90％以上。③

(2)居住证制度改革与房地产去库存相结合,稳定房地产市场。化解房地产库存与城镇居住证制度改革相结合,加快推进农业转移人口在中小城镇落户安家,将会取得一举多得的效果。全国一线城市房价基本都突破万元,二线城市房价也达到一定高位,农业转移人口很难买得起房;而县域为主的中小城镇大都在 3000 元每平方米左右,购房成本远低于一、二线城市。国家统计局数据显示,截至 2016 年 2 月末,商品房待售面积 73931 万平方米,④而这些库存主要分布在三、四线城市。

(3)中小城镇户籍制度改革难度小。近年来,中小城镇户籍基本放开,据《2014 年全国农民工监测调查报告》数据显示,小城镇外出农民工中,省内乡外流动占 46.1％。"十三五"率先在中小城镇实施居住证制度,建立

---

① 魏后凯等:《中国城镇化和谐与繁荣之路》,社会科学文献出版社,2014 年。
② 国家统计局:《中国统计年鉴 2015》,中国统计出版社,2015 年。
③ 迟福林:《推进以公共资源配置均等化为重点的中小城镇发展》,《中国经济时报》,2014 年 1 月 6 日。
④ 国家统计局:《2016 年 1—2 月份全国房地产开发投资和销售情况》,国家统计局网,2016 年 3 月 12 日。

城乡一体化的体制机制，更具备推进农业转移人口就地城镇化的条件，现实性也更强。

**3. 县域城镇化将成为我国"十三五"人口城镇化的重要载体**

（1）以县域为重点的中小城镇将成为拉动我国经济中速增长的重要力量。多年来，我国县域作为相对独立的经济单元，在经济社会发展中发挥了重要作用。例如，县域95％的国土面积、75％的人口贡献了全国60％的GDP和25％的财政收入。据统计，2013年，全国县域地区生产总值达到31.9万亿元，为全国GDP的56.1％。"十三五"，以制度创新为重点释放中小城镇的内需潜力，全国2000多个县域中小城镇将成为我国中速增长的主要推动力。

（2）中小城镇蕴藏着巨大的消费潜力。县域人口城镇化将带动中小城镇整体消费水平的提升。统计数据显示，2015年，城乡居民消费水平相差12169元，①如果1.6亿外出农民工中有50％流向小城镇并能落户，由此将带来新增消费1万亿元左右；如果2.7亿农民工中有60％集中在中小城镇，由此将带来新增消费2万亿元左右。

（3）中小城镇蕴含着巨大的投资潜力。以基础设施为例，统计表明，目前小城镇基础设施的投入水平仅相当于大城市的13％，解决县域人口城镇化的基础设施建设将释放出巨大投资潜力。根据相关规划，"十三五"仅县级市与县城的污水处理厂、配套管网及改建污水处理厂的投资就将超过千亿元，以中小城镇为重点的全国性网络建设投入预计超过1万亿元。②

（4）把县城打造为人口积聚的重要平台。在现实中，并非所有的中小城镇都具有做大的潜质，如果在不具有做大潜质的中小城镇盲目投资，就会出现新问题。应当看到，县城是一个县的政治、经济、文化、教育中心。相对

① 国家统计局：《2015年国民经济和社会发展统计公报》，国家统计局网，2016年2月29日。
② 姚轩杰：《宽带基础设施外溢投资待启动，中小城镇潜力大》，《中国证券报》，2013年8月8日。

于大中城市,县城的突出特点是密切联系"三农"。与偏远的小城镇相比,县城拥有基础设施相对完善、公共服务水平相对较高、产业支撑能力较强等优势。把县城作为人口城镇化的重要载体,引导产业、资本、人口等要素向县城聚集,有条件推动产城融合发展,有助于提高资源利用效率,降低交易成本,推动经济增长由生产要素驱动向创新驱动转变,提高经济发展质量。

## (二)以县域城镇化为重点推动大中小城市公共资源均衡配置

尽管我国一再强调大中小城市和小城镇协调发展,但现实中不但没有实现城镇化合理布局,反而出现了大城市迅速膨胀、中小城市和小城镇相对萎缩的"两极化"倾向。核心因素是公共资源在大中小城市和小城镇配置的不均衡,并由此造成中小城镇产业发展滞后、人口集聚功能弱化等多方面的问题。"十三五"发挥中小城市和小城镇的重要作用,关键在于推进城乡公共资源配置均等化。

### 1. 加大中小城镇公共资源投资

(1)填平户籍制度形成的公共福利"洼地"。欧美发达国家城镇化发展经验表明,城市化合理布局重在公共资源的均衡配置。例如,美国哈佛大学设在马萨诸塞州剑桥镇;德国几千人口的小镇也拥有均等的区域交通、通信、供电、供水等基础设施网络;在挪威,2万人的小城镇也有大学,教育、医疗、文化,大体同城市接近。公共资源的均衡配置为城镇均衡发展创造了良好的条件,加之方便的生活配套条件,使小城镇拥有大城市无法比拟的优越性。提高我国中小城镇的"人气",避免"见城不见人"的问题,关键在于增强就业的吸纳能力,提升生活的便利程度和增加优质公共服务的可获得性。

(2)填平行政等级制度形成的公共福利"洼地"。目前,我国大量农民工即使无法获得与城市户籍人口同等的公共福利,也争相涌向大城市,而不愿意在中小城镇落户,主要原因在于不同规模、不同等级城市之间的公共资源配置严重失衡。例如，特大城市、大城市的人均道路面积、每万人拥有的公交车、图书馆和影剧院、三甲医院、重点高校数量等公共设施指标，都远远高于中小城镇。为此，"十三五"有序引导农业转移人口向中小城镇集聚，重要的是要解决政府公共服务资源的配置与行政级别脱钩问题，把更多的发展权下放到基层中小城镇，加大对中小城镇公共资源投入，让农业转移人口在小城镇愿意生活、能够生活、充分就业、有能力买房。

**2. 把公共资源均衡配置作为中央地方财税体制改革的重点**

未来 3~5 年，我国需要把县域城镇化作为实现农民工就近城镇化的重要渠道，以减轻对大城市的压力。县级财政对县域城镇化具有决定性影响。从改革实践看，县级财政不能总靠卖地取得收入，县级财政不能只是"吃饭财政"。在新一轮财税体制改革中，要把壮大县级财政作为重要目标，新增地方税尽可能划归县级财政，要提高县级人民政府增值税分成比例，同时实施消费税共享政策，加大各级政府对中小城镇的转移支付力度，实现新增财政城市建设资金主要用于中小城镇，实质性地提高中小城镇人口集聚功能。[①]

**3. 改革用地制度**

确保中小城镇发展所需要的土地资源，是中小城镇发展的重要条件。并非所有的中小城镇都有条件吸纳农民工进入。在突出县级市作用的同时，城镇建设用地指标向吸纳人口较多的中小城镇倾斜，引导产业布局向中小城镇转移；同时，用地计划指标要向保障性住房、医疗卫生、教育、社会保障等领域倾斜，提高中小城镇人口承载能力；尽快实施服务业用地与工业用地"同地同价"政策，推动中小城镇服务业发展和乡镇工业转型升级，提高中小城镇吸纳就业的能力。

**4. 重点改善中小城镇的公共基础设施**

特大城市将交通、供水等基础设施向周边中小城市和小城镇延伸，推进

---

① 迟福林：《转型抉择——2020：中国经济转型升级的趋势与挑战》，中国经济出版社，2015 年。

特大城市中心城区公共服务功能向周边中小城市和小城镇扩散，用综合交通网络和信息化网络把大中小城市和小城镇连接起来；设立专项资金，加强中小城市和小城镇基础设施建设，完善公共服务设施；发挥政策性金融的优势，加大对小城镇公共设施、公共服务、城镇民生等公益性领域的金融支持。

### （三）打破行政等级化的公共资源配置体制

中小城镇发展滞后，与行政等级化的公共资源配置体制直接相关。实现公共资源配置向中小城镇倾斜，成为加快人口城镇化进程的重要保障条件。

**1. 公共资源配置不均成为大中小城镇发展失衡的突出因素**

（1）基本公共产品配置严重不均。以医疗资源配置为例，根据《中国统计年鉴 2015》，2014 年每千人口医疗卫生机构床位数城市为 7.84 张，农村仅为 3.54 张，前者比后者高 1.21 倍；城市每千人口卫生技术人员数为 9.70 人，农村仅为 3.77 人，前者比后者高 1.57 倍。大城市集中了我国 80％的优质医疗资源，其中的 80％又集中在大医院。全国排名前 50 的医院主要分布在"北上广"。[①]

（2）中小城镇基础设施发展滞后。2014 年，我国城市用水普及率、燃气普及率、污水处理率和城市生活垃圾无害化处理率分别达到 97.64％、94.56％、85.94％和 91.77％；而以县城为主体的中小城镇，以上四项指标分别为 88.89％、73.23％、80.19％和 71.58％。[②]

**2. 根源在于行政等级化的城镇管理体制**

（1）公共资源按行政级别配置，形成公共福利"洼地效应"。公共资源分配按照等级制划分，最多的是省级，然后是副省级城市、地级市、县级市，

---

① 迟福林：《推进以公共资源配置均等化为重点的中小城镇发展》，《中国经济时报》，2014 年 1 月 6 日。
② 住房和城乡建设部：《2014 年城乡建设统计公报》，住房和城乡建设部网，2015 年 7 月 3 日。

中小城镇得到的公共资源最少。行政等级化的公共资源配置机制，不仅造成中小城镇公共资源配置严重不足，对流动人口缺乏吸引力，也是造成大城市快速扩大、盲目扩张的重要体制性因素。

（2）土地指标集中于行政级别高的城市，中小城镇用地指标紧缺。目前，土地建设用地指标绝大部分都集中在大中城市，县和县以下分配到的比例非常小。以河南省为例，到 2020 年，县级以上及省级产业集聚区用地指标占 96％，小城镇用地指标只占 4％。[①] 中小城镇由于缺乏新增建设用地指标，不少乡镇居民住房、学校、医院等基建和公共服务设施建设多年无法改善。有的中心城镇人口密度在每平方公里万人左右，导致房价高企、学校大班制、基层医院看病难等一系列问题。

（3）公共财政资源不断向行政级别高的城市集中。一方面，行政级别高的城市，可以利用行政手段集中辖区内其他城镇的财政资源。根据《中国城市统计年鉴 2014》计算，2013 年，直辖市市辖区的人均公共财政收入是县和县级市的近 6 倍；人均财政支出，前者是后者的近 4 倍（见表 2-9）。另一方面，中小城镇财政留成比例偏低。现行的增值税分成比例县级财政留成比例较小，并且经济越发达的镇，财政收入留成比例越低，真正留在镇里能够支配的财力并不多，远不能满足城镇建设和城镇公共服务的基本需求。

表 2-9　2013 年不同层级城市人均财政收支及比较

|  | 县和县级市 | 地级市市辖区 | 省会城市市辖区 | 直辖市市辖区 |
|---|---|---|---|---|
| 人均财政支出（元） | 5329.6 | 9984.1 | 12537.3 | 21317.7 |
| 人均财政收入（元） | 3324.2 | 7224.2 | 11752.5 | 18592.5 |
| 人均财政支出比 | 1 | 1.9 | 2.4 | 4 |
| 人均财政收入比 | 1 | 2.2 | 3.5 | 5.6 |

数据来源：根据《中国城市统计年鉴 2014》计算得出。

---

① 李松：《调查称小城镇"抢地"冲动强烈　违规违法问题凸显》，《半月谈》2013 年第 13 期。

### 3. 以公共资源配置的"疏散"来"治堵"和"兴城"

在行政等级化的城镇管理体制下,公共资源配置的行政中心偏向和大城市偏向的"双重偏向"特点突出,从而导致城镇规模结构失衡。北京、上海等特大城市以及省会城市、中心城市为缓解交通拥堵等"大城市病",不断依靠行政级别优势,通过行政手段增加基础设施、公共产品投入,以提高人口承载力,或通过户籍、限购等行政手段,限制人口流入,但"大城市病"愈加严重。例如,尽管北京实施了最严格的限制外来人口的户籍政策,但2013 年北京人口总量达到 2115 万人。2000—2013 年,北京常住人口年均增长接近 60 万,总人口增长了 752 万。[①]

与大城市形成鲜明对比的是,中小城镇由于行政等级较低,规模小,基础设施落后,公共服务短缺及人口承载等综合功能较弱,普遍缺少产业支撑和"人气"。例如,北京周边部分新城变成有业无市的"睡城",难以起到载体作用。这表明中小城镇发展滞后重要的不是产业问题,而主要是教育、医疗、文化等公共资源的配置难以满足转移劳动力的需求。

---

① 《报告称北京应弱化户籍福利　明确外来人口落户条件》,《光明日报》,2014 年 5 月 27 日。

# 第三章　消费结构正处在由物质型消费为主转向服务型消费为主的转折点

　　"十三五"，随着我国进入工业化后期，13亿多人的服务型消费全面快速增长是一个大趋势，消费结构开始由物质型消费为主向服务型消费为主升级。问题在于投资消费失衡成为当前经济运行中一个突出的结构性矛盾。到2020年，基本形成消费主导的经济增长新格局，关键是要推进投资转型，实现投资与消费的动态平衡。

"十三五",随着我国进入工业化后期,消费结构开始由物质型消费为主向服务型消费为主升级。可以说,服务型消费的快速增长,既是我国经济转型版图上的最大亮点和最大优势,也是经济转型的重要推动力。把握好我国消费结构升级的大趋势,就能够抓住经济转型的历史机遇,赢得结构性改革的主动权。

# 一、服务型消费全面快速增长是一个大趋势

我国进入发展型新阶段,重要特征是服务型消费全面快速增长。把握消费升级的大趋势,释放 13 亿多人的服务型消费新需求,引领服务型消费新供给,成为"十三五"深化结构性改革的战略重点。

## (一)"十三五":从物质型消费为主向服务型消费为主转型

随着我国进入中高收入阶段,消费主体发生历史性变化,全社会开始进入大众消费的新时代。与过去相比,城乡居民消费结构由物质型消费为主向服务型消费为主转型的趋势和特点越来越明显。

**1. 消费主体出现分化**

（1）中等收入群体成为重要的消费主体。总的判断是："十三五"我国进入中高收入阶段，将有 3 亿左右的人口成为中等收入群体。[①] 中等收入群体受教育程度较高，更加注重生活品质，愿意花费更高价格获得质量更好、更安全的服务和产品。中等收入群体的趋优消费成为推动消费结构由物质型消费为主向服务型消费为主转型的重要力量。

（2）"80 后""90 后""00 后"等新生代消费主体的崛起。目前我国"80后"的总人口数是 2.28 亿，"90 后"是 1.74 亿，"00 后"是 1.26 亿，[②]三大群体总人数大约为 5.28 亿，成为服务消费、时尚消费、互联网消费的主力军。他们的消费观念、消费权利、消费意识、消费话语正在深刻影响着整个商业环境。近年来，很多品牌包括世界名牌，都将我国的"80 后"和"90 后"确定为最大的目标客户。

（3）人口老龄化与老年消费群体的扩大。截至 2015 年年末，我国 60岁以上的人口占到总人口的 16.1％，达到了 2.22 亿。[③] 根据人社部的相关预测，到 2020 年，我国 60 岁以上人口的占比将达到 19.3％。[④] 老年消费群体的扩大，正在带动健康服务、养老服务等服务业快速发展。

**2. 物质型消费占比持续下降**

（1）物质型消费需求增速趋缓。近 10 多年来，我国城镇居民的物质型消费需求增长速度明显放缓，2011—2014 年年均增速（1.54％）不到2000—2010 年年均增速（8.67％）的 1/5；农村居民的物质型消费需求增长也开始进入下降通道，2011—2014 年年均增速比 2000—2010 年年均增速

---

① 苗树彬，方栓喜：《扩大中等收入群体是个大战略》，《光明日报》，2013 年 4 月 23 日。
② 《人口恐慌：90 后比 80 后少了 30％，00 后还更少，这意味着什么》，北京证券网，2015 年 5 月 31 日。
③ 国家统计局：《2015 年国民经济和社会发展统计公报》，国家统计局网，2016 年 2 月 29 日。
④ 周頔：《"人口老龄化"困扰中国》，《民主与法制时报》，2015 年 11 月 24 日。

下降了约 5 个百分点。①

(2)物质型消费需求占比下降。近年来,城乡居民耐用消费品的普及程度不断提高,物质型消费总体上处于饱和状态。例如,虽然城乡居民用于食品、衣着的消费支出规模在上升,但其在整个消费中所占的比重不断下降。从城乡居民消费结构看,1990—2014 年,城镇居民消费支出中食品和衣着的人均消费规模从 864.7 元提高到 7501.5 元,支出占比从 67.61% 下降到 44.94%;农村居民消费支出中食品和衣着的人均消费规模从 199.9 元提高到 2811.0 元,支出占比从 53.34% 下降到 41.85%。②

(3)物质型消费供给能力由不足转向过剩。随着工业化进程加快,我国作为全球第一制造业大国,物质型消费供给总体上由短缺走向过剩,一般的物质型消费产品供给趋于饱和。经过"井喷式"的消费扩张后,彩电、冰箱、空调、电脑、汽车等"大件"消费品进入寻常百姓家,在物质型消费领域,很难再找到产品不过剩的行业。

### 3. 服务型消费需求全面快速增长

(1)服务型消费占比不断提高。据统计,2000—2014 年,我国城镇居民人均服务型消费支出从 1960.92 元提高到 7563.44 元,年均增长 9.4%。以城镇居民人均医疗保健、交通通信、文教娱乐三大服务型消费支出占比为例,如果按 1985—2014 年的平均增速增长,到 2020 年三大服务型消费支出比重将接近 39%。如果年均占比提高 0.8~1 个百分点,到 2020 年三大服务型消费支出比重将超过 40%。同时,随着服务型消费需求的不断释放,城镇居民服务型消费比重有望年均提高 0.5~0.6 个百分点,到 2020 年达到 50% 左右,成为城镇居民的消费支出大头。③

---

① 本数据来源于《中国统计年鉴 2015》,其中物质型消费主要包括食品烟酒、衣着、居住三大项。为了保持数据的一致性,均采用人均现金消费支出。
② 数据来源于《中国统计年鉴 2015》,为了保持数据的一致性,均采用人均现金消费支出。
③ 迟福林:《转型抉择——2020:中国经济转型升级的趋势与挑战》,中国经济出版社,2015 年。

（2）服务型消费增长迅速。即使在当前宏观经济不景气的背景下，教育、旅游、娱乐、文化等消费增长势头依然强劲，2015年全国居民人均教育、文化、娱乐消费支出1723元，比2013年增长23.3%，年均增长11%，快于全国居民人均消费支出年均增速2个百分点。[1] 以电影消费为例，2015年，全国城市院线观影人次12.6亿，同比增长51.8%；全国电影总票房收入440.69亿元，同比增长48.7%；单片票房纪录从10亿元出头直接拉升到24.39亿元。[2]

### 4. 物质型消费服务化趋势明显

（1）物质型消费服务化。以食品消费升级为例，不仅要吃得好，吃得安全，还要享受更优质的餐饮服务。现实中，能更好满足消费者所需服务的餐饮企业更受到市场欢迎，老百姓也愿意接受略高的价格。比如"海底捞"，就是凭借优质服务，成长为一家大型餐饮企业。而一些传统的餐饮企业品牌，由于服务跟不上，正日渐衰落。

（2）物质型产品融入服务元素。即使是传统的物质型消费，也需要融入服务元素才能满足客户需求。在物质型产品中大量融入增值服务，成为从传统消费向新型消费升级的突出特点；更多服务元素的植入也在快速改变传统产品的应用结构。例如，手机已不再是一种简单的通信工具，而是引入了各类互联网增值服务，各种线上线下服务已经远远超出手机本身的价值。总的来看，如果传统物质型产品不贴近客户，没有融入服务元素，很难再找到销路。

### 5. 服务型消费增长的潜力巨大

未来5～10年，服务型消费的增长不仅速度快，而且呈现潜力大、规模大的突出特点。尤其是信息消费、健康消费、旅游休闲消费、教育消费、文

---

[1] 国家统计局：《居民收入快速增长　人民生活全面提高——十八大以来居民收入及生活状况》，国家统计局网，2016年3月8日。

[2] 邱玥：《告别2015　文化消费持续发力》，《光明日报》，2016年1月14日。

化消费、养老消费、体育消费、绿色消费等八大领域服务型消费正在快速成长,其中任何一项消费每年都能够带来万亿元级别的市场空间。

## 【专栏 3-1】

### 八大领域服务型消费增长潜力巨大

1. 信息消费。根据 2013 年《国务院关于促进信息消费扩大内需的若干意见》,到 2015 年我国信息消费规模超过 3.2 万亿元,年均增长超过 20%,并带动相关行业新增产出超过 1.2 万亿元。其中,基于互联网的新型信息消费规模达到 2.4 万亿元,年均增长 30% 以上;电子商务交易额超过 18 万亿元,网络零售交易额突破 3 万亿元。

2. 健康消费。2013 年 10 月 14 日,《国务院关于促进健康服务业发展的若干意见》提出到 2020 年,我国健康产业总规模达到 8 万亿元以上。我国仍然是世界上最具吸引力的市场之一,同时也是增长最快的市场。

3. 旅游休闲消费。1994—2013 年,我国城乡居民旅游人数和总费用年均增速分别为 10.10% 和 18.63%,均超过同期经济增速和城乡居民收入增速。值得关注的是,农村居民旅游总花费和人均旅游费用年均增速分别超过城镇居民 1.6 个百分点和 8.11 个百分点,这表明农民的旅游需求正在释放。

4. 教育消费。《2014 年中国教育市场发展报告》显示,目前半数以上家庭的年教育培训消费超过 5000 元,其中近三成过万元。截至 2013 年年底,我国居民储蓄总额达到 45 万亿元,其中教育消费支出达到 2 万亿元。这为我国教育市场提供了广阔的发展空间。保守估计,未来几年,我国培训市场规模将达到 1 万亿元。

5. 文化消费。同时,文化领域需求的快速上升也带动了文化产业的迅速发展。据统计,我国城镇居民的文化支出占比从2004年的6.6%提高到2012年的7.3%,预计到2020年全国文化消费需求总量将达到16.65万亿元。

6. 养老消费。根据《中国老龄产业发展报告2014》,2014年我国老年人市场消费潜力为4万亿元,预计到2020年将提高到8万亿元,我国老龄产业正进入快速成长期。

7. 体育消费。2015年,中国体育产业增加值达到4000亿元。按照《国务院关于加快发展体育产业 促进体育消费的若干意见》提出的目标,2020年达到3万亿元,需要保持每年50%的增速,到2025年达到5万亿元,每年的增速将达到近30%。

8. 绿色消费。我国绿色需求和绿色消费起步较晚,但随着人们绿色消费理念的不断强化而发展迅速。有调查显示,94%的城市消费者愿意为"绿色"产品和服务多支付45%的费用。例如,绿色建筑近年来开始成为消费热点。2011年我国城镇节能建筑仅占既有建筑总面积的23%,到2020年我国绿色建筑占新建筑比重将超过30%,这将带来巨大的绿色消费空间。

资料来源:中国(海南)改革发展研究院课题组整理。

## (二)消费结构升级是一场深刻的经济社会变革

我国进入消费新时代,服务型消费正在引发经济社会生活等方方面面的变化。13亿多人的服务型消费全面释放,意味着生活方式、生产方式、商业模式、社会结构走向现代化,意味着共享社会发展基本格局的形成,并引发政策和制度结构的深刻变革。

**1. 服务型消费引发生活方式的深刻变革**

（1）更加追求生活品质。随着"80 后""90 后""00 后"等新生代社会群体逐步成长为社会的中坚力量，人们对生活品质的追求越来越高，由此形成推动产业变革的新动力。

其一，追求"变"。新生代社会群体更加追求差异化，个性化、多样化消费逐步成为主流，由此大工业化时代模仿型、排浪式、总量化的消费时代基本结束。

其二，追求"质"。数量型的消费需求逐步让位于质量型的消费需求，服务内涵多、服务含金量高的商品更容易受到消费者的追捧。

其三，追求"潮"。休闲娱乐成为时尚，比如人们追求功能更多、品质更高的房地产等。

其四，追求"便"。人们追求更为便捷的生活，比如互联网购物取代实体店购物，成为时代潮流。2015 年，我国社会消费品零售总额同比增长10.7％，而全国网上零售额增长了 33.3％。①

（2）更加追求绿色、健康。我国进入高收入阶段，人们更加追求绿色、健康的生活方式，由此形成全社会推动绿色转型、绿色增长的新动力。

其一，人们更加关注生态环境。比如面对日趋严重的雾霾，近年来出现了购买新鲜空气的现象，环境保护成为一个重大社会问题。

其二，人们对绿色食品的追求形成新潮流。调查显示，94％的城市消费者愿意为绿色产品和服务多支付 45％的费用。②

其三，人们对健康服务的需求急剧攀升。医疗器械进入家庭，大数据健康领域的可穿戴智能设备开始流行。

其四，健身运动成为全民时尚。到健身馆健身成为流行和时尚，由此

---

① 国家统计局：《2015 年国民经济运行稳中有进、稳中有好》，国家统计局网，2016 年 1 月 19 日。
② 单憬岗：《以绿色发展推动海南绿色崛起——专访中国（海南）改革发展研究院院长助理夏锋》，《海南日报》，2015 年 11 月 13 日。

推动体育产业成为快速成长的朝阳产业。

（3）更加追求教育、文化。人们对高质量教育、文化产品的需求急剧增大。如今，经济条件稍微好一点的家庭送孩子上各类兴趣班、送孩子出国留学等现象越来越普遍。美国国土安全局的统计数字显示，2005—2006 学年，仅有 65 名中国籍中学生持因私护照赴美读中学，而到了 2012—2013 学年，美国私立高中已有 23795 名中国籍学生，七年间增长了 365 倍。①

### 2. 服务型消费引发生产方式的深刻变革

（1）以生产为中心转向以服务为中心。进入服务型消费新时代，生产方式将由大工业时代以生产为中心，转向以服务为中心。总的趋势是：尽管社会仍然需要简单的加工制造，但加工制造在经济中的作用越来越小；服务在整个社会化大生产中的地位作用凸显，经济越来越服务化；生产的本质是服务，制造商越来越倾向于提供整体服务解决方案；价值创造越来越向服务环节倾斜，简单加工制造环节的利润越来越微薄。

（2）大规模定制化时代的到来。消费者对个性化、差异化产品需求的增长，促使传统的大批量标准化、流水线生产向大规模定制化转型。总的趋势是：不少消费者在服装、配饰、家居用品、家装、汽车等领域选择私人定制产品，企业按客户需求定制相关产品；在传统行业利润微薄的条件下，采用大规模定制化生产，可使企业获得差异化的竞争力，并保持相对较高的利润率；消费者参与产品研发和设计，消费者与生产者互动越来越成为制造业形成差异化产品和服务、降低市场风险的重要手段。

（3）"互联网＋"对传统产业的创造性颠覆和重构。服务型消费新时代，消费和生产都越来越离不开互联网带来的增值服务，由此引发"互联网＋"对传统产业的颠覆和重构，"拓展网络经济空间"被写入国家"十三五"规划建议中。

---

① 《赴美读高中人数 7 年增 365 倍》，《深圳商报》，2014 年 3 月 11 日。

其一,互联网企业创造性颠覆传统产业。例如,电子商务对实体店是一种创造性颠覆,大数据对教育、健康等的流程再造,对传统的学校和医院也是一种创造性颠覆。

其二,越来越多的传统制造业依托"互联网+"完成自我改造。越来越多的互联网企业,依托把握客户终端的优势,介入金融等传统行业,成为颇具竞争力的新型企业。

其三,即使是互联网企业,也需要自我创造性颠覆才能赢得新的发展空间。例如,腾讯的手机 QQ 是传统互联网业务在移动端的落地,后来通过微信完成了自我颠覆、自我升级。

**3. 服务型消费引发商业模式的深刻变革**

(1)企业发展更加依赖于创意。形成新的创意,满足消费者差异化、多样化的需求,成为企业立于不败之地的关键因素,由此推动创意经济时代的来临。创意密集型产业取代土地、劳动力密集型产业成为一个大趋势,创意决定着企业的生死存亡;越来越多的新企业靠创意产生,如 iPhone 手机,就是一个创意成就伟大企业的典型;创意产业以消费者体验作为基础,人们看重的不只是品牌,而是对于品牌的体验,这种独享的体验核心是优质服务、差异化服务。星巴克总裁霍华德·舒尔茨曾说过:"星巴克出售的不是咖啡,而是对于咖啡的体验。"

(2)企业更多地成为服务解决方案供给商。与传统企业生产一种产品或服务不同,新时期的企业,尤其是创新型企业,越来越多成为服务解决方案供给商。

其一,发现用户新的消费需求。为客户新需求的满足提供整体解决方案,成为创新型企业的重要特征。例如,华为、阿里巴巴等,主要是靠提供解决方案获得新的市场。

其二,提供解决方案。即使是传统的制造业,也需要通过提供整体解决方案延长价值链。例如,汽车行业 4S 店的蓬勃兴起,为汽车消费者提供全程服务,成为企业扩大盈利来源的重要途径。

其三,创新服务模式。越来越多的制造业产品出售后,有后续的服务盈利。例如,智能可穿戴设备,产品成为后续服务的载体,服务成为延长产品生命周期的措施。

(3)企业越来越依赖于专业化的核心竞争力。由于消费者对服务质量的苛刻追求,一种服务的解决方案,往往需要多家专业化企业联合完成。在这种情况下,企业越来越依赖于专业化的核心竞争力:没有专业化的企业越来越难以生存,专业化成为企业盈利的核心条件;即使竞争力很强的大企业,也需要强化专业化的核心业务,将自身提供的具有基础性的、共性的、非核心的业务剥离出来后,外包给企业外部专业服务提供商来完成;以服务外包重组价值链,优化资源配置,成为降低成本、提高质量的重要手段。

### 4. 服务型消费引发社会结构的深刻变革

(1)服务型消费推动中产阶层的兴起。消费塑造人的社会角色。从发达国家的经验看,服务型消费塑造了新的中产阶层。一般来说,中产阶层作为一个社会角色,很重要的特征是具有趋优消费,不仅仅是满足于传统的物质型消费,还追求生活质量,追求服务型消费。收入指标只是定义中产阶层的指标之一,有钱不敢花、有钱没文化、有钱不追求服务型消费的人难以说是真正意义上的中产阶层。

以服务业为主导的产业结构,能够有效提高劳动报酬,推动更多劳动者跨入中产阶层行列。总体而言,服务业占比越高的国家,其劳动者报酬占比越高的概率也比较大。根据中国(海南)改革发展研究院测算,2006—2012年期间,我国各省服务业占比与劳动者报酬占比之间的相关系数达到0.97,服务业占比每提高1个百分点,劳动者报酬占比提高0.38个百分点。

(2)服务业成为扩大就业的主渠道。中产阶层的扩大,伴随着白领岗位对蓝领岗位的替代。服务型消费促进中产阶层的扩大,还带来服务业就业岗位的增加，并且伴随着白领阶层的增加。以美国为例，随着经济结构由工业主导向服务业主导转型，白领阶层的规模从20世纪40年代的1000万左右上升到20世纪70年代的5000万，30年间扩大了4倍，1980年白领阶层已占全部劳动力的50%以上。[①]

目前，发达国家服务业就业比重大多在70%～80%，而我国2014年只有40.6%，服务业发展所提供的就业潜力很大。国家统计局公布的数据显示，2015年服务业占GDP的比重达到50.5%的历史最高水平。未来五年，服务业增加值按年均8%增长测算，每年新增就业人数将达到1200万人左右。[②] 就是说，只有形成以服务业为主体的产业结构，才能形成新增就业不断扩大的新常态。

（3）服务型消费促进城乡一体化。城乡居民的差距很大程度上表现为消费差距。2014年，我国城乡居民人均消费水平比例为2.9∶1，大约是3个农村居民的消费相当于1个城镇居民的消费。从未来的发展趋势看，一般的物质型消费如彩电、冰箱、电脑在农村都已开始普及，城乡居民的消费差距将主要体现于服务型消费。如果农民的教育、医疗、养老等基本公共服务型消费和文化、娱乐、保健等非基本公共服务消费得到有效满足，城乡差距会大大缩小，城乡一体化进程会大大加快。从2014年我国各省区市的实际情况看，服务业比重越高的省份，城乡收入差距越小，两者呈现显著的负相关（见表3-1）。根据中国（海南）改革发展研究院测算，第三产业占比每提高1个百分点，城乡收入差距就缩小0.014个百分点。"十三五"，如果服务业占比提高10个百分点，城乡收入差距就有望缩小0.14个百分点。

---

① 王惠绵：《扩大中等收入群体是个大战略》，《深圳商报》，2014年3月11日。
② 胡健：《李克强解读GDP数据：1个百分点带动130万人就业》，《每日经济新闻》，2013年11月7日。

表 3-1　2014 年各省区市第三产业占比与城乡收入差距

| 省区市 | 第三产业<br>占比（%） | 城乡收入<br>差距（倍） | 省区市 | 第三产业<br>占比（%） | 城乡收入<br>差距（倍） |
|---|---|---|---|---|---|
| 北　京 | 77.9 | 2.57 | 湖　北 | 41.5 | 2.29 |
| 天　津 | 49.6 | 1.85 | 湖　南 | 42.2 | 2.64 |
| 河　北 | 37.3 | 2.37 | 广　东 | 49 | 2.63 |
| 山　西 | 44.5 | 2.73 | 广　西 | 37.9 | 2.84 |
| 内蒙古 | 39.5 | 2.84 | 海　南 | 51.9 | 2.47 |
| 辽　宁 | 41.8 | 2.6 | 重　庆 | 46.8 | 2.65 |
| 吉　林 | 36.2 | 2.15 | 四　川 | 38.7 | 2.59 |
| 黑龙江 | 45.8 | 2.16 | 贵　州 | 44.6 | 3.38 |
| 上　海 | 64.8 | 2.3 | 云　南 | 43.3 | 3.26 |
| 江　苏 | 47 | 2.3 | 西　藏 | 53.5 | 2.99 |
| 浙　江 | 47.8 | 2.08 | 陕　西 | 37 | 3.07 |
| 安　徽 | 35.4 | 2.5 | 甘　肃 | 44 | 3.47 |
| 福　建 | 39.6 | 2.43 | 青　海 | 37 | 3.06 |
| 江　西 | 36.8 | 2.4 | 宁　夏 | 43.4 | 2.77 |
| 山　东 | 43.5 | 2.46 | 新　疆 | 40.8 | 2.66 |
| 河　南 | 37.1 | 2.38 | 全　国 | 48.1 | 2.75 |

数据来源：国家统计局：《中国统计年鉴 2015》，中国统计出版社，2015 年。

（4）服务型消费有利于调整利益结构。近年来，由于国民收入分配结构不合理，财富不断向政府和垄断行业集中，居民收入差距扩大和贫富差距增大，严重影响了国民消费需求的有效释放。从消费结构升级的趋势看，释放服务型消费需求，提高服务型消费比重，有利于调整利益结构。例如，释放教育、医疗等服务型消费需求，既需要政府加大教育、医疗等公共服务支出和不断提高基本公共服务均等化程度，也需要通过市场开放扩大服务的有效供给，这一过程将对初次分配格局和再分配格局产生深刻影响。它将有利于缩小城乡、地区、群体间的收入差距；有利于打破服务业垄断格局，从而减少垄断造成的收入分配不平等；有利于优化政府支出结构，形成更加合理的政府、企业和居民的分配格局。

# 二、服务型消费成为产业变革的新引擎

"十三五",服务型消费蕴含的巨大潜力,不仅是经济增长的突出优势,而且是经济转型升级的新动力,它将推动产业结构变革。

## （一）基本形成消费主导的经济增长新格局

2015 年,最终消费支出对国内生产总值增长的贡献率为 66.4％,以消费主导的经济增长新格局的形成正在成为一个大趋势。

**1. 消费结构升级的趋势明显**

(1)消费率仍有较大的提升空间。据统计,2014 年我国最终消费率达到 51.2％,比发达国家平均水平低 30 个百分点左右,这表明未来几年我国最终消费率仍有较大的提升空间。

(2)消费个性化、多样化时代的到来。随着消费理念、消费水平和消费模式的变化,新的消费热点不断涌现。

(3)人口老龄化、人口城镇化等都能有效拉动消费。例如,随着我国人口老龄化加剧,我国老年消费群体不断扩大,由此带动健康消费、养老消费的快速提升。

**2. 消费规模将呈现快速增长的势头**

(1)消费增速明显快于 GDP 增速。据统计,2015 年我国全社会消费品零售总额实际增长 10.6％,而同期 GDP 增速仅为 6.9％。估计未来五年,我国社会零售消费品增长的速度仍将保持 10％左右,高于 GDP 2～3 个百分点。

(2)消费规模将大幅提升。预计我国全社会消费品零售总额将由 2015 年的 30 万亿元提高到 2020 年的 50 万亿元左右。

(3)消费率将明显提升。预计我国最终消费率将由 2014 年的 51.2％

提高到 2020 年的 60％左右，居民消费率将由 2014 年的 37.7％提高到 2020 年的 42％左右。[①]

### 3. 消费将成为拉动经济增长的主要推动力

国内有学者认为消费仅是生产的目的，不可能成为拉动增长的动力，但现实生活中消费已经成为拉动经济增长的重要推动力。可以判断，"十三五"期间最终消费支出对 GDP 增长的贡献率将稳定在 65％左右。

## （二）服务型消费成为经济转型升级的重要驱动力

在传统工业去产能、投资下行压力增大、出口面临复杂多变形势的特定背景下，服务型消费全面快速增长，热点纷呈，是"十三五"经济转型升级的突出亮点和突出优势。把握服务型消费新时代的历史机遇，释放服务型消费新需求，是我国实现工业转型升级，化解传统工业产能过剩的有效路径。

### 1. 服务型消费推动经济服务化

服务型消费全面快速增长，大大加快了我国经济的服务化进程。2001—2008 年，我国服务业占 GDP 的比重一直徘徊在 40％左右；但从 2012 年开始，服务业比重明显提高，当年比重提高超过 1.2 个百分点；到 2015 年年末，服务业增加值增速已经连续 12 个季度超过 GDP 和第二产业的增速，服务业增加值占 GDP 的比重达到 50.5％。2008 年国际金融危机爆发以来，在国内外经济形势发生深刻复杂变化的背景下，我国服务业增加值从 2008 年的 13.59 万亿元增长到 2013 年的 27.59 万亿元，已经实现了规模上的倍增，2015 年服务业增加值更是高达 34.16 万亿元。

### 2. 服务型消费推动高端制造的兴起

"服务型消费＋高端制造"正在塑造"中国智造"的新模式。尽管智能

---

① 迟福林：《经济转型的新趋势与新动力》，《中国金融》2016 年第 1 期。

制造发轫于西方,但最大的消费市场在中国。可穿戴智能设备、家用机器人成为国人服务型消费的新热点,也是我国高端制造业企业角逐的重点领域,智能制造成为我国创新驱动的新引擎。2015年,新型、智能化、自动化设备和高端信息电子产品成为新增长点,新能源汽车产量比上年增长161.2%,工业机器人增长21.7%,智能电视增长14.9%,智能手机增长11.3%。[①] 另据《可穿戴设备研究报告》显示,2015年,我国智能可穿戴设备市场规模为125.8亿元,增速高达471.8%。[②] 2014年,随着智能信息技术的快速发展,我国家用智能机器人的科研和应用呈爆发式"井喷"。2015年被称为中国家用机器人推广与普及的市场"元年"。例如,海尔首次推出即将进驻智能家用机器人市场的八大系列39款智能无线产品。[③]

**3. 服务型消费带动技术升级**

无论是服务业还是制造业,技术升级与服务需求都呈现出融合的趋势。以软件开发为例,尽管一些新的硬件生产对软件开发仍有比较大的需求,但软件开发的要务是适应消费者最直接的服务需求。例如,苹果手机的核心就是采取新的软件开发模式,把服务变成软件,创新消费者服务模式,使消费者更便捷,更舒适,手机使用功能更强大。在制造业中,技术升级与消费者服务需求也越来越紧密地结合在一起。有望形成重大技术突破的3D打印技术,重要的特征是把生产环节与消费环节无缝连接在一起,未来3D技术将被广泛运用到医疗、汽车等服务领域。

**4. 服务型消费带动新支柱产业兴起**

从国际经验看,从中等收入阶段迈向中高收入阶段,服务型消费的快速增长将带动一批生活性服务业成为支柱产业,形成新的朝阳产业,这是

---

① 国家统计局:《工业保持中高速增长　新兴产业不断孕育成长——十八大以来我国工业发展状况》,国家统计局网,2016年3月3日。

② 《2015年中国可穿戴市场规模超125亿　增471.8%》,中国证券网,2015年12月24日。

③ 张婷婷,王建:《海尔与山西嘉世达签约战略合作协议》,人民网,2015年11月25日。

一个国家经济服务化的客观趋势。例如,目前发达国家健康产业占 GDP 产值比重达到 15%。[①] 未来五年,随着房地产业、重化工业在拉动经济增长中的作用减弱,我国需要在服务业领域培育支柱产业。

按照国际上的标准,产业增加值在国民生产总值中所占比重达 5% 左右的产业可以达到支柱产业水准。我国有条件在生活性服务业领域培育几个重点的支柱产业。例如,大健康产业占 GDP 的比重将接近 5%,"十三五"头两三年就有望跻身支柱产业之一。据测算,2014—2050 年,我国老年人口的消费潜力占 GDP 的比例,将从 8% 左右增长到 33% 左右,养老产业有望成为最具发展潜力的支柱产业之一。[②]

## （三）服务型消费将成为拉动经济增长的新引擎

服务型消费的全面快速增长正在改变我国的经济增长格局。从近年来的情况看,服务型消费领域的产业发展速度远高于 GDP 增速,成为我国缓解经济下行压力的重要因素。在服务型消费的推动下,消费成为经济增长重要驱动力的阶段性特征逐步加强。

### 1. 服务型消费领域的产业发展速度远高于 GDP 增速

服务型消费领域的产业发展速度不仅远远高于传统工业,而且远高于 GDP 增速。根据国家统计局初步核算数据,2015 年,我国 GDP 增速为 6.9%,第二产业增长率为 6%,而服务型消费领域的相关产业大都保持两位数的增长。如旅游业,2013—2015 年,国内游客年均增长超过 10%,国内旅游收入年均增长超过 15%。同样,信息消费也实现井喷式增长,2015 年年末全国互联网上网人数 6.9 亿人,比 2012 年年末增长 22%;[③]2015 年全国网

---

① 《美国健康产业的发展及启示》,美迪医疗网,2012 年 10 月 18 日。
② 陈郁:《2050 年我国老年人口消费潜力将达 106 万亿元左右》,《经济日报》,2014 年 12 月 3 日。
③ 国家统计局:《服务业规模持续扩大　新兴产业快速成长——十八大以来我国服务业发展状况》,国家统计局网,2016 年 3 月 7 日。

上商品零售额增长 31.6%,远超过社会消费品零售总额的增长速度。[①]

## 2. 服务型消费成为经济增长的主要驱动力

在服务型消费带动下,消费成为拉动经济增长的重要引擎。服务型消费的快速增长,使投资与消费在拉动经济增长中的地位作用发生历史性变化,消费在拉动经济增长中的“主角”地位逐步确立。2011 年,消费对经济增长的贡献率达到 62.83%,首次高于投资贡献率(45.35%),投资、消费对经济增长的贡献率首次出现拐点(见图 3-1)。2014 年,我国最终消费支出贡献率为 51.6%。2015 年,最终消费对 GDP 增长贡献率为 66.4%,比上年高出 14.8 个百分点,消费在拉动经济增长中“第一推动力”的地位逐步稳固。

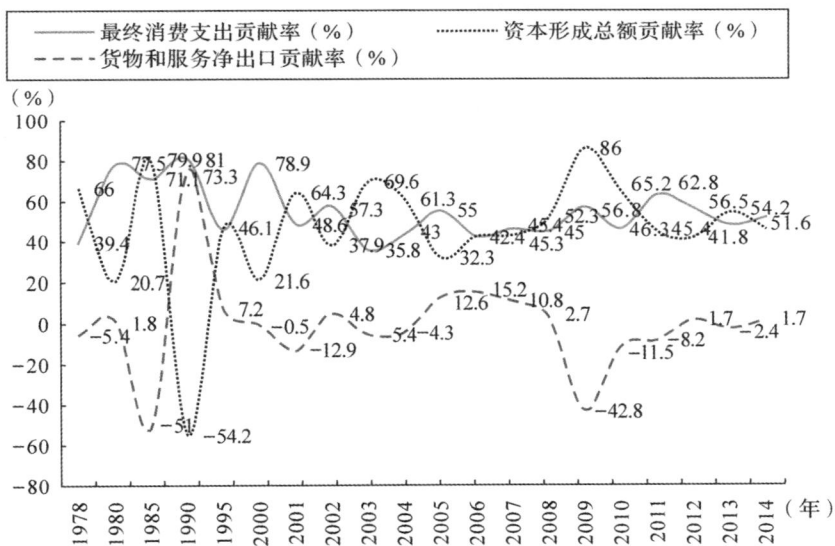

图 3-1　1978—2014 年三大需求对经济增长的贡献率

数据来源:国家统计局:《中国统计年鉴 2015》,中国统计出版社,2015 年。

---

① 国家统计局:《2015 年国民经济和社会发展统计公报》,国家统计局网,2016 年 2 月 29 日。

### 3. 服务型消费带来巨大的投资需求

以健康消费为例,健康消费将带动医疗健康产业投资需求快速增长。随着城乡居民的医疗健康需求快速释放,我国将成为增长最快、规模最大的医疗市场。据麦肯锡的报告预测,到 2020 年,我国医疗卫生市场总规模将突破 1 万亿美元;据中国科学技术战略研究院研究预测,到 2020 年,我国仅生物医药产业就将形成约 8 万亿元的支柱产业。[①]

### 4. 服务型消费成为引领创新创业的重要载体

根据《2014 年度创业者报告》,创业者最看好的行业基本上都是服务行业。例如,2014 年年底,全国网店直接带动就业累计逾 1000 万人,其中大学生创业的网店带动就业人数约为 618 万人,贡献率达到六成。[②] 许多大学生将云计算、智能终端等新技术运用到服务型消费领域。被称为"淘宝第一村"的浙江义乌青岩刘村,凭借着"全球小商品集散地"的货源优势,电子商务犹如雨后春笋,在义乌遍地开花。这个原本仅有 1486 名村民的村庄,现在容纳了 8000 多人,淘宝网店超过 2000 家,年成交额达数 10 亿元。[③]

## 三、实现投资与消费的动态平衡

我国当前的产能过剩主要是结构性问题,并非三次产业的全面过剩,而是某些工业领域的产能过剩与大多数服务型消费供给不足并存,其中生活性服务业领域供给不足的矛盾尤为突出。

### (一) 投资与消费失衡是一个突出的结构性矛盾

我国进入服务型消费新时代,供给侧面临突出的结构性矛盾,表现在

---

[①] 张彬:《2020 健康产业或达 10 万亿　央企积极布局健康产业》,《经济参考报》,2013 年 4 月 12 日。
[②] 陈旭佳:《大学生网店创业带动就业 618 万人》,中国政府网,2015 年 7 月 28 日。
[③] 于士航:《让民间高手有用武之地》,中国政府网,2015 年 3 月 16 日。

物质型消费的某些供给过剩与大多数服务型消费供给不足的矛盾并存。关键问题在于,要在加快从投资主导向消费主导的转型上尽快形成共识,适应服务型消费趋势,加快改变以传统重化工业项目为主的投资结构,实质性扩大服务业领域的投资。

**1. 物质型消费供给过剩**

物质型消费供给过剩,不仅表现在传统制造业,新兴制造业也开始出现产能过剩问题,甚至有的项目一上马,市场供给就已经出现过剩。2010年,我国超过美国成为全球制造业第一大国。按照全球制造业的一般标准,当企业产能利用率在90%以下且持续下降时必然形成产能过剩。统计资料显示,目前我国制造业的平均产能利用率约为60%,不仅低于美国等发达国家当前工业利用率78.9%的水平,也低于全球制造业71.6%的平均水平。[①] 工信部公布的最新统计数据显示,在中国目前24个行业中,有22个存在严重的产能过剩现象。[②] 据"2013中国企业经营者问卷跟踪调查"显示,我国目前有19个制造业产能利用率都在79%以下,有7个产业产能利用率还在70%以下,只有2个产业产能利用率接近79%。[③] 与此同时,风电设备、多晶硅、光伏等战略性新兴产业同时出现产能过剩。数据显示,2012年我国光伏设备产能利用率不到60%,风电设备产能的利用率不到70%。[④]

**2. 服务型消费供给严重不足**

(1)服务型消费"有需求而缺供给"。我国作为一个成长中的经济体,服务型消费热点不断涌现,但在教育、养老、健康、文化等服务型消费领域供给短缺的矛盾比较突出。

① 周彦武:《中国城镇化早已结束》,和讯网,2012年12月8日。
② 张锐:《产能过剩覆压中国制造业》,《中国经济导报》,2012年9月27日。
③ 林火灿:《建立长效机制化解产能过剩》,《经济日报》,2014年11月18日。
④ 《光伏产能利用率不到60% 风机利用率不到70%》,新华网,2013年3月6日。

（2）教育服务供给严重不足。例如，当前移动教育的需求不断增长，但供给却相对不足。有研究表明，未来五年我国移动教育市场规模将达到1500亿元，但目前能提供的服务仅为1.6%。[①]

（3）养老服务供给严重不足。我国进入人口老龄化社会，老年健康管理服务业、老年康复护理业、老年家政服务业等需求全面快速增长，大约有1万亿元的需求。但是，目前每年为老年人提供的产品与服务不足1000亿元。在一些特大城市，要进公立养老院，如果50岁开始排队，要排上30年，甚至40年，养老服务供给严重不足。健康服务业发展严重滞后，占GDP的比重不足5%，与美国健康服务业占17.6%，其他OECD国家占10%左右比较相去甚远。[②]

（4）文化消费需求供给不足。2014年我国文化产业增加值占GDP比重为3.76%，2015年超过5%。[③] 与美国相比差距巨大，目前我国文化产业占世界文化市场比重不足5%，而美国则占了42%。[④]

（5）体育产业发展严重滞后。全球体育产业比较发达的国家，体育产业增加值大约占GDP的1%～3%，如美国体育产业增加值占其GDP的3%。2014年，我国体育产业增加值占GDP的比重仅为0.63%。[⑤]

### 3. 有效供给不足导致服务型消费大量外流

服务型消费供给不足，还包括因质量问题引发的有效供给不足。随着我国中高收入群体的快速增加，人们更加追求高质量的服务型消费，并且愿意在这些方面花钱。但从总体上看，由于相关产业转型缓慢，服务型消费供给质量不高的矛盾日益凸显。大量服务型消费流向国外，而不是拉动

---

[①] 赵正：《移动教育：颠覆传统K12教辅市场》，《中国经营报》，2014年7月19日。
[②] 匡贤明：《从物质型消费走向服务型消费》，《上海证券报》，2015年4月4日。
[③] 国家统计局：《2014年文化产业增加值占GDP比重为3.76%》，中国经济网，2015年11月26日。
[④] 《让"互联网＋"为文化市场开辟新天地》，重庆文明网，2015年11月2日。
[⑤] 左义：《体育产业增加值大约占GDP的1%～3%，美国体育产业增加值占GDP的3%》，腾讯体育网，2015年12月23日。

我国自身的新兴产业发展,成为我国产业转型升级的"切肤之痛"。

以教育为例,人们对高质量教育的需求快速增加,但国内教育质量多年来改善缓慢。我国自费出国留学人数由 2011 年的 31.48 万人增长到 2014 年的 42.3 万人,[①]如果按人均支出 10 万元估算,需要支出 400 多亿元人民币,而且留学人员呈现低龄化趋势。再以旅游为例,高收入群体对高质量旅游的需求攀升,但国内旅游业价格居高不下、服务质量差、宰客等现象比较突出。近年来,我国居民出国旅游人数大幅增长,国人在海外购物、美容、医疗保健等相当普遍。商务部数据显示,2015 年我国出境旅游人数达到 1.2 亿人次,境外消费(购物和住宿旅费)1.5 万亿元。[②]

## (二) 关键是推进投资转型

我们说投资是关键,就在于随着我国消费需求结构的升级,服务型消费领域有巨大投资需求和投资空间。问题是,政府主导、工业投资主导的传统模式导致投资消费结构的失衡,其结果是投资领域存在突出的结构性矛盾,既有重化工业投资过度、产能过剩的问题,也有服务领域投资不足、供给短缺的突出矛盾。

### 1. 供求失衡的根源是投资消费结构失衡

某些物质型消费领域产能过剩与大多数服务型消费领域供给严重不足并存,重要的原因就在于我国投资消费结构长期失衡,投资结构与消费结构不匹配。从投资率和消费率变动趋势角度看,1978—2014 年我国投资率总体呈现上升趋势。1983 年处于历史最低点,仅为 31.8%;2011 年上升到历史最高点,为 47.3%,上升幅度达到 15.5 个百分点;到 2014 年,投资率仍然保持在 45.9% 的高位(见图 3-2)。据 IMF 保守估计,我国过度投资

---

① 《2014 年中国出国留学人数近 46 万 "海归"逾 36 万》,《新民晚报》,2015 年 3 月 10 日。

② 商务部:《高虎城部长出席国新办发布会介绍 2015 年商务发展情况》,商务部网,2016 年 2 月 23 日。

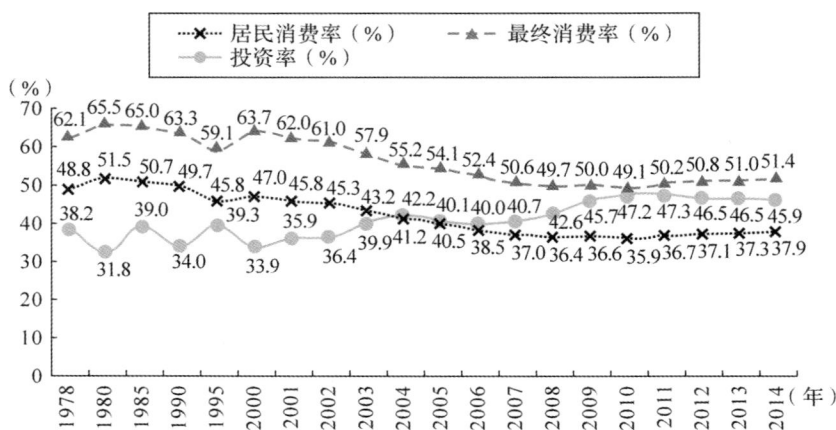

图 3-2　1978—2014 年我国最终消费、居民消费率和投资率变化趋势

数据来源：国家统计局：《中国统计年鉴 2015》，中国统计出版社，2015 年。

规模可能达到 GDP 的 12％。[①]

　　与投资率不断提高相比，我国最终消费率总体呈现下降趋势。1981年处于历史最高点，达到 65.5％；2010 年降到历史最低点，只有 49.1％。居民消费率由 1978 年的 48.8％下降到 2010 年的历史低位 35.9％，直到2011 年才开始出现 0.8 个百分点的回升。2014 年，我国最终消费率与居民消费率分别为 51.4％和 37.9％，仅回升到 2006 年的水平。[②]

　　在人均 GDP 处于 5000～6000 美元的阶段，我国的投资率高于美国近30 个百分点，高于新加坡 3.5 个百分点。而消费率则分别比美国低 31.8个百分点，比韩国低 14.9 个百分点，比俄罗斯低 17.1 个百分点，比新加坡低 9.6 个百分点（见表 3-2）。

---

①　马丁·沃尔夫：《中国不应再拖延改革与调整》，《金融时报》，2014 年 4 月 12 日。
②　国家统计局：《中国统计年鉴 2015》，中国统计出版社，2015 年。

表 3-2 不同国家人均 GDP 处于 5000～6000 美元阶段时的消费率和投资率

| 国 别 | 时间点(年) | 人均 GDP (美元) | 消费率 (%) | 投资率 (%) |
|---|---|---|---|---|
| 中 国 | 2011 | 5445 | 49.1 | 48.3 |
| | 2012 | 6100 | 49.2 | 48.1 |
| 世 界 | 2002 | 5323 | — | 20.6 |
| | 2003 | 5918 | — | 20.7 |
| 日 本 | 1976 | 5111 | 67.58 | 31.7 |
| | 1977 | 6230 | 67.74 | 30.7 |
| 韩 国 | 1989 | 5438 | 64.01 | 33.9 |
| | 1990 | 6153 | 63.56 | 37.5 |
| 新加坡 | 1981 | 5579 | 58.67 | 44.8 |
| | 1982 | 6051 | 55.6 | 46.2 |
| 美 国 | 1971 | 5360 | 80.86 | 19.1 |
| | 1973 | 6461 | 78.98 | 20.7 |
| 德 国 | 1974 | 5457 | 75.73 | 24.68 |
| | 1975 | 6035 | 78.93 | 22.78 |
| 俄罗斯 | 2005 | 5337 | 66.23 | 20.08 |
| | 2006 | 6947 | 66.1 | 21.17 |
| 巴 西 | 2006 | 5793 | 80.34 | 16.76 |
| | 2007 | 7197 | 80.15 | 18.33 |

注:以现价美元计。
数据来源:根据世界银行数据库数据计算得出。

**2. 以消费结构升级为导向的投资转型**

(1)调整投资结构。在去产能的过程中,切实将产能过剩的重化工业和过度基础设施投资降下来,把投资的重点转向教育、医疗、社会保障等公共消费领域上,从而优化投资结构。这不仅能够改善国内消费预期,而且能够有效缩小城乡差距和化解社会矛盾。

(2)优化投资来源。从现实情况看,政府主导的投资模式越来越难以持续。比如造成产能过剩加剧、投资的边际效益递减、金融风险增大等问题。而且政府主导的投资对社会投资产生一定的"挤出效应",社会力量参与不足。为此，不能继续把政府投资作为扩大投资的主渠道。政府投资主要应集中在保基本、社会效益回报率高的领域，把竞争性领域更多让给社会投资，发挥政府投资的"四两拨千斤"作用。一方面，调整政府投资的存量，重点是调整国有资本战略配置，以公益性为导向加大对社会领域的投入；另一方面，重点释放社会资本活力，扩大民间资本投入。

（3）形成多元化投资主体。从现实看，我国工业领域市场化程度较高，服务业领域竞争严重不足。近年来，老百姓抱怨较多的主要是教育、医疗、电信等服务行业的垄断和由此形成的高价格、低品质服务。在服务业领域尤其要打破行政垄断，引入政府采购、PPP 模式，形成服务业领域的多元化投资主体，通过竞争提高质量，降低价格，形成有效供给。

### （三）扩大生活性服务业领域的投资

2015 年 11 月，国务院出台了《关于加快发展生活性服务业　促进消费结构升级的指导意见》，要求重点发展贴近服务人民群众生活、需求潜力大、带动作用强的生活性服务领域。这就需要从经济转型的全局和社会居民的现实需求出发，加大生活性服务业领域的投资力度。

**1. 加大社会需求最急迫的生活性服务业投资**

居民和家庭服务、健康服务、养老服务、旅游服务、体育服务、文化服务等是社会需求量大、有效供给不足的重点领域。在这些领域，都可以放开市场，放开价格，发挥市场在调节供求关系中的决定性作用。建议尽快在这些领域全面推行负面清单管理，全面放开市场门槛，广泛调动包括社会资本、外资在内的多种所有制企业做大"蛋糕"，切实提高服务质量，形成一批知名品牌，在释放服务型消费需求上取得实质性突破。

**2. 加大与人口城镇化相关的生活性服务业投资**

与人口城镇化相关的生活性服务业投资将是"十三五"最具潜力的投

资领域。未来五年,加快推进基本公共服务均等化,推动大中小城市和小城镇公共资源均衡配置,推动加大人口城镇化相关生活性服务业投资,将收获多重的转型红利:一是有利于缓解经济下行压力,寻求具有发展潜力的经济增长点;二是有利于提升人口城镇化水平,实现共享发展;三是有利于释放农村大市场的消费潜力,形成城乡一体化的新格局。据测算,我国每增加 1 个市民,在教育、医疗、文化、基础设施等领域需新增综合投资至少 10 万元,人口城镇化率每提高 1~1.5 个百分点,需新增 1500 万~2000 万人,年综合投资大概在 1.5 万亿~2 万亿元。人口城镇化率提高 1 个百分点,将拉动最终消费增长约 1.6 个百分点。①

**3. 培育、做大生活性服务业支柱产业**

(1)把健康产业培育作为重要支柱产业。加大健康产业投资,鼓励社会资本进入健康体检、健康咨询、健康文化、健康旅游、体育健身等领域,推动医疗卫生行业向大健康产业延伸,争取到 2020 年,大健康产业占 GDP 的比例由目前的 4%~5%提升到 10%左右。

(2)把文化产业培育作为重要支柱产业。加大投资力度,推进文化创意和设计服务等新型服务业发展,推动文化服务产品制作、传播、消费的数字化、网络化进程,推进动漫游戏等产业优化升级,推动移动多媒体广播电视、网络广播电视等新媒体、新业态。推动传统媒体与新兴媒体融合发展,争取到 2020 年形成一批实力较强的文化企业集团,使文化产业增加值占 GDP 的比例由目前的 6%左右提升到 8%左右。

(3)把养老产业培育作为重要支柱产业。鼓励社会资本进入基本生活照料、康复护理、精神慰藉、文化服务、紧急救援、临终关怀等领域,运用网络信息技术实现养老产业升级,形成一批社会信誉度高、服务优质的专业化养老机构,到 2020 年使养老产业对 GDP 的拉动作用由目前的 3%左右

---

① 梁达:《以人口城镇化来释放巨大内需潜力》,《上海证券报》,2013 年 1 月 9 日。

增加至 6％左右。

# 四、适应消费升级推动房地产去库存

房地产是我国重要的支柱产业，在出现结构性过剩的背景下何去何从，成为社会各方面关注的焦点。进入服务型消费新时代，房地产不再是简单满足基本居住需求，而是融入了大量的服务型需求。"十三五"，在去库存的同时，推动房地产业由规模型转向服务型，已成为房地产业可持续发展的重要方向。

## （一）推动房地产由规模型转向服务型

多年来，我国形成了以满足基本居住需求为目标、以规模化扩张为主要特点的房地产发展模式，并推动房地产行业成为重要的支柱产业。今天，随着房地产消费需求的变化，传统老路越走越窄，压力越来越大。

### 1. 规模型房地产发展不可持续

（1）房地产去库存压力巨大。2014 年下半年以来，我国新建商品住宅库存量明显上升。据国家统计局公布的数据显示，截至 2015 年年底，商品房待售面积 71853 万平方米，同比增长 15.6％，我国商品房待售面积再创历史新高。[①] 根据中国社科院《中国住房发展报告 2015—2016》的数据，以 2015 年商品住房总库存计算，2016 年总库存预计达 39.96 亿平方米，其中，期房库存即在建房待售面积 35.7 亿平方米，去化周期达 4.5 年；现房待售面积方面，库存 4.26 亿平方米，去化周期为 23 个月。

（2）房地产投资增速快速下滑。2010 年，我国房地产投资增速为 33.2％，达到历史的高点；近五年来一路下滑，2015 年，全国房地产投资增

---

① 世联行：《2016 年房地产市场年报》，2016 年 1 月。

速下滑至 2.8%,比 2014 年回落 7.7 个百分点,成为 1998 年以来的最低位(见图 3-3)。

(3)"去库存"的重点在三、四线城市。2016 年以来,随着国家去库存的一系列政策相继出台,北京、上海、深圳等一线城市房价迅速上涨。据统计,1、2 月份,上海纯商品住宅销售均价分别为 35911 元每平方米、36381元每平方米,同比分别上涨 25.6%、24.2%。在房价迅速上涨的同时,上海房地产库存迅速下降,截至 2 月底,上海新建纯商品住宅库存总量为937 万平方米,同比下降 26.9%。① 与之形成反差的是,三、四线城市的房地产库存再度增加,截至 2 月末,全国商品房待售面积 73931 万平方米,比上年增加 2077 万平方米。据相关数据显示,2 月份三、四线城市商品住宅累计

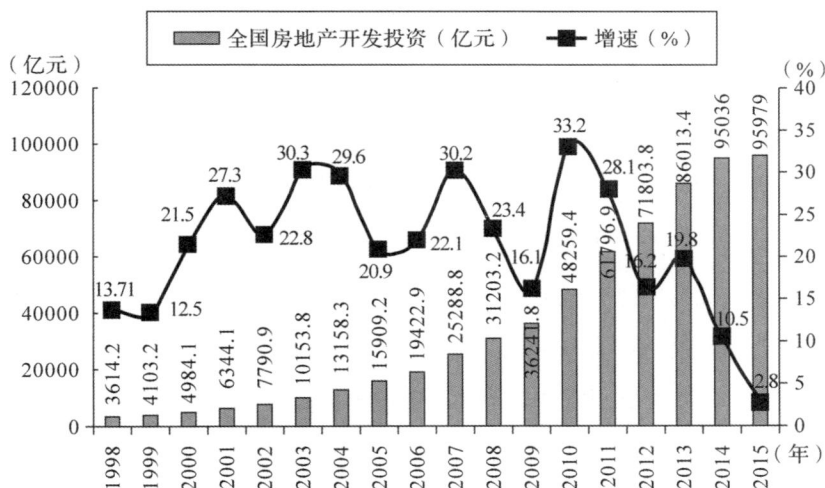

图 3-3 2015 年房地产投资增速达近 17 年最低值

数据来源:国家统计局:《中国统计年鉴 2015》,中国统计出版社,2015 年;国家统计局:《2015 年国民经济运行稳中有进、稳中有好》,国家统计局网,2016 年 1 月 19 日。

---

① 易居研究院:《2016 年前 2 月上海房地产市场走势分析及后市预测》,中商情报网,2016 年 3月 30 日。

存销比为 32.07 个月,虽同比下降 14%,但依旧远超合理区间 15 个月。①

### 2. 服务型房地产需求逐步增大

当前,居民住房供求关系开始发生重要变化:一是随着我国人口老龄化进程加快,房地产刚性需求与以往相比在减弱,规模发展的峰值已过;二是"80 后""90 后"逐步成为购房的主要群体,这部分群体更加追求房地产的服务品质,更加追求个性化的房地产服务,单纯居住型房产已不能满足这部分社会群体的需求;三是随着城镇化进程加快,人们的生活工作节奏明显加快,一家人都参加工作成为普遍现象,房屋不仅承载着家庭对居住功能的需求,还需要满足家人对健康、医疗以及家政等服务的需要;四是随着社会中高收入群体的扩大,人们对房产的服务功能需求明显提升,养老地产、旅游地产、文化地产受到购房者追捧。

### 3. 部分房地产企业开始转向服务型

近年来,在房地产行业出现结构性过剩的背景下,抓住客户个性化需求,有针对性地在房地产建设中融入特殊的服务元素,成为房地产商创造新营利模式的关键。例如,人口老龄化和人们对健康服务快速上升的需求,房地产行业与医疗健康产业的创新合作,对于促进房地产行业的转型升级,改变以满足单一住宅需求为主的房地产供给体系,提升房地产行业的含金量具有重要作用,从而给房地产行业投资带来新气象。以万科为例,2014 年以来,全面启动"万科驿"项目,项目针对大学毕业生和刚刚来到发达地区的新移民,旨在提供舒适的居住环境和交流平台。该项目已经在重庆、厦门、广州、东莞、西安等地启动或正式实施,入住率基本都在80%～90%。②

---

① 《三四线楼市库存够卖 30 多个月》,《京华时报》,2016 年 4 月 15 日。
② 陈舒,陆芸:《服务化有望成为中国房地产市场新增长点》,新华网,2015 年 10 月 30 日。

## （二）在转型发展中实现去库存

短期看,房地产"去库存"很重要,但更重要的是为传统房地产转型发展找到一条出路。从房地产业中长期可持续发展来看,重要的出路是向服务型转型。"十三五",要在加快房地产转型的过程中实现去库存。

### 1. 去库存与人口城镇化有机结合

"去库存"应当着眼于加快人口城镇化进程。按照《国家新型城镇化规划(2014—2020 年)》提出"3 个 1 亿人"的目标,其中包括"努力实现一亿左右农业转移人口和其他常住人口在城镇落户"。如果到 2020 年这批进城落户农民全部纳入城镇住房体系,按人均住房 30 平方米的标准(2012 年城镇居民人均住房面积为 32.9 平方米),将带来新增住房需求 30 亿平方米。为此,建议把"努力实现一亿左右农业转移人口和其他常住人口在城镇落户"作为房地产去库存的重要手段,采取降低房地产首付比例、农民工带着"土地财产权"进城、国家购买廉租房等一揽子综合性方案解决 1 亿人的住房问题。尤为重要的是,把大力发展中小城镇与解决三、四线城市房地产库存相结合,实现农业转移人口就地城镇化与"安居乐业"的双重目标。

### 2. 以房地产向服务型转变降低经济运行风险

在我国经济对房地产依赖性较高的情况下,如果不及时去库存,就会给经济带来巨大的下行压力。2015 年,我国房地产固定资产投资达到95979 亿元,占固定资产总投资比重达 17.4%,[1]许多省份高度依赖房地产投资。中国房地产业协会副会长胡志刚认为房地产开发投资占固定资产投资比重不能超过 25%,而据《中国房地产报》统计显示,我国 31 个省区市中超过这一数值的有 7 个,分别是上海(57.18%)、北京(56.17%)、海南

---

[1]　国家统计局:《2015 年国民经济和社会发展统计公报》,国家统计局网,2016 年 2 月 29 日。

（53.02％）、广西（30.77％）、广东（30.77％）、浙江（28.33％）、重庆（25.66％）。[①]但同时也应当看到，不改变结构性的去库存，只能解决短期问题，只能解决一时的供过于求。从中长期来看，如果房地产向服务型转型过慢，会导致经济继续保持对规模型房地产的惯性依赖，从而不利于行业的可持续发展。

### 3. 以房地产向服务型转变扭转企业业绩下滑

在传统规模型房地产模式下，我国房地产市场整体低迷，房地产总体利润空间不断缩小，房地产企业业绩分化严重。据统计，1998—2014 年，我国房地产开发投资由 3614.2 亿元增长到 95036 亿元，年均增速超过20％。但企业利润快速下滑，2014 年，营业利润同比负增长近 36％（见图 3-4）。2015 年上半年，在 144 家房地产上市公司中，67 家收入同比下滑，74 家盈利下降甚至亏损扩大。[②]

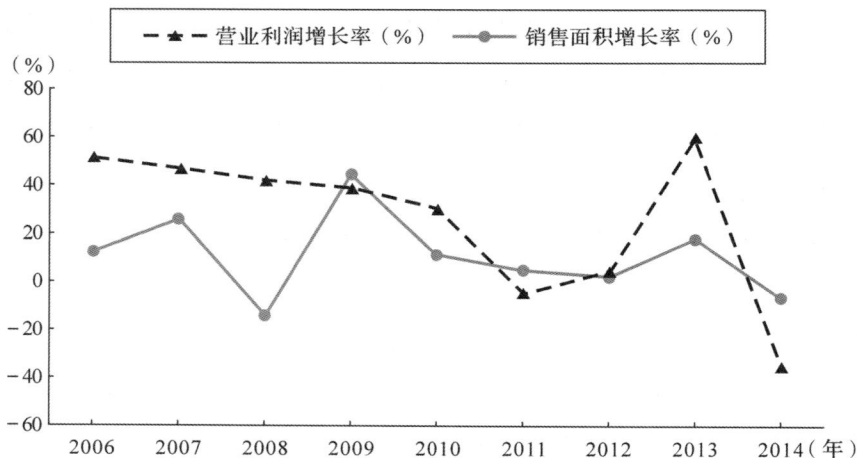

图 3-4　2006—2014 年我国房地产销售面积和营业利润变化情况

数据来源：国家统计局：《中国统计年鉴 2015》，中国统计出版社，2015 年。

---

① 《31 省区市地产投资依赖度排名：未来 5 年国内房地产投资风险加大》，中国房地产网，2015年 12 月 26 日。
② 罗政：《房企业绩分化　上市公司谋转型》，《经济参考报》，2015 年 9 月 10 日。

在房地产整体低迷的大背景下,万科、保利、恒大等服务型转型领先的企业却逆势而上,获得比较好的业绩。万科 2015 年中期报告显示,公司上半年净利润 67.9 亿元,同比增长 23.6%;保利地产上半年净利润的增速更是超过 40%。① 2015 年前 11 个月,万科、恒大、中海和碧桂园四家房企销售金额已经超过千亿,其中万科同比增长 20.06%,恒大同比增长 42.8%。②

### (三) 探索房地产服务化新模式

从发达国家的经验看,房地产完全可以通过服务化保持在国民经济中的支柱产业地位。如美国,至今房地产仍是重要的支柱产业,其关键在于完成了房地产服务化的进程,使得房地产能够以质取胜。在去库存的同时,"十三五"初步形成房地产服务化的新格局,我国房地产业发展将会获得新的发展空间。

#### 1. 探索服务型房地产新业态

适应房地产业需求变化,形成服务型房地产新业态是房地产保持"朝阳行业"的重要途径。如果能够抓住住房消费新热点,相当一部分房地产企业仍然能够获得新的发展空间。例如,以养老产业为例,老年人在生活照料、医疗卫生、康复护理等方面的需求在不断增加。据中国社科院老年研究所测算,目前中国养老市场的商机约 4 万亿元人民币,到 2030 年有望增加至 13 万亿元。③ 这个巨大的养老服务需求主要是通过社区养老、家庭养老实现,而服务型房地产正是养老服务消费释放的载体。

"十三五"应当着力推动房地产细分市场的发育,在具有良好市场潜力和发展前景的商业地产、养老地产、旅游地产、产业地产、文化地产等领域,

---

① 罗政:《房企业绩分化　上市公司谋转型》,《经济参考报》,2015 年 9 月 10 日。
② 吉雪娇:《11 月 25 家房企销售金额同比大涨 17%》,《金融投资报》,2015 年 12 月 25 日。
③ 《中国社科院测算中国养老市场 2030 年 13 万亿》,《国际金融报》,2015 年 11 月 30 日。

形成专业化的细分市场，形成一批具有专业品牌、高品质的房地产商，推动房地产形成新的产业链，实质性提升房地产行业的附加值，扭转行业利润不断下滑的局面。

**2. 发展服务型房地产新模式**

过去通过高额投资拿地、快速建房实现资产增值的房地产营利模式已经无法适应新形势。未来房地产商将不再是单纯卖房子，而是提供综合性、高品位的增值服务。除了为客户提供具有高性价比的产品、户型设计之外，还需要提供高质量的生活服务、物业管理、产权服务、租售服务、置业服务、商业综合配套服务等。

适应不同群体的住房需求变化，"十三五"需要超越原有的以住宅为主的发展模式，转向以服务为中心实现商业模式创新。这就需要在房地产领域推行大规模定制化服务模式，使相当一部分房地产商能够把设计、研发作为核心业务做精做专，形成为客户量身定做以提供整体解决方案的发展新模式。

**3. 发展"互联网＋房地产"**

以互联网思维改造传统房地产业，正在催生出新的商业机会和商业模式，正在深刻改变房地产业的生态，房地产行业开发策划、销售、后期服务等一切环节都离不开互联网。"十三五"，支持房地产企业运用大数据、云计算、移动互联等新技术提升服务水平，发展客户参与房地产设计的新产品、新模式、新平台，成为房地产转型升级的重中之重。

# 第四章 对外开放正处在由货物贸易为主转向服务贸易为重点的转折点

"十三五",我国扩大对外开放与新一轮全球自由贸易形成历史交汇,这为我国以服务贸易为重点的"二次开放"提供了重要机遇。为此,需要全面实施自由贸易战略,加快"一带一路"建设,在服务业市场双向开放中创造有利于经济转型升级的外部条件,在开放中推进全球自由贸易进程,在开放中提升我国参与全球经济治理的制度性话语权。

适应全球自由贸易的新趋势,形成以服务贸易为重点的对外开放新格局,为我国经济转型升级创造良好的外部条件,并有效提升我国参与全球经济治理的制度性话语权。以服务贸易为重点的对外开放,可称为我国现代化进程中的"二次开放"。

# 一、发展服务贸易是新一轮全球化的大趋势

全球服务贸易的兴起成为后 WTO 时代全球自由贸易的新趋势,主要表现在:服务贸易成为全球自由贸易的新引擎,成为双边、多边自由贸易谈判的焦点,成为全球经济治理规则重构的重要领域。

## (一)服务贸易成为全球自由贸易的新引擎

随着世界贸易的发展,贸易结构不断变化,服务贸易增速快于货物贸易,成为全球贸易发展的主要增长点,成为拉动世界经济增长的新动力。

### 1. 服务贸易增速快于货物贸易

据世界贸易组织(WTO)统计,2000 年全球服务贸易额(不包括政府服务)为 1.44 万亿美元,到 2014 年已经达到 9.8 万亿美元,接近 10 万亿美元

大关。2001—2014 年期间，全球服务贸易在大多数年份以高于 GDP 和货物贸易的速度增长。自 2012 年以来，全球服务贸易增速约为货物贸易增速的 3～5 倍。其中，2014 年，全球服务贸易增长率为 4.2%，全球货物贸易增速仅为 0.6%(见图 4-1)。服务贸易的快速增长给全球贸易带来新的动力。

**2. 服务贸易成为全球贸易新的增长点**

服务贸易成为全球贸易新的增长点，主要表现在：(1)货物贸易的快速增长带动物流、销售、信息、金融等服务贸易的快速增长，货物贸易与服务贸易相互促进的新格局正在形成；(2)发达国家与新兴经济体之间的分工不断深化，新兴经济体制造业升级更加依赖于发达国家以设计、研发为重点的生产性服务业，由此形成服务贸易的巨大市场；(3)各国之间人员的往来，带动跨国旅游、留学教育、交通运输等服务贸易呈现快速增长的势头。

**3. 服务贸易成为拉动世界经济增长的新动力**

(1)新兴服务正成为服务贸易新的增长点。2014 年，全球服务贸易增长率为 4.2%，而同期全球 GDP 增速只有 2.5%。随着大数据时代的到来，计算机与信息服务、通信服务等新兴服务贸易增长势头迅猛，成为拉动

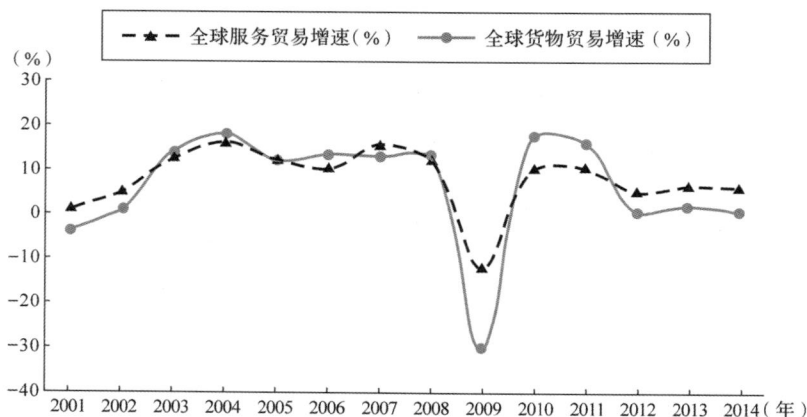

图 4-1　2001—2014 年全球服务贸易与货物贸易增速

数据来源：根据 WTO 历年世界贸易报告和国际贸易统计数据整理。

全球经济增长的新动力。

（2）服务贸易驱动全球资源优化配置。发达国家的生产性服务业主导了制造业的全球配置，引发制造业流向成本更低的地区，形成了全球资源优化配置的驱动力。

（3）新兴经济体开始成为服务贸易出口的新生力量。2000年以来，中国、印度、俄罗斯、巴西等新兴经济体服务出口年均增速均高于北美及西欧地区的年均增速。目前，新兴经济体在全球服务贸易出口中的占比突破了30%，在旅游、建筑、运输服务、其他商业服务、计算机与信息服务等五大服务产业出口中的占比在40%左右。[①] 中国和印度已跻身全球十大服务贸易出口国行列。[②]

## （二）服务贸易是全球贸易规则重构最重要的领域

随着服务贸易的快速发展，服务贸易成为全球自由贸易谈判的主要内容，区域间的服务贸易协定快速增加。

### 1. 服务贸易成为新阶段自由贸易谈判的焦点

服务贸易谈判的重要性增强。在多哈服务贸易谈判受阻的背景下，占全球服务贸易70%的23个WTO成员开始进行《国际服务贸易协定》（TISA）谈判。[③] 按照该协定，谈判议题从传统服务业扩大到电子商务、信息服务、环境服务和能源服务等新兴服务业。《国际服务贸易协定》在推动全球服务贸易自由化中的作用逐步增强。

### 2. 服务贸易协定快速增长

根据WTO官网公开数据，截至2016年1月18日，全球范围内已有417份区域自由贸易协定生效，其中货物贸易协定136份，服务贸易协定1

① 赵瑾：《全球服务贸易接近10万亿美元　服务贸易商机涌现》，《人民日报》，2015年12月20日。
② WTO. 2015 International Trade Statistics，2015.
③ 赵瑾：《全球服务贸易接近10万亿美元　服务贸易商机涌现》，《人民日报》，2015年12月20日。

份,货物与服务贸易协定 129 份,比 10 年前增加了 2 倍。[①]

### 3. TPP、TTIP 的重要内容是服务贸易

发达国家主导推动以市场准入为核心的"第一代"贸易规则向以规制融合为核心的"第二代"贸易规则转变,其中最重要的是服务贸易谈判。截至 2015 年 12 月 15 日,美国已签订 14 个自贸协定,同时正在加速推进 TPP(Trans-Pacific Partnership Agreement,跨太平洋伙伴关系协定)和 TTIP(Transatlantic Trade and Investment Partnership,跨大西洋贸易与投资伙伴协议)等谈判;[②]欧盟已与 19 个国家签订了自贸协定,正在与美国加快 TTIP 谈判。[③]

# 二、以服务贸易为重点的二次开放

上一轮全球化中,我国制造业市场开放与全球货物贸易需求扩张形成历史交汇,我国把握历史机遇加入 WTO,逐步成为世界制造业大国和贸易大国。当前,我国服务业市场双向开放正与全球自由贸易进程再一次形成历史交汇。在这个特定背景下,开启以服务贸易为重点的"二次开放",将为我国走向服务业大国奠定重要基础(见表 4-1)。

## （一）工业市场开放基本完成

以工业市场开放为重点的"一次开放",在推动我国工业化进程中发挥了重要作用,工业市场的开放格局基本完成。

---

① Some Figures on Regional Trade Agreement Notified to the GATT/WTO and in Force. WTO 网,2016 年 1 月 18 日。
② 《自由贸易协定》,美国国际贸易部网,2015 年 12 月 15 日。
③ 《自由贸易协定》,欧盟委员会网,2015 年 12 月 15 日。

表4-1 "一次开放"与"二次开放"

| | "一次开放" | "二次开放" |
|---|---|---|
| 起 点 | 工业化初期(国内环境)<br>制造业全球化(国际环境) | 工业化中后期(国内环境)<br>服务业全球化(国际环境) |
| 目 标 | 经济增长<br>一次转型<br>积极融入全球分工体系 | 经济可持续发展<br>二次转型<br>积极打造更有效的全球产业链和价值链 |
| 重 点 | 货物贸易<br>制造业市场开放 | 服务贸易<br>服务业市场开放 |
| 路 径 | 加入WTO等全球治理机制 | 全面实施自由贸易区战略 |
| 体 制 | 构建外向型经济体制:围绕出口导向战略形成一系列鼓励和扶持出口型工业发展的体制机制 | 构建开放型经济新体制:以自由贸易为导向构建对外开放的体制机制 |
| 角 色 | 国际规则的接受者、参与者、跟随者 | 国际规则的改革者、塑造者、主导者 |

资料来源:中国(海南)改革发展研究院课题组整理。

**1. 工业市场开放成就巨大**

在工业化初期,以加入WTO为重要标志,我国抓住全球货物贸易需求扩张和发达国家制造业转移历史机遇,推动制造业开放与制造业全球化的直接融合,成为全球第二大经济体和第一大货物贸易国,为全球经济和贸易增长做出巨大贡献。总的来说,工业市场开放做大了我国工业"蛋糕",大大加快了我国由工业化初期向工业化后期过渡的进程,取得了举世瞩目的成就。

**2. 工业市场开放在推动我国工业化进程中扮演了重要角色**

第一,我国工业能够参与国际分工与国际竞争,形成自身的比较优势。第二,工业领域放开市场,引入竞争,大大提升了制造业的效率和竞争力。第三,通过引进外资,学习先进经验,提高了工业技术和管理水平。第四,对外开放倒逼国内市场化改革,倒逼政府转型,大大加快了国内改革进程。

**3. 工业市场开放基本到位**

我国在众多的工业领域,如汽车、家电等,实现了深度的对外开放。不仅实现了引进来，还实现了彩电、冰箱、高铁等诸多工业品走出国门。

## （二）我国站在"二次开放"的历史新起点

当前，在全球经济服务化的背景下，以工业市场开放为重点的"一次开放"空间日益缩小，亟须转向以服务业市场开放为重点的"二次开放"。

### 1. "十三五"是开放转型的历史窗口期

"十三五"，推动由货物贸易为主向服务贸易为重点的开放转型时期，已经成为我国由制造业大国走向服务业大国必须要闯的"关口"。无论是提高生产性服务业比重以推动生产型制造业向服务型制造业转型，还是服务业自身的结构升级，都需要进一步扩大服务贸易和扩大服务业对外开放，来引进国外服务业的先进技术、经验和人力资源等。

### 2. 全面深化改革与对外开放直接融合

（1）推动投资体制改革与服务业市场对外开放直接融合。在服务业市场对内对外双向市场开放协调发展的基础上，逐步形成对内资和外资一视同仁的市场环境。

（2）推动市场监管转型与降低、取消贸易壁垒直接融合。推动以负面清单为重点的投资体制改革，以促进服务贸易发展。

（3）推动财税金融体制改革与产能"走出去"直接融合。发挥财税金融体系在"转移一批"产能进程中的引导作用，积极推动国际产能合作，促进过剩产能"转移"。

（4）推动国内自贸区建设与加快实施自由贸易区战略直接融合。实现内外联动的开放，以此加快双边、多边自由贸易进程。

### 3. 加快以服务贸易为重点、以全面实施自由贸易战略为路径的"二次开放"

与推动我国制造业全球化的"一次开放"相比，"二次开放"的历史使命是以服务贸易为重点全面实施自由贸易战略，在开放中创造有利于经济转型升级的外部条件,推进全球自由贸易进程。

### (三) 形成以服务贸易为重点的"二次开放"

当前我国经济正处于转型升级的关键时期,无论是经济转型升级,还是获得世界贸易的制度性话语权,抑或是加快结构性改革,都要求我国加快形成以服务贸易为重点的"二次开放"。

**1. 经济转型升级对服务业市场开放提出新的要求**

从发达国家的历史经验看,服务业发展需要参与国际分工,只有参与国际分工,才能形成自身的比较优势,才能利用国际市场做大服务业蛋糕,才能提升服务业发展质量。从国内形势看,积极参与全球服务贸易才能更好推动国内经济转型升级。第一,随着我国城乡居民消费结构由物质型为主向服务型为主转变,我国服务贸易需求快速上升,对服务业市场的双向开放提出了迫切要求。第二,我国加快服务业市场的双向开放和以服务贸易为重点的全球自由贸易进程形成历史交汇,推动由货物贸易为主向服务贸易为重点的开放转型,已经成为我国由制造业大国走向服务业大国的必由之路。

**2. 我国作为全球第二经济大国,成为全球服务贸易的重要推动者才能获得制度性话语权**

如果说在 WTO 时代,我国仅仅是一个国际规则的适应者的话,那么作为全球第二经济大国,应当在新一轮国际经济规则重构中扮演重要角色。主要问题在于:第一,全球已经进入服务经济主导时代,服务业占世界经济的比重超过 70%(2012 年),[①]服务贸易总额占世界贸易总额的 1/5(2015 年),[②]在服务贸易上没有发言权,意味着在全球经济治理上缺乏话

---

① 仇鸿:《服务业占世界经济总量比重为70%》,人民网,2012 年 4 月 26 日。
② WTO. 2015 World Trade Report,2015.

语权。第二，主流的贸易协定是服务贸易协定，没有服务贸易的重要进展，很难在国际经济新秩序构建中获得制度性话语权。第三，没有服务贸易上的重要进展，很难分享新一轮全球自由贸易的红利。

### 3. 结构性改革与对外开放直接融合

当前，在内外经济形势复杂严峻的情况下，加快服务贸易发展，可以推进外贸结构优化，对于培育经济新动能、新引擎十分关键。2016 年 2 月 14 日，国务院常务会议决定，用两年时间，在全国 10 个省市和 5 个国家级新区开展服务贸易创新发展试点，重点对服务贸易八个方面的制度建设进行探索，有序扩大服务业开放准入。当前，以服务业市场开放为重点的结构性改革与对外开放直接融合的特点十分突出。这就需要以服务业市场对外开放倒逼对社会资本开放，通过服务业市场开放分享新一轮全球化红利，做大服务业"蛋糕"。

# 三、基本形成以服务贸易为重点的对外开放新格局

加快形成以服务贸易为重点的对外开放新格局，积极推动服务业市场双向开放，既是"二次开放"倒逼市场化改革的重点，也是形成有利于经济转型升级外部环境的关键所在。

## （一）实现 2020 年服务贸易占比达到 20％

以服务贸易为重点加快国内自贸区建设，加快培育服务贸易竞争新优势，加快双边、多边自贸进程，扩大与贸易伙伴的服务业市场双向开放，把服务贸易打造成为带动国内经济转型升级的新引擎。

### 1. 我国服务贸易需要"补短板"

（1）服务贸易占比过低。2014 年我国已经成为世界第二大服务贸易

国、第二大服务贸易进口国和第五大服务贸易出口国,但服务贸易占外贸总额的比重仍然较低。2014 年,我国服务贸易额占外贸总额的比重仅为12.3%,比全球平均水平低 8.3 个百分点,也明显低于 2013 年全球19.6%、美国 22.1%和印度 26.5%的水平。2015 年,我国服务贸易进出口总额 7130 亿美元,不足货物贸易额的 1/5。[①] 我国货物贸易额在全球货物贸易总额中占比超过 10%,而服务贸易额在全球服务贸易额中占比仅为6.2%。在世界前十大服务贸易国中,我国人均服务贸易额为 448 美元,是美国的 12%、德国的 6%、日本的 16%。[②] 实现经济转型升级,提高我国对外贸易的竞争力,关键在于大幅度提高服务贸易的比重。

(2)服务贸易仍以传统服务为主体。我国服务贸易出口主要集中在运输、旅游等比较传统的领域,金融、教育、医疗等现代服务贸易领域占比较小的格局仍未有很大改变。2014 年,旅游、运输服务和建筑服务三大传统服务进出口占服务贸易总额的 62.6%,而金融、保险、计算机和信息服务咨询分别仅占 0.14%、0.86%、3.51%、8.89%,[③]与服务贸易发达国家存在较大差距。

(3)服务贸易逆差逐年扩大。1995—2014 年,我国服务贸易连续 20年逆差,并且逐年扩大。2007 年,我国服务贸易逆差为 76 亿美元,2014 年服务贸易逆差达到 1980 亿美元,是 2007 年的 26 倍。[④] 2015 年 1—9 月,我国服务贸易出口额为 1716 亿美元,进口额为 3237 亿美元,服务贸易逆差达 1521 亿美元,同比增长 30.9%。[⑤] 我国服务贸易竞争力指数远低于英国、美国、法国等服务贸易出口大国。美国是全球最大的服务贸易顺差国,

---

①　《2015 年国民经济和社会发展统计公报》,国家统计局网,2016 年 2 月 29 日。
②　根据 WTO《国际贸易统计》数据测算。
③　《2014 中国服务贸易发展总体情况分析》,《中国商情报》,2015 年 5 月 7 日。
④　国家外汇管理局:《2014 年中国国际服务贸易逆差 1.2 万亿》,2015 年 1 月 27 日。注:26 倍为名义值变化,未计算汇率影响。
⑤　商务部:《中国服务贸易状况》,商务部网,2015 年 11 月 5 日。

服务贸易顺差 2318 亿美元,[①]而我国则是全球最大的服务贸易逆差国。[②] 我国服务贸易的比较竞争优势主要集中在资源、劳动力密集型传统行业,在知识、技术密集型行业处于明显的竞争劣势地位。2013 年,我国生产性服务贸易逆差为 663.8 亿美元,占当年服务贸易逆差的 56%。[③] 作为推动"中国制造"向"中国智造"转变重要支撑的生产性服务业发展严重不足,使我国制造业在全球产业链和价值链中仍处于较为低端的位置。

(4)服务贸易区域发展不均衡。虽然目前我国国内区域服务贸易发展差距在缩小,但是各区域服务贸易发展整体上仍很不均衡。2015 年,长江经济带沿线 11 个省市的服务贸易进出口总量占全国四成,而我国中西部地区的服务贸易进出口占比仅为 15%。[④]

(5)服务贸易开放程度明显低于其他国家。当前,我国服务贸易限制指数(0.366)仍高于英国(0.14)、美国(0.18)、德国(0.18)、日本(0.23)、韩国(0.23)、法国(0.26)等世界主要发达国家水平。与其他金砖国家相比,我国服务贸易限制指数仅低于印度(0.66),但高于巴西(0.23)、俄罗斯(0.26)和南非(0.35)。一些行业仍对市场准入进行严格的限制,一些行业尚未开放。例如,快递、广播、空运、电信、法律、审计、保险、商业银行等领域的服务贸易限制指数分别为 0.868、0.784、0.591、0.529、0.524、0.5、0.496 和 0.492,服务贸易限制相对较大,处于低度开放水平。[⑤]

### 2. 把服务贸易占比达到 20% 作为"十三五"预期性指标

抓住新一轮服务贸易自由化的历史机遇,提高服务贸易比重,争取到 2020 年我国服务贸易占对外贸易的比重至少达到 20%。从现实情况看,2020 年服务贸易占比有条件达到 20%(见表 4-2)。

---

① 《2015 年贸易数据》,美国商务部经济分析局网,2016 年 1 月 12 日。
② 《2015 世界贸易组织国际贸易统计》,WTO 网,2016 年 1 月 12 日。
③ 根据国家统计局 2014 年中国统计年鉴数据整理。
④ 《2015 年中国服务贸易进出口双增增速连续 12 月超 10%》,中国新闻网,2016 年 2 月 3 日。
⑤ 杨长湧:《我国扩大服务业对外开放的战略思路研究》,《国际贸易》2015 年第 4 期。

表 4-2 2020 年、2030 年中国 GDP、外贸总额、服务贸易总额及占比预测

| "十三五"预测指标 | 2014 年（基期） | 2020 年 | 2030 年 |
|---|---|---|---|
| 中国 GDP（增速 6.5%）（亿美元） | 103548 | 151091.3 | 283619.1 |
| 中国 GDP（增速 7%）（亿美元） | | 155397.6 | 305690.7 |
| 外贸总额（占 GDP 的比重为 45%）（亿美元） | 9058.3 | 67991.07 | 127628.6 |
| 外贸总额（占 GDP 的比重为 50%）（亿美元） | | 77698.81 | 152845.3 |
| 服务贸易总额（占外贸额的比重为 20%）（亿美元） | 6043 | 13598.2（情景 1：GDP 增速 6.5%，外贸占比 45%） | 25525.7（情景 1：GDP 增速 6.5%，外贸占比 45%） |
| | | 15539.8（情景 2：GDP 增速 7%，外贸占比 50%） | 30569.1（情景 2：GDP 增速 7%，外贸占比 50%） |
| 服务贸易平均增速（基期为 2014 年） | | 14.5% | 9% |
| | | 17.0% | 11% |

数据来源：根据世界银行数据库、2015 年中国统计年鉴数据测算。

（1）消费结构升级和人口城镇化的带动。随着消费升级和人口城镇化进程加速，到"十三五"末城镇居民服务型消费占比有条件由目前的不到40%提升到 50%左右。[1] 服务型消费的快速增长将带动服务贸易的增长。

（2）产业结构转型升级的带动。无论是制造业服务化，还是服务业自身的结构优化，都将带动服务贸易比重进一步提升。

（3）"一带一路"战略的带动。"一带一路"重大基础设施互联互通项目落地，将显著带动相关服务贸易增长。由此，"十三五"，服务贸易占比有条件每年提高 1.5 个百分点左右。

（4）国内自贸区试验的带动。将自贸区打造成中国经济"升级版"，需在贸易便利化上取得重大突破，尤其是服务贸易的便利化先行先试，将有

---

① 迟福林：《"十三五"：经济转型的新趋势、新结构、新动力》，中国改革论坛网，2015 年 11 月 14 日。

利于为国内提供可复制、可借鉴的模式,提高我国服务贸易发展的环境和水平(见表4-3)。

从现实看,要确保"十三五"服务贸易实现14.5%～17%的增速,即至少保持略高于金融危机后的增长势头,才能使以服务贸易为重点的"二次开放"释放出与"一次开放"相当甚至更大的红利。到2020年,我国服务贸易总额占世界服务贸易总额的比重将由2014年的6.2%提高至10%;形成传统服务贸易和现代服务贸易均衡发展的贸易结构,争取在电信、信息技术、电子商务、健康医疗、教育等现代服务贸易领域形成竞争新优势。

## (二) 以服务贸易为重点加快国内自贸区建设

加快服务业市场开放,推动服务贸易进程,是国内自贸区肩负的历史使命。服务于经济转型升级的国内大局,积极参与全球服务贸易进程,需要国内自贸区扮演先行先试的角色。

### 1. 国内自贸区建设需要着眼于国家对外开放的大局

(1)提高服务业对外开放水平具有迫切性。当前,服务业市场已经成为最大的投资市场。2000—2014年,我国服务业实际利用外资占比由25.7%

**表4-3    2001—2014年我国服务贸易发展状况**　　　　　　　　（单位:%）

| 2001—2014 年 | 中国服务贸易平均增长率 | 17.8 |
|---|---|---|
| | 中国外贸总额平均增长率 | 17.8 |
| 2001—2007 年(危机前) | 中国服务贸易平均增长率 | 23 |
| | 中国外贸总额平均增长率 | 27 |
| 2008—2014 年(危机后) | 中国服务贸易平均增长率 | 12.1 |
| | 中国外贸总额平均增长率 | 9.4 |

数据来源:根据《中国统计年鉴 2015》、WTO《世界贸易报告》及《国际贸易统计》计算所得。

提高到 55.4%。[①]"十三五",随着服务需求的持续释放,服务业引入外资的潜力和空间仍然巨大。有研究表明,开放对我国制造业增长的贡献约为28%,而对服务业增长的贡献仅为 7%。[②] 由于我国服务业领域的对外开放严重滞后,服务业难以充分利用国际先进技术和管理经验,制约了服务业的有效供给,导致国内的教育、医疗等服务消费外流的问题比较突出。

(2)国内自贸区需要聚焦于探索服务业市场开放。自 2013 年上海自贸区挂牌以来,国内自贸区建设发展迅速,从一地向四地推进。服务业对外开放是上海、天津、广东、福建四大自由贸易试验区先行先试的重要内容,四大自由贸易区的开放试验一定程度上拉动了服务贸易发展。以上海为例,2015 年上海服务贸易进出口额为 1966.72 亿美元,较上年增长14.5%,约占全国服务贸易规模的 27.6%;上海服务贸易进出口总额占全市对外贸易总额的比重持续上升,由 2014 年的 27.3% 提升至 2015 年的 30.3%。[③]

【专栏 4-1】

## 四大自贸区服务业开放情况

2013 年,上海自由贸易试验区选择在金融服务、航运服务、商贸服务、专业服务、文化服务、社会服务等六大领域 18 个行业扩大开放,暂停或取消投资者资质要求、股比限制、经营范围限制等准入限制措施,营造有利于各类投资者平等准入的市场环境。[④] 新设的天津、广东、福建自贸试验区复制了上海自贸试验

---

① 张飞:《放开服务行业 释放市场红利》,《上海证券报》,2015 年 4 月 14 日。
② 迟福林:《走向服务业大国的转型与改革——2020 年中国经济转型升级的大趋势》,《上海大学学报(社会科学版)》2015 年第 32 卷第 1 期。
③ 《2015 年上海市国民经济和社会发展统计公报》,上海市统计局网,2016 年 2 月 29 日。
④ 《国务院公布上海自贸区 6 大领域 18 个行业开放清单》,中国网,2013 年 9 月 27 日。

区在"准入前国民待遇＋负面清单"模式上的成功经验。

2015年4月起,四个自贸区共用一张负面清单,实施外商投资企业设立及变更备案制度,在投资管理、贸易监管、金融开放和市场监管等领域加快改革创新,在简政放权、优化服务等方面先行先试。2015年4月20日,我国出台《自由贸易试验区外商投资准入特别管理措施(负面清单)》,列出适用于上海、广东、天津、福建四个自由贸易试验区的不符合国民待遇等原则的外商投资准入特别管理措施。《自贸试验区负面清单》依据《国民经济行业分类》(GB/T 4754—2011)划分为15个门类、50个条目、122项特别管理措施。其中特别管理措施包括具体行业措施和适用于所有行业的水平措施。[①]

相比上海自贸区2014年版的负面清单,四大自贸区共用的《自贸试验区负面清单》,门类减少了3个,特别管理措施减少了17条,缩短了12.2%,提升了自贸试验区的开放度和透明度。

四大自贸区在开放程度方面是相近的,目标一致但各有侧重。比如说广东自贸试验区主要任务是推动粤港澳经济的一体化,特别是在服务业方面。2015年,粤港澳在《内地与香港关于建立更紧密经贸关系的安排》(CEPA)框架下基本上实现服务贸易的自由化,服务贸易部门有160个,广东对港澳地区开放的有153个,这是广东自贸试验区特有的。[②]

资料来源:中国(海南)改革发展研究院课题组整理。

(3)进一步明确国内自贸区的角色定位。应对全球贸易格局和规则变化的新趋势与新挑战,我国需要以服务贸易为重点加快国内自贸区建设,

---

① 《全国四个自贸区共用一张清单》,一财网,2015年3月23日。
② 《两地服务贸易自由化基本实现》,《羊城晚报》,2015年11月28日。

对更加开放的体制机制、更高标准的经贸规则进行先行先试,探索符合经济转型升级需要的最优开放模式,为我国推动全球自由贸易进程、参与全球贸易投资规则制定提供实践依据。

**2. 更大范围突破服务业市场开放的限制**

(1)服务业市场开放是扩大服务贸易的关键。服务业市场开放蕴含巨大的贸易投资空间。从发达国家的经验看,服务业市场开放大大促进了服务贸易发展。一方面,在有效需求的前提下,一个部门越开放,往往这个部门的贸易投资规模越大。服务业外商直接投资(FDI)与服务贸易存在正相关,初步估算,服务业外商直接投资每增加 1 个百分点,服务贸易增长0.79 个百分点。[①] 如果"十三五"能提高服务业开放程度,将大大促进我国服务贸易的发展。另一方面,服务业市场开放将使得在国际市场竞争环境中的国内服务业企业加速优胜劣汰,以形成国内服务业企业的竞争力,有利于我国服务贸易的整体提质增速。

(2)大幅缩减负面清单数量。目前,国内四个自贸区在实施负面清单管理方面取得了明显成效,但在推进服务业市场开放上,目标并不明确,尚未有实质性突破。例如,自贸区在服务贸易开放上仍然限制较多,如《自由贸易试验区外商投资准入特别管理措施(负面清单)》(国办发〔2015〕23号)列出的 122 项的负面清单中,有 80 余项针对服务业。[②] 建议到 2020年,自贸区负面清单中服务贸易项目缩小到 40 项以内,为其他地区实施负面清单管理提供可复制、可推广的重要经验。

**3. 探索服务贸易新规则**

(1)加快服务贸易开放先行先试。试验区可先在重点服务贸易领域的开放深度和广度上大胆尝试,在总结经验的基础上逐步扩大开放试点内

---

① 中国(海南)改革发展研究院课题组根据国家统计局《中国统计年鉴 2014》数据测算。
② 迟福林:《"十三五":以结构性改革推动转型升级》,《经济参考报》,2015 年 12 月 16 日。

容,进而参照发达国家和国际上高水平自贸区的服务开放模式与标准,尝试以"负面清单"的管理模式推进服务业开放。通过放宽准入门槛和经营范围限制、拓展开放领域等,吸引境外服务业投资者进入当地市场,有效促进服务业竞争,提升服务水平,为我国在更高水平的国际服务业竞争中打造开放高地,形成国际竞争新优势。[①]

(2)在试验基础上提出服务贸易新规则。以国内自贸区为平台,探索整合国内外规则,加快涉外经济体制改革,建立与国际接轨的市场开放和市场运行体制及政策体系。到 2020 年,初步形成中国版国际贸易规则特别是服务贸易新规则。对反倾销规则、全球供应链自由化、自然人流动、电子商务、对外投资保护等新议题进行压力试验和隔离试验。在试验的基础上,将全球价值链、基础设施互联互通、发展援助、电子商务、产业园区等纳入新的双边、多边自贸协定。

### 4. 推动国内自贸区扩容

(1)实现沿海、沿边、内陆合理布局。目前,国内各省区市掀起自贸区申报热潮,广西、重庆、湖北、江西、山东、海南等地纷纷上报自贸区方案。要在加快四大自贸区建设的基础上,选择在以服务业为主导、服务业发展较快的其他沿海、沿边和内陆地区建设产业侧重点不同的自由贸易试验区。

(2)推动一批边境合作区升级为自贸区。"十三五",应推动一批边境合作区升级为自贸区,创新开放模式,在服务贸易自由化和服务业市场开放上加大力度,形成特色鲜明的服务贸易基地,扩大我国与周边地区信息、金融、保险、物流运输等相关服务贸易,促进文化、中医药、软件和信息服务等新兴服务出口,培育服务贸易竞争优势,形成服务贸易出口新的增长点。

---

① 赵晋平:《自贸区的本质特征与创新点》,人民网,2015 年 6 月 19 日。

（3）与主要贸易伙伴合作建设跨境合作贸易园区。目前，我国企业正在投资建设 69 个具有境外合作贸易区性质的项目，分布于 33 个国家，涵盖加工制造、资源利用、商贸物流、科技研发等多种类型。[①] 应当把服务贸易特别是跨境金融服务作为境外经济合作区建设的重要任务，为我国服务业企业走出去搭建境外平台；结合当地需求，与当地政府协商，在境外合作贸易园区内推行服务贸易自由化、便利化政策，便于企业的跨境投融资活动；推动本币交易，加快人民币与当地货币的合作，推进人民币国际化。

### （三）加快服务业市场的双向开放

服务业市场开放不单单是我国服务业的对外开放，还包括其他国家，尤其是发达国家对我国的开放，其本质是双向市场开放。既要主动推动国内服务业对外资开放，又要争取其他国家服务业对我国企业对等开放。

#### 1. 有序扩大国内服务业对外开放

（1）降低外资准入门槛。加快推行准入前国民待遇和负面清单模式，缩小负面清单的限制范围。实行服务业外商投资登记备案制。在一般服务贸易领域，针对外国公司设立的变更审批逐步改为备案管理。实行外商投资企业信息申报及共享公示制度。

（2）有序推进重点领域开放。推进金融、教育、文化、医疗等服务业领域有序开放，放开育幼养老、建筑设计、会计审计、商贸物流、电子商务等服务业领域的外资准入限制。

（3）向自贸协定伙伴优先开放。与加快实施自贸区战略相结合，在我国经济转型和产业升级亟须的服务领域、与贸易伙伴优势互补的服务领域，优先向自贸协定伙伴开放。参照内地对香港服务贸易开放的办法，对自由贸易协定伙伴扩大服务贸易部门的开放，在更多以"商业存在"服务模

---

① 姜煜：《中企正在建设 69 个境外合作经贸区　分布 33 个国家》，中国新闻网，2015 年 10 月 14 日。

式为主的领域给予自由贸易协定伙伴国民待遇，加快推进服务贸易的双边开放。

（4）大力发展服务外包业务。服务业外包逐步取代制造业外包成为全球化的新趋势。建议研究制定中国国际服务外包产业振兴行动计划，重点发展软件和信息技术、研发、设计、互联网、医疗、工业、能源等领域的服务外包；加快发展教育、健康护理、文化创意、金融、交通物流、科技服务等领域服务外包；着力提升服务外包业务的附加值，增加服务外包示范城市数量，培育若干个具有特定服务区域（特定对象国）和特色领域（特定产业）供应链整合能力的示范城市；尽快出台相关政策，在全国范围内普及推广示范城市在品牌、技术、信用方面创建的成功经验，推动服务外包市场的规范和快速发展，充分利用服务外包提升全国服务业发展水平。

**2. 推动与自由贸易伙伴的双向市场准入**

（1）加快建立双边和区域服务贸易协定。打破一些国家对我国服务贸易的壁垒，共同削减关税和非关税壁垒。率先在新兴经济体、欧洲等国家和地区取得突破。加快拓展与主要贸易国家在金融、信息、物流业等服务业领域的开放合作，把服务业开放和服务贸易自由化作为双边、多边合作的重点。

（2）签订投资相互保护和促进协定，支持企业"走出去"。适应我国产业转移的趋势，加快与周边国家签订投资保护和促进协定，为我国制造业企业"走出去"提供法律保障；加快与"一带一路"沿线国家签订投资保护和投资促进协定，推动我国企业与"一带一路"沿线国家企业进行产能合作和产业合作；加快与发达国家签订投资保护和促进协定，督促美国和欧盟承认我国市场经济地位，给予我国的企业和投资与其他市场经济国家企业和投资同等的地位及待遇，不单独设置针对我国企业的技术壁垒、国家安全审查制度等。

（3）推动政府采购市场互惠对等开放。发达国家政府采购的规模一般占年度 GDP 的 10％左右,①新兴市场的政府采购规模也在不断扩大。2014 年,我国政府采购规模为 17305 亿元,占全国财政支出和 GDP 的比重分别为 11.4％和 2.7％,②未来还有很大发展空间。"十三五",我国应积极加入 WTO《政府采购协议》(GPA),推动 GPA 例外条款的修改完善,减少外国政府采购对我国企业的歧视;完善国内政府采购法律法规,逐步减少政府采购对外资不合理的限制,提高政府采购的透明度;在双边和多边贸易协定谈判中,把政府采购市场的对等互惠开放作为重要内容,逐步扩大我国政府采购市场的开放范围。

**3. 争取突破发达国家高科技服务业对我国的输出限制**

发达国家在电子技术、航空、信息通信技术、生命科学技术、能源环境等领域都处于领先位置,但尚未对发展中国家开放。尽管美欧等发达国家普遍采取负面清单模式,但仍可通过技术壁垒、国家安全审查等手段限制外国企业进入。美国的政府采购通过"提高技术标准""增加检验项目"和"技术法规变化"等技术壁垒政策,提高外国产品和服务的进入门槛,削弱外国产品竞争力。③ 在我国服务业市场有序对发达国家开放的同时,争取通过贸易谈判,实现发达国家高科技服务业对我国开放的新突破。

# 四、以扩大自由贸易区网络为目标加快"一带一路"建设

进入"后 WTO"时代,以服务贸易为重点,双边、多边自由贸易已经成为新一轮全球化的大趋势。在这个特定背景下,"一带一路"不简单是制造业"走出去",更重要的是把建立双边、多边自由贸易网络作为目标追求,推

---

① 崔英:《金融危机背景下我国政府采购领域商业贿赂治理对策研究》,《北京理工大学学报(社会科学版)》2009 年第 6 期。

② 《去年政府采购规模达 17305 亿元》,光明网,2015 年 7 月 31 日。

③ 陈德铭:《GPA 谈判:警惕不对等的开放》,中国财经新闻网,2015 年 6 月 21 日。

动服务业的"引进来"和"走出去"，形成新一轮全方位开放的制高点。

## （一）"一带一路"建设重在建设自由贸易区网络

"一带一路"建设的关键是通过实施自贸区战略，制定既适应我国经济转型需要，又有利于推进全球自贸进程的贸易规则，在推动形成国际经贸规则新体系中发出更多中国声音，注入更多中国元素。

### 1. 推动双边、多边、区域性和全球性自由贸易进程

2015年12月17日，国务院印发《关于加快实施自由贸易区战略的若干意见》，提出"坚持与推进共建'一带一路'和国家对外战略紧密衔接"，"逐步构筑起立足周边、辐射'一带一路'、面向全球的高标准自由贸易区网络"。"一带一路"以建设自贸区网络为目标，目的是推动全球性、区域性自由贸易进程。未来5～10年，应以"一带一路"沿线国家为重点建立更多双边、多边自贸区，显著降低与主要贸易伙伴的关税和非关税贸易壁垒，加快双边、多边、区域、全球的自由贸易进程。

### 2. 打通自由贸易大通道

以"一带一路"战略节点的国家和地区为重点，打通"一带一路"自由贸易大通道，以自贸区为重点促进区域经济一体化，逐步形成互利共赢的亚欧非大市场。推动"一带一路"自贸区网络建设与完善全球多边贸易体系相结合，整合亚太地区区域贸易协定，防止亚太地区陷入贸易"碎片化"和恶性竞争的局面。

### 3. 逐步形成中国版国际贸易新规则

由我国主导的丝路基金、亚洲基础设施投资银行的成立，应当说，更多代表了新兴经济体的利益，反映了新兴经济体国家的诉求，向世界展示开放、包容、负责任的大国形象。以"一带一路"为抓手，将全面深化对外开放与争取全球经济治理话语权结合起来，在加快实施自由贸易区战略中主导

构建均衡发展、互利共赢的贸易投资新规则，尤其是逐步成为服务贸易新规则的"引领者"。

## （二）以周边为基础优化打造双边、多边自贸区网络

"一带一路"涵盖 65 个国家，其更加重视对周边国家、对亚洲新兴经济体的开放，在空间布局上更能够发挥我国的比较优势，更容易在打造双边、多边自贸区网络上取得实质性成果。

### 1. 把"10＋1"自贸区升级版建成"一带一路"多边自贸区范本

（1）中国—东盟"10＋1"在服务业领域合作空间巨大。总体来看，我国与东盟的服务贸易自由化水平仍然低于东盟—韩国自贸区、东盟—日本自贸区、东盟—澳新自贸区。例如，在服务贸易领域，我国对东盟开放了 30 多个分部门，而韩国、日本、澳大利亚、新西兰则分别承诺开放 85 个、164 个、85 个和 116 个分部门。[①] 我国与东盟进一步扩大服务贸易相互开放仍有较大空间。建设中国—东盟自贸区升级版是我国以周边为基础优化自贸区建设布局的重中之重。"十三五"，在落实中国—东盟自贸区升级版协议的基础上，以"类欧盟"为导向持续推动"10＋1"贸易投资自由化和一体化，形成"一带一路"自贸区建设的带动示范效应。

（2）以"类欧盟"为导向打造"10＋1"升级版。在"10＋1"自由贸易区现有框架基础上，形成区内货物、服务、资本、资源、劳动、技术和管理自由流通的统一市场，全面提速国际大通道建设。尽快打通中国与缅甸、老挝、越南、泰国等国的"断头路""瓶颈路"，形成放射型、网络化的交通布局，促进各种资源跨境高效配置和市场对接。

（3）以服务业开放为重点加快打造更高标准的升级版。一方面，服务贸易开放逐步向香港、澳门服务贸易自由化水平看齐。逐步将对香港和澳

---

① 《FTAAP 有可能从 RCEP 扩容形成》，《21 世纪经济报道》，2014 年 11 月 7 日。

门的服务贸易开放承诺引入中国—东盟自由贸易协定中；在缩短过渡期的基础上，力争使零关税的税目占比和贸易额占比达到 95％～100％；逐步扩大自贸区谈判覆盖议题，在电子商务、竞争政策、政府采购、环境等新议题上形成共识，为建设 2.0 的升级版奠定重要基础；共同研究高标准的投资贸易规则，推动区域贸易投资规则不断升级。

另一方面，着力破除服务贸易发展的体制机制障碍。一是要主动降低准入门槛。以教育、医疗健康、金融和文化娱乐为重点，有序扩大服务业市场开放。二是要积极推动双向市场开放。逐步放开知识密集型的信息服务、金融服务、技术服务等服务贸易市场，协调劳动密集型服务与知识密集型服务的进出口，优化服务贸易内部结构。三是要推进外商投资管理体制改革。尽快将外资管理从当前的"外商投资产业指导目录"转变为"负面清单"管理模式，重点加强对东盟投资企业的融资渠道建设，设置专项投资合作基金，提供信贷支持，建立与东盟经贸合作的信息平台。

**2. 加快打造中日韩与东盟（"10＋3"）自贸区**

（1）共同提高贸易投资便利化水平。参照中国—东盟自贸区升级版以及中韩自贸区的做法，积极推动"10＋3"自贸区谈判。促进域内商品、服务、资金流动更加自由，加强产能和装备制造合作，共同推进东亚产业链、价值链提升，及"21 世纪海上丝绸之路"的建设。

（2）提升"10＋3"区域金融合作水平。进一步扩大本币互换和跨境贸易本币结算，加强清算机制建设。加强财政金融合作，共同应对区域内潜在的短期流动性干扰，共同建立高效的监管协调机制与预警机制。

（3）推动亚洲基础设施投资银行与亚洲开发银行的合作。把基础设施互联互通作为"10＋3"自贸协定或"一揽子"经济合作协定的重要内容，加强两者在"10＋3"基础设施互联互通上的合作，尽快商议第一批重点共建项目清单。

### 3. 与欧亚经济联盟建立自贸区

（1）探索中国中亚等自贸区建设。把建立自贸区作为丝绸之路经济带建设与欧亚经济联盟建设对接合作的重点。共建产业园区和跨境经济合作区。加快中蒙俄、新亚欧大陆桥、中国—中亚—西亚、中巴经济走廊等战略通道建设，加快能源、电力、信息等互联互通建设，加快"大通关"体制建设，提高通关便利化水平。

（2）推动金砖国家自贸区进程。尽快开展联合研究，制定一个各国平等互利的多边自贸协定。推动包括技术标准、通关便利、检验检疫、贸易救济、知识产权、竞争政策、市场准入等内容的贸易投资便利化。以自由贸易为重点建立金砖国家更紧密经济伙伴关系框架。通过协商整合各国在推进双边、多边贸易框架中形成的规则，在基础规则上形成基本共识，增强金砖国家影响全球贸易投资规则制定的合力。

## 五、推进全球经济治理变革

中国经济深刻影响世界经济，也离不开世界经济。2014 年以来，我国相继成立丝路基金、亚洲基础设施投资银行，2015 年人民币加入国际货币基金组织的特别提款权货币篮子。这标志着我国不断向世界提供合作共赢的公共产品，在推动全球治理体制朝着更加平等公正、合作共赢方向发展上开始扮演重要角色。

### （一）全球经济治理变革的重要历史关口

国际金融危机已经过去 8 年，全球经济仍未走出危机阴影，世界经济持续增长面临诸多新的风险和不确定性。未来 3～5 年，新兴经济体经济转型是否成功，决定着全球经济能否真正复苏。世界经济正处于复杂深刻的调整中，在新一轮全球再平衡中，发达国家和新兴经济体之间是"零和博弈"还是"多赢合作"，取决于全球经济治理体系的变革。

**1. 新兴经济体尚未取得与其经济地位和贡献相匹配的话语权**

新兴经济体已经成为世界经济增长和再平衡的主力，为全球经济的稳定和发展做出了重要贡献。根据 2016 年博鳌亚洲论坛于 3 月 22 日发布的《新兴经济体发展 2016 年度报告》，在全球经济整体不景气的情况下，新兴经济体国家（E11，新兴 11 国）在全球的经济比重由 2014 年的 29.3％上升为 2015 年的 30.3％，对全球经济增长的贡献度为 52.9％，远大于 G7 国家的 22.9％和欧盟国家的 12.2％；①金砖五国的 GDP 和贸易额占世界的比重已经分别达到 21.8％（2014）②和 16.4％（2013）③。但以金砖国家和新兴 11 国为代表的新兴经济体在全球治理中的话语权仍然较小，与其贡献不相匹配，反过来对其经济转型与可持续增长形成限制。

**2. 以发达国家为本位的全球经济治理体系不利于新兴经济体转型**

（1）新兴经济体转型对全球经济治理变革的依赖性全面增强。近两年，随着外部需求的持续萎缩和内部经济转型的滞后，新兴经济体经济增长普遍放缓，一些新兴经济体面临经济增长失速的风险。据预测，如果新兴经济体经济转型成功，到 2030 年新兴经济体与发展中国家在全球经济中的比重将从现在的 38％提升至 63％，④为世界经济持续增长做出巨大贡献。适应新兴经济体经济转型的需要，应以经济转型为导向加快推进全球经济治理变革。

（2）全球自由贸易体制失序给新兴经济体转型带来不利的外部环境。发达国家主导的以 TPP、TTIP、TISA 为代表的多边贸易框架短期内过度提高门槛，新的贸易保护主义更加隐蔽，不利于新兴经济体和发展中国家

---

① 《去年新兴 11 国对全球经济增长贡献超 50％　中印位列第一梯队》，中国证券网，2016 年 3 月 22 日。
② 根据国家统计局《金砖国家联合统计手册 2015》数据测算所得。
③ 根据 WTO《世界贸易报告 2014》数据测算所得。
④ 《全球正处第三个经济"超级周期"，新兴市场增长是关键》，《南方日报》，2013 年 11 月 11 日。

利用自由贸易加快国内经济转型发展,也限制了全球自由贸易增长潜力的释放。

(3)发达国家宏观政策影响外溢增加新兴经济体转型的外部风险。现行治理体系下,发达国家可以通过多种途径转嫁危机,但新兴经济体却由此面临国际资本频繁流动、汇率大幅波动、贸易环境恶化等风险。

(4)能源等大宗商品价格剧烈波动增加新兴经济体转型的困难。现行治理体系缺乏对全球性经济金融危机的风险协调控制。石油等能源价格巨幅波动,不仅加剧主要依靠能源出口的新兴经济体的转型困难,而且给正处于工业化关键时期、对大宗商品有巨大需求的新兴经济体和发展中国家带来很大的不确定性与风险。

**3. 全球治理体系面临重构**

(1)"三驾马车"的传统经济治理格局面临重构。面对世界经济转型需求和世界经济格局的复杂深刻变化,第二次世界大战后建立起来的全球经济治理"三驾马车"——WTO、世界银行、IMF改革滞后,在维护全球经济、金融、安全秩序上越来越力不从心,尤其是IMF、世界银行等存在发达国家和新兴经济体话语权不平衡的先天性缺陷,难以适应促进经济转型和全球可持续发展的需求。

(2)如何使G20机制化成为全球经济治理的核心问题。2008年的国际金融危机爆发以来,新兴经济体在世界经济中的比重进一步上升。2015年新兴经济体与G7的经济总量已经基本持平。在此趋势下,G20将逐步取代G7成为全球经济治理的重要平台。当前的问题在于,由于G20仍是一种非正式对话机制,在协调各国执行G20达成的共识上仍缺乏权威性、约束性,"议而不决,决而不行"的问题突出。以G20机制化为重点做实G20协调机制,是未来提高新兴经济体和发展中国家话语权的现实选择,也是全球治理结构再平衡的关键,对促进新兴经济体经济转型和全球经济可持续发展意义重大。

## （二）在推动服务贸易新规则的建立中扮演大国角色

适应全球自由贸易的新趋势，要把推动建立服务贸易新规则作为我国参与全球经济治理的重要抓手，通过积极参与双边、多边和区域服务贸易协定，以及加快国内自贸区服务贸易开放试验，推动形成公正、共赢、包容发展的服务贸易新规则。

**1. 积极参与双边、多边和区域服务贸易规则制定**

（1）把服务贸易作为双边和区域自贸协定谈判的重点。把服务贸易自由化作为双边和区域贸易协定的重要目标，积极参与和引领服务贸易规则制定。主动提出符合我国经济转型需要和全球自由贸易发展趋势的新议题，如电子商务等。将服务贸易涉及的投资准入、知识产权、政府购买、自然人移动等列为开展双边自贸协定和区域贸易协定谈判的基本内容。

（2）积极建立双边和区域服务贸易协定。从服务贸易的区域分布看，全球有 70% 左右的服务贸易进出口集中在欧洲和亚洲。为此，建议以与我国服务业具有明显互补性的亚洲新兴经济体、欧洲发达国家和地区为重点，签订双边、多边和区域服务贸易协定；加快拓展与主要服务贸易伙伴在金融、信息、物流等服务业领域的开放合作，在一般竞争性的服务业领域加快双向市场开放；加快与主要贸易伙伴的服务贸易协定谈判，并以服务贸易为重点加快推动现有双边和区域自贸区的升级版建设。

（3）积极稳妥参与 TISA 谈判。根据经济转型和产业结构调整的需要，深入研究 TISA 关于准入前国民待遇和负面清单、国有企业、投资者—国家争端解决机制、跨境数据自由流动、金融、税收及补偿标准、知识产权、劳工规则、环境保护等议题对国内经济转型和深化改革的影响，统筹考虑对不同议题的出价，推动服务贸易主动、有序开放。

**2. 加快国内自贸区服务贸易开放试验**

抓住上海自贸区成立的契机，加快对 TISA 中的高标准条款进行压力试验和隔离试错,探索"服务贸易负面清单＋准入前国民待遇"的开放模式;在《内地与香港关于建立更紧密经贸关系的安排》和《海峡两岸经济合作框架协议》(ECFA)框架下建设服务业开放试验区,为推进服务贸易自由化积累经验;在试验基础上形成全国推广的时间表,减少外国所有权限制和其他市场准入限制、人员流动限制、其他歧视性措施以及监管透明度和管理要求等限制,逐步提高服务贸易开放水平。

**3. 加快建立与国际贸易规则接轨的服务贸易法规体系**

(1)形成有利于新兴经济体的服务贸易规则。当前,主要新兴经济体进入工业化后期,经济服务化转型趋势明显,服务贸易成为新兴经济体重要增长动力。以中国为例,预计到 2020 年服务业总规模有望达到 48 万亿～53 万亿元人民币,占 GDP 比重达到 55％以上,生产性服务业占 GDP 比重达到 30％～40％。"中国服务"将带来巨大的市场空间,并成为全球可持续增长的重大利好。

新兴经济体扩大服务贸易面临两大挑战:一是自身的服务市场开放不足;二是发达国家在环保、能源、科技等领域仍有较多的出口管制。加快新兴国家服务业市场开放,打破发达国家服务贸易出口管制,应当成为新阶段全球经济治理改革的"双重任务"。

(2)加快服务贸易领域的立法进程。尽快制定出台《中国服务贸易法》及相关配套法律,以法律形式对服务市场准入原则、服务贸易的税收、投资、优惠条件等加以规定;加快研究制定《服务进出口管理条例》《服务贸易促进条例》,建立不同层次、不同阶段相互协调的服务贸易法律法规以及切实可行的规章制度,推动我国服务贸易走向制度化与规范化。

**(二) 推进以经济转型为导向的全球治理变革**

中国作为负责任的经济大国,需要致力于为全球经济转型,尤其是新兴经济体转型提供公共产品。总的思路是:一方面,要以"一带一路"为总抓手，以扩大自由贸易区网络为目标，以发展服务贸易为重点，以基础设施互联互通为依托，加快全球经济治理改革；另一方面，要构建有效的全球经济治理体系，促进形成平等公正、合作共赢、包容多元的全球治理新结构。

### 1. 以"一带一路"为总抓手扩大自由贸易区网络

加快推进自贸区进程，既有利于促进新兴经济体和发展中国家的经济转型，又有利于推进全球投资贸易自由化进程。问题在于，新兴经济体参与自由贸易区网络建设，客观上很难采取与发达国家相同的标准。尽管经济全球化进程中自由贸易标准的不断提高是一个大趋势，但不宜在短时期内过度提高门槛，这容易形成新的投资贸易壁垒，把新兴经济体排斥在经济全球化之外。

我国提出"一带一路"的重要目标，就是要在合理设置标准的前提下，在更大范围内建立自贸区网络，形成有利于新兴经济体的贸易体系。我国要发挥自身独特优势，突出扩大与新兴经济体之间的基础设施互联互通。全球特别是新兴经济体的基础设施互联互通水平低、投资不足，已成为制约经济转型的突出问题。我国发起设立的亚投行，将与现有的多边开发机构形成合力，不仅能打破亚洲基础设施投资瓶颈，而且有可能成为全球经济治理的重要平台之一。也就是说，发挥多边、区域性经济组织的作用，是完善全球经济治理的重大举措。

### 2. 提升新兴经济体集体话语权

我国作为全球最大的新兴经济体，需要在代表新兴经济体利益上有所作为。第一，要提高新兴经济体在现有机制中的地位和话语权。推进国际货币基金组织、世界银行的治理结构改革，增加新兴经济体和发展中国家的投票权，支持更多发展中国家平等参与现有的全球经济治理机制。第二，要积极创建新兴经济体和发展中国家平等参与的新机制。近年来，我国和其他新兴经济体通过构建新的多边机制积极参与全球和区域经济治理,例如,"十二五"我国与金砖国家创建金砖国家开发银行,与"一带一路"沿线国家创建亚投行,以增量改革倒逼存量改革。"十三五",我国应继续在创建全球性、区域性治理新机制上扮演积极角色,为提升制度性话语权创造条件。

**3. 推进新老机制的合作与融合**

(1)处理好 G7 与 G20 的关系。关键是 G7 能够在 G20 框架下承担大国责任,使新兴经济体和发展中国家能在 G20 平台上谋求与贡献、与责任相匹配的话语权,平等参与 G20 议题选择和议程设置,促进国际秩序朝着平等公正、合作共赢的方向发展。

(2)推动亚投行与世行等共建多边金融合作网络。新成立的亚洲基础设施投资银行、丝路基金应当是开放、包容的,需要与原有的国际金融体系有机融合,共同发展。

(3)推动 WTO 多边贸易体系建设和自贸区网络建设相结合。支持新兴经济体和发展中国家参与 WTO 谈判,支持 WTO 框架下的服务贸易协定、信息技术协定、政府采购协定以及投资协定的建立和完善。

**4. 加强宏观经济政策的国际协调**

(1)加强各国的宏观政策对话交流。当前,发达国家和新兴经济体增长趋势分化,一些国家和地区的债务风险、金融风险仍然较大,演变为国际经济危机的可能性仍然存在。第一,应当利用 G20 以及 APEC 等区域、次区域合作机制和平台,加强各国宏观经济与宏观政策的信息沟通。第二,提高宏观经济政策的透明度、可预期性。

(2)改革多边协调机制。在推动全球开放合作进程中改革多边协调机制。推进 APEC 等区域多边机制改革,支持和督促成员在推动区域自由贸易和区域经济一体化上采取务实行动。

(3)参与构建国际性、区域性多边金融监管机制和平台。创造人民币国际化的金融规则；支持《巴塞尔协议Ⅲ》等国际金融治理规则落地；积极推动全球信用体系建设，与其他国家共建危机援助和应急管理的多边机制。

# 六、推动中欧自贸区进程

建设中欧自贸区意义重大。对我国而言，这是赢得最大发达经济联合体、逐步构筑立足周边、辐射"一带一路"、面向全球的自贸区网络的关键之举；对欧盟而言，这是实现与世界上最大的发展中国家共建自贸区，赢得13亿多人大市场的历史性突破。此外，对中欧双方而言，这也是倒逼各自经济转型升级、协同全球治理合作的重大举措；对世界而言，它将有利于推动更大范围内的自贸进程，形成支撑全球可持续增长的重要因素。2020年，争取中欧自贸区的重大突破，具有全局性、共赢性、战略性的重大意义。

## （一）中欧自由贸易的需求巨大，空间巨大

未来五年，随着中国经济转型升级步伐加快，中欧经济互补性明显增强。在这个特定背景下，加快建立中欧自贸区，以形成深化中欧经济合作的大市场、大格局。

### 1. 经济转型升级蕴含中欧贸易的巨大需求

中欧作为世界两大经济体，相比于中欧经济总量占世界经济总量的1/3，双方贸易总量在全球贸易总量中的占比仅为1.5%左右是不够匹配的，可见中欧经贸合作还有巨大的拓展空间。① 未来几年，通过加快推进中欧自贸区进程，进一步提升投资贸易便利化水平，预计双方贸易将以每年9%左右的速度增长，2020年有望实现1万亿美元的目标。

---

① 迟福林:《布鲁塞尔呼吁推进中欧自贸区进程》,中国新闻网,2015年7月1日。

**2. 中欧经济结构高度互补**

改革开放以来,我国在一些工业、制造业部门和基础设施领域积累了全球领先的技术和经验,但目前服务业尤其是生产性服务业发展仍是"短板"。欧盟已经进入后工业化时期,经济服务化的特点十分突出,尤其是电子技术、航空、信息通信技术、生命科学技术、能源环境等生产性服务业和健康管理等生活性服务业有独特的优势,有先进的技术和成熟的管理经验。中欧经济结构之间的差异互补,意味着中欧巨大的贸易空间。

**3. 服务贸易是中欧自由贸易最大潜力**

服务贸易已经成为中欧贸易的主要增长点。近年来,我国服务贸易净进口额迅速增长,从 1997 年的 32.2 亿美元到 2014 年的 1980 亿美元,增加了 60.5 倍,年均增长率达到 25.7%。[①] 中国以服务业为主导的经济转型升级,将使 40 万亿至 50 万亿元巨大的潜在消费需求释放出来,成为包括欧盟在内的世界经济重要增长动力。到 2020 年,如果我国服务贸易总额达到 1.2 万亿美元,与欧盟的服务贸易比重由 2013 年的 13.2% 提高到 20%,中欧服务贸易总额将达到 2000 亿～2200 亿欧元[②]的规模。2013 年,欧盟对中国服务贸易顺差为 120 亿欧元[③],2014 年为 92 亿欧元[④]。中国在欧盟服务贸易顺差国中位列第三(和美国并列)。欧盟在许多服务业领域有贸易优势,特别是在旅游贸易、运输服务、专有权利使用权和特许权、保险服务等领域,对中国出口服务的空间仍然很大。

## (二) 以自由贸易为重点深化中欧合作

面对世界经济贸易格局和规则变化的新趋势,我国倡导的"一带一路"

---

① 根据国家外汇管理局 2014 年中国国际服务贸易公布数据。
② 《"中欧改革论坛启动研讨会"召开　中欧自贸区研究启动》,《光明日报》,2015 年 3 月 16 日。
③ 欧盟统计局:《2013 年欧盟对外服务贸易顺差升至 1730 亿欧元》,2014 年 6 月 26 日。
④ 驻欧盟使团经商参处:《中国位居欧盟第三大服务贸易伙伴》,2015 年 6 月 16 日。

重点是实施更大范围、更加主动的自贸区战略，以此形成中国新一轮对外开放的制高点，为全球自由贸易提供新动力。在这样的背景下，深化中欧"一带一路"合作具有全局性、共赢性、战略性意义。

**1. 加强中欧间的投资合作**

从趋势看，基础设施投资的范围正快速向电信、信息、文化等"软件"拓展，尤其是服务贸易依托的基础设施投资需求正快速上升。如果中欧服务贸易占中国服务贸易的比重提高到 20％，将为"容克计划"与"一带一路"基础设施投资合作提供动力。

**2. 深化金融与货币合作**

中欧自由贸易带来贸易结算、贸易保险、税务、金融担保等金融服务需求，同时也直接带动中欧货币合作，将为欧元稳定发展和人民币国际化创造有利条件。

**3. 推进产能合作与产业合作**

我国居民在健康服务、养老服务、教育文化等领域的潜在需求巨大，而欧盟国家在这些服务行业有成熟的管理经验、技术和高端人才，以自由贸易带动中欧产业合作，将实现双赢格局。

**4. 推动绿色环保技术创新合作**

欧盟在绿色能源、低碳技术、环境治理技术等领域走在全球前列，而我国拥有全球最大的清洁能源市场和相对较低的制造成本，急需欧盟的先进技术和经验支持。在这些领域扩大自由贸易，将有力带动中欧企业的创新合作。

## （三）尽快启动中欧自贸区可行性谈判

面对经济全球化的新趋势尤其是在整个区域经济合作的大背景下，在推进中欧投资协定谈判的同时，建议启动中欧自贸区谈判。

**1. 推进中欧投资协定谈判和中欧自贸区谈判同步进行**

面对经济全球化的新趋势,尤其是从构建亚欧大市场的现实需求出发,谈判同步进行意义重大,也是形势所迫,越早做越好。

**2. 鼓励智库开展可行性联合研究**

中欧智库交流合作可以为共建中欧自贸区提供智力支持、舆论氛围和民意基础。建议中欧政府委托智库开展中欧自贸区可行性联合研究,鼓励各类智库围绕中欧自贸区开展广泛的合作交流。

### (四)关键在于打破服务贸易壁垒

加快推进中欧服务贸易合作进程关键在于打破服务贸易壁垒,这将形成欧洲经济复苏和增长的新动力,预计中欧贸易将以每年9%左右的速度增长。

**1. 提高服务贸易开放水平**

推动中欧服务贸易自由化、便利化,逐步打破开业权、人员移动、技术性等服务贸易壁垒,逐步建立产品认证、体系认证的互认机制,在降低补贴、政府采购、技术许可、环境标准等方面建立共识,促进中国巨大的服务需求市场与欧洲充足的服务业人力资本、生产能力和先进技术相结合。

**2. 发展中欧贸易园区和产业合作园区**

充分利用上海、天津、广东、福建等国内自贸试验区,以及粤港澳服务贸易自由化、北京市服务业综合试点等服务业对外开放试点,加快探索中欧贸易自由化的体制机制和相关改革;设立中欧深度合作的示范园区,创新中欧产业园区合作机制,先行试验中欧自由贸易的制度与政策,积极探索中欧贸易投资规则和标准的对接。

### 3. 加快服务业市场双向开放

在医疗健康、设计研发、养老服务、职业教育等服务市场领域，我国需要加快放宽对欧盟企业的市场准入。欧盟需要减少在电子技术、航空、信息通信技术、生命科学技术、能源环境等领域对中国的出口管制。深化中欧金融服务领域的开放合作，鼓励欧洲金融机构积极发展人民币以及外币结算和金融业务。

# 第五章　教育需要第二次改革

　　"十三五"，我国由人口红利向人力资源红利转变是一个大趋势。面对经济转型升级和经济结构调整的"双重挑战"，通过加快教育结构变革提升人力资源的迫切性日益增强。"十三五"，深化教育改革，需要推进教育有序开放和"去行政化"，促进教育结构调整，初步形成与经济转型升级相适应的人才供给结构。

加快教育结构变革,实现数量型人口红利向人力资源红利的转型,是提高全要素生产率的关键,是加快经济转型升级的重要前提。为此,"十三五"需要以提升人力资源为目标启动教育第二次改革。实现教育体制从规模型、考试型、封闭型、行政化向质量型、能力型、开放型、专业化的转变,成为结构性改革的重大任务。

# 一、由人口红利向人力资源红利转变是一个大趋势

从国际经验看,由人口红利转向人力资源红利,提升全要素生产率,提升经济质量,是一个国家由中等收入阶段迈向高收入阶段的重要前提。我国正处于人口红利向人力资源红利转型的关键时期,在这个特定阶段,需要把教育结构改革摆在突出位置。

## (一) 我国正处在人口红利向人力资源红利转型的历史关节点

未来5~10年,抓住新一轮科技革命与我国产业转型升级历史性交汇的机遇,重在实现由人口大国向人力资源大国转型,为我国迈向高收入国

家行列提供人力资本支撑。

**1. 人口红利逐步递减与全要素生产率的下降**

根据国家统计局发布的数据，2015 年，16 周岁以上至 60 周岁以下（不含 60 周岁）的劳动年龄人口比 2014 年年末减少 487 万人，占总人口的比重为 66.3％。[①] 与此同时，劳动力成本较快增长。2003—2014 年，农民工实际工资年均增长 10.7％，高于同期 GDP 增速；根据世界大型企业联合会的数据，2007—2012 年，我国总体劳动生产率年均增长率为 9.5％，2014 年降到了 7％。这意味着工资增速已超过劳动生产率的增速。[②] 可以说，改革开放之初，由于资本短缺和技术落后，数量充裕、成本较低的劳动力资源形成的"人口红利"，支持了我国 30 多年的经济高速增长。但随着劳动年龄人口占比快速下降，传统的低成本劳动力红利正在快速消逝。

**2. 挖掘人力资源红利才能解决潜在经济增长率下降的问题**

潜在的经济增长率取决于人力资源结构和全要素生产率。2010—2014 年，我国大专以上文化程度人口占总人口的比重从 8.75％提高至 11.01％；高中（含中专）文化程度人口占总人口比重从 13.72％提高至 16.35％，分别增加了 2.26 个和 2.63 个百分点，增加幅度超过了劳动年龄人口比重下降的幅度。[③] 研究表明，"十三五"，如果全要素生产率的年均增长率提高 1 个百分点，就可以提高年均潜在增长率 0.99 个百分点，[④] 成为支撑我国中高速增长的重要动力。教育红利、人力资源红利将大大抵消人口红利下降的影响，为适应经济转型升级趋势，我国亟须抓住向"教育红利期""人力资源红利期"及"人才红利期"过渡的重要历史机遇。

---

① 国家统计局：《2015 年国民经济运行稳中有进、稳中有好》，国家统计局网，2016 年 1 月 19 日。
② 蔡昉：《对"人口红利"的几点认识》，《经济日报》，2015 年 6 月 18 日。
③ 《五年，从"人口红利期"到"人才红利期"》，《光明日报》，2015 年 12 月 11 日。
④ 蔡昉：《全要素生产率可延长传统的人口红利》，《北京日报》，2015 年 11 月 23 日。

### 3. 挖掘人力资源红利才能应对人口老龄化的挑战

国际经验表明，从老龄化社会步入高龄社会[①]，是应对人口老龄化挑战、化解"人口红利"消失的最后窗口期。如果相应的公共政策调整和体制机制创新滞后，当高龄社会到来时，产生经济危机和社会危机的概率将明显提高。当前，改善生产力，完善人才供给结构，实现创新与科技进步，以降低人口老龄化带来的风险和对经济的影响，减轻人口快速变迁的冲击，是我国社会面临的严峻挑战，并且留给我们的时间和空间也十分有限。

### (二) 经济转型升级对提升人力资源的迫切性日益增强

我国经济转型升级的大趋势对多元化、多层次、创新型的人才供给结构提出了现实需求。"十三五"推动人才供给的战略性调整，成为教育结构调整的重大课题。

### 1. 提升制造业需要高级技工

2012 年我国制造业劳动生产率仅相当于美国的 4.38%、日本的 4.37% 和德国的 5.56%。根据第六次人口普查数据，我国制造业从业人员平均受教育年限为 9.8 年，比 2006 年美国制造业从业人员 13 年的人均受教育年限少了 3.2 年；我国制造业从业人员主要以初高中毕业生为主，具有大专及以上文化程度的仅有 9.8%，相比之下美国达到 32%。2015 年第二季度，我国各类技术等级的岗位空缺与求职人数的比率均大于 1。其中，技师、高级技师、高级工程师、高级工的岗位空缺与求职人数的比率较大，分别为 2.0、1.94、1.81、1.77。[②] 由于创新创造能力不足，"中国制造"总体上还处于国际分工和产业链中低端。例如，全世界的 iPhone 手机

---

[①]　高龄社会，即 60 岁及以上人口比例超过 18% 或 65 岁及以上人口比例超过 14%。
[②]　人力资源和社会保障部就业促进司：《2015 年第二季度部分城市公共就业服务机构市场供求状况分析》，人力资源和社会保障部网，2015 年 7 月 15 日。

多数是在我国组装的，但我国所获利润只占整机利润的 1.8％。[①] "十三五"，工业转型升级迫切需要各类专业技术人才和创新型人才，为实现"中国制造 2025"的战略目标提供人力资本支撑。

### 2. 人口城镇化需要农村转移人口提高受教育水平

从国际经验看，教育与人口城镇化水平高度关联，其相关系数在 0.7 左右。[②] 美国学者米凯·吉瑟的研究表明，农村居民教育水平每提高 10％，能多引导 6％～7％的农民进入城镇从事非农产业；[③] 同时，需要适应城镇化转型带来的人才需求结构的变化，加大生活性和生产性服务业所需的技能型人才供给。但目前农民工的总体技术技能水平仍然不高，导致他们在城镇中就业竞争力不强。根据《2014 年全国农民工监测调查报告》，接受过技能培训的农民工只占 34.8％（见表 5-1）。人口城镇化转型迫切需要完善针对农民工尤其是新生代农民工的职业教育体系，让农民工拥有一技之长，稳定就业，又有充分获得个人提升的机会。

表 5-1　2013—2014 年接受过技能培训的农民工比例　　　　（单位：％）

| | 接受农业技能培训 | | 接受非农职业技能培训 | | 接受技能培训 | |
|---|---|---|---|---|---|---|
| | 2013 年 | 2014 年 | 2013 年 | 2014 年 | 2013 年 | 2014 年 |
| 合　计 | 9.3 | 9.5 | 29.9 | 32 | 32.7 | 34.8 |
| 20 岁及以下 | 5 | 6 | 29.9 | 31.4 | 31 | 32.6 |
| 21～30 岁 | 5.5 | 6 | 34.6 | 37 | 35.9 | 38.3 |
| 31～40 岁 | 9.1 | 8.8 | 31.8 | 34 | 34.1 | 36.1 |
| 41～50 岁 | 12.7 | 12.6 | 27.8 | 29.9 | 32.1 | 33.7 |
| 50 岁以上 | 12.4 | 12.7 | 21.2 | 24 | 25.9 | 28.8 |

数据来源：国家统计局：《2014 年全国农民工监测调查报告》，国家统计局网，2015 年 4 月 29 日。

---

[①] 刘少华：《全球价值链上游：中国企业来了！越发高端"走出去"》，《人民日报（海外版）》，2016 年 1 月 4 日。

[②] 朱劲松：《我国农村教育水平与城市化率实证研究》，《商业时代》2010 年第 14 期。

[③] 迟福林：《转型升级需要深化教育改革》，《经济参考报》，2015 年 6 月 5 日。

### 3. 产业变革需要大量实用型人才

以健康服务消费为例,预计到 2020 年,我国健康产业(包括生物医药、医疗器械和健康服务业)产值规模将达到 14 万亿～16 万亿元,成为全球最大的健康服务业市场。[①] 但由于健康管理的职业教育发展滞后,健康服务人员严重短缺,仅亚健康管理师、儿童健康管理师等人才的缺口就接近 2000 万人。[②] 以互联网金融为例,按银行系统和小贷公司从业人员在金融系统中的占比为 53.76% 来估算,2019 年,互联网金融从业人员将达 104 万人,2024 年将达 435 万人。未来 5～10 年,我国互联网金融行业人才缺口将达 100 万人以上。[③] 在"一带一路"战略实施以及积极参与全球经济治理中,如何培养更多具有国际视野、懂得国际运行规则、拥有专业化知识的管理人才、金融人才、法律人才、投资人才,成为新时期提高对外开放水平的新课题。从现实看,国际化人才短缺成为我国提高对外开放水平的突出瓶颈。例如,中国虽然是世界银行和 IMF 的第三大股东,但中国职员在这两个机构的比例仅占 2%～3%,担任高管的更少。[④] 许多中国企业发展服务外包,"走出去"也面临国际化人才匮乏的问题。例如,我国服务外包行业平均人才缺口达 20%～30%,并且在比例和绝对数量上都有连年提高的趋势。[⑤] 随着"一带一路"战略的深度实施以及亚投行、金砖银行、丝路基金的设立运营,我国对国际化人才的需求将日益增强。

### (三)人力资源供给的结构性矛盾突出

由于现有教育结构与经济转型升级的发展趋势、就业结构变化不匹配,一方面,社会不太需要的人力资源不断产出,而另一方面,社会急需的

---

① 王昌林:《支撑 7% 的产业发展新动力》,《光明日报》,2015 年 8 月 7 日。
② 《亚健康管理与儿童健康管理有望作为最热门职业》,《北京晨报》,2014 年 8 月 28 日。
③ 曹婷:《人才成为制约互联网金融发展瓶颈》,《经济参考报》,2015 年 9 月 17 日。
④ 马文普:《"一带一路"战略需培养专业化国际人才》,《中国企业报》,2015 年 7 月 27 日。
⑤ 李韶文:《高端人才短缺制约服务外包升级》,《国际商报》,2014 年 5 月 30 日。

人力资源严重不足，人力资源培养的不合格、闲置、浪费等现象比较突出。

**1.技能型、实用型、职业型人力资源短缺**

（1）"招工难"与"就业难"并存。随着人口红利的逐步消失，企业"用工荒"问题日益突出，不仅表现为季节性，而且呈常态化趋势；不仅出现在珠三角等沿海发达地区，而且在向中西部蔓延。与此同时，大学生却面临着"史上最难就业"困境，每年约有 25％ 的应届毕业生在毕业之前找不到合适岗位，[①]部分长期失业的高校毕业生，就业更趋困难。但根据有关统计，自 2010 年以来，我国就业市场总体求人倍率一直在 1 左右，2015 年二季度为 1.09，表明劳动力市场供不应求。[②] "招工难"与"就业难"并存，实质上反映了人才供给结构性矛盾日益突出，也反映出教育结构的不合理。

（2）技能型人才短缺与结构性失业并存。人力资源和社会保障部数据显示，目前技能劳动者数量只占全国就业人员总量的 20％ 左右，高技能人才比重仅为 5％。[③] 近年来，技能劳动者的求人倍率一直在 1.5 以上，高级技工的求人倍率甚至达到 2 以上。[④] 我国失业问题，虽有周期性因素，但更主要的是结构性因素。未来 5～10 年，经济结构和产业结构调整进入关键期，结构性失业风险将明显增大。以互联网产业为例，美国麦肯锡公司发布报告指出，互联网革命将提高生产率，到 2025 年，将为中国创造 4600 万个新的就业岗位，同时，也将有 3100 万个传统就业岗位被淘汰。[⑤]

（3）专业不对口，学历与薪酬倒挂。人才供求失衡的矛盾导致"所学非所用"和"高学历、低工资"现象较为普遍。数据显示，2013—2015 年，毕业生签约工作与专业对口率呈逐年下降趋势，2015 年只有六成，较

---

① 中国社会科学院：《经济新常态下就业结构性问题突出》，《第一财经》，2014 年 12 月 25 日。
② 迟福林：《教育需要第二次改革——"十三五"教育结构调整与改革的思考》，《中国井冈山干部学院学报》2015 年第 5 期。
③ 尹蔚民：《提高技术工人待遇》，《经济日报》，2015 年 12 月 14 日。
④ 李兰：《缓解就业市场结构性矛盾刻不容缓》，《经济参考报》，2015 年 3 月 5 日。
⑤ 《互联网至 2025 年将为中国创造 4600 万就业岗位》，中国日报网，2014 年 2 月 9 日。

2014 年下降两成。① 毕业生较低的就业专业对口率表面上是人力资源供给专业方向与企业用工需求不匹配,实质上是因为教育与人才现实需求结合得不够紧密。在薪酬方面,学历教育程度与薪酬待遇倒挂现象开始出现。《2015 年中国大学生就业报告》显示,2014 届大学毕业生半年后月收入为 3487 元②,而一些处于文凭学历末端的技术工人,月薪超过万元,且供不应求。

**2. 教育结构不合理**

(1)企业"用工荒"与现代职业教育发展滞后的矛盾。目前,唯学历、唯文凭的用人制度还比较普遍,职业教育的社会认可度、毕业生的社会地位和收入水平还较低,由此导致职业教育发展严重滞后,这是企业"用工荒"的根源所在。2014 年,我国高等职业院校在校生人数占所有高等院校在校生人数的比重为 39.5%(见图 5-1);而德国超过 50% 的高中毕业生在上大学前接受过职业技能培训,美国超过 57% 的劳动力接受过职业技能培

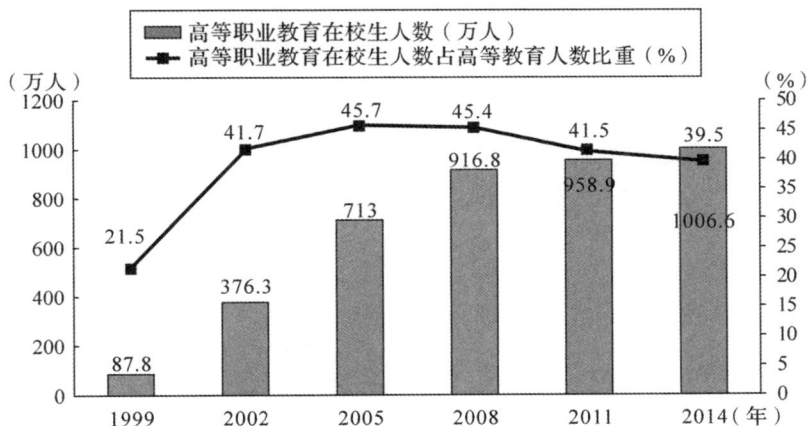

图 5-1　1999—2014 年我国高等职业教育在校生人数及比重变化

数据来源:根据教育部 1999—2014 年教育统计数据整理。

---

① 《2015 毕业生想来北上广深就业的少了　实际签约数不低》,《羊城晚报》,2015 年 6 月 12 日。
② 麦可思研究院:《2015 中国大学生就业报告》,社会科学文献出版社,2015 年。

训。[①] 西方发达国家特别是制造业强国,高技能人才数量占到劳动者总数的40%以上;2014年,我国技能劳动者有1.57亿人,其中高技能人才4136万人,仅占26.3%。[②]

（2）大学生"就业难"与高等教育"同质化"发展的矛盾。当前我国教育"做大总量""千校一面"的特点比较突出。自1999年高校扩招后,我国高等教育事业经历了高速发展,高校毕业生由2001年的114万人增至2015年的749万人（见图5-2）,年均增长率达到14.4%。但大学扩招并没有带来人力资本的快速提升,反而出现大学毕业生整体素质下降的问题。"找100个大学生不难,找100个高级钳工却是难上加难",这一现象在一定程度上反映了教育供给结构与经济发展的不适应。一些高校主要精力放在追求学科专业"大而全",缺少特色,高校专业设置"同质化"问题突出。许多院校为了向国内外一流大学看齐,不顾自身现实水平,盲目开设新专业,建设实验室,争相设立硕士点、博士点。似乎所有的大学都要向研究型大学转变,在不清晰的办学定位的指导下,人才培养目标更加模糊,人才培养质量不断下降,进而造成学生的专业基础不扎实、专业情感不牢固,最终导致就业难的现象。[③] 事实上,世界一流大学中很少有覆盖所有学科专业的,按美国教育部学科专业目录统计,麻省理工学院、普林斯顿大学、斯坦福大学的学科覆盖率分别为54.2%、62.5%、70.8%。[④]

---

① 王学力:《提高我国技术工人待遇　推动"中国制造2025"》,《中国劳动保障报》,2015年11月1日。
② 尹蔚民:《提高技术工人待遇》,《经济日报》,2015年12月14日。
③ 阎婧祎:《中国大学的同质化现象分析及对策》,《大连民族学院学报》2015年第7期。
④ 杜玉波:《高等教育要更加适应经济社会发展需要》,《中国教育报》,2014年7月24日。

（万人）

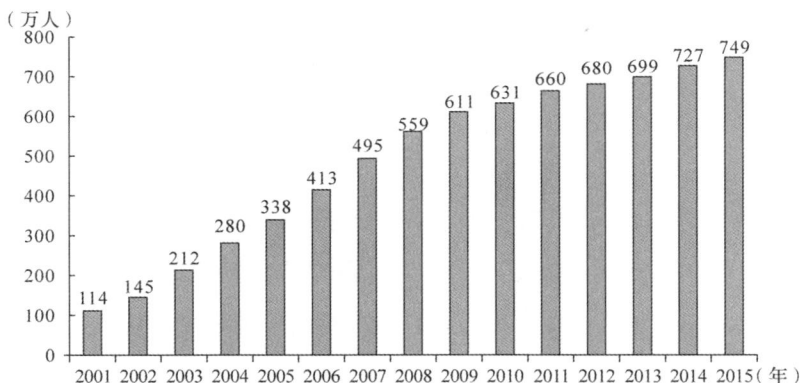

图 5-2　2001—2015 年全国高校毕业生人数

数据来源：根据教育部 2001—2015 年教育统计数据整理。

（3）产业结构变化与专业设置调整滞后性和盲目性的矛盾。一方面，专业设置调整滞后于经济社会发展对人才的需求变化。根据《普通高等学校本科专业设置管理规定》，公办高校、民办高校在专业设置和调整上需严格按照相关文件要求报教育部备案，即使获得自主权的学校，也只能在指导性目录中自主设置专业，不能对专业进行更改；对于高校设置尚未列入专业目录的新专业，需经严格的程序报教育部门审批。对于最贴近市场需求的民办高校，课程和专业设置也按照公办学校一样"被规范"，特色难以彰显，由此严重制约人才的差异化发展。另一方面，高校专业设置又存在"一哄而上"的现象，很多学校自身缺少基本的师资和硬件实践设施。专业设置调整的滞后性和盲目性，导致人才供给要么相对过剩，要么相对不足，与市场需求脱节的问题比较突出。

**3. 教育结构不合理反映了教育发展方式转变滞后**

（1）重高教，轻基础。根据《2014 年全国教育经费执行情况统计公告》，在各级教育经费支出中，普通高等学校生均公共财政预算教育事业费支出和生均公共财政预算公用经费支出最高,分别是小学的 2.1 倍和 3.4 倍[1](见表 5-2)。政府对高等教育的高投入,不仅造成政府对高校办学自主权的过多干预,而且对社会资本投资高等教育等非基本公共服务产生一定的"挤出效应"。

(2)重公办,轻民办。民办教育与公办教育都属于国家公益事业,民办教育已从一种补充教育转变为我国高等教育的重要组成部分,有力地推动了高等教育大众化的进程。但现实中,民办教育难以获得财政、税收、土地等政策性资源支持。例如,2013 年,上海民办高等教育财政支持经费仅为 4 亿元,占全市教育财政投入的 2.2%,而民办高校在校生数量占 18%;同样,2011—2013 年,深圳市每年平均投入民办教育的经费仅为 5 亿元,占全市教育总投入的比例不到 2%,而民办学校在校生数量占 38.4%。[2] 不平等待遇也反映到学生身上,相关调查显示,公办高校与民办高校的学生获得助学贷款的机会分别为 7.79% 和 1.17%,获得资助奖学金的机会分别为 56.6% 和 11%。[3]

(3)重理论,轻实践。我国人才供给的结构性矛盾,还表现在重理论、轻

表 5-2　2014 年全国公共财政对各级教育支出情况

| | 生均公共财政预算<br>教育事业费支出(元) | 生均公共财政预算<br>公用经费支出(元) |
|---|---|---|
| 小　学 | 7681.02 | 2241.83 |
| 普通初中 | 10359.33 | 3120.81 |
| 普通高中 | 9024.96 | 2699.59 |
| 中等职业学校 | 9128.83 | 3680.83 |
| 普通高等学校 | 16102.72 | 7637.97 |

数据来源:教育部,国家统计局:《财政部关于 2014 年全国教育经费执行情况统计公告》,教育部网,2015 年 10 月 13 日。

---

①　教育部,国家统计局:《财政部关于 2014 年全国教育经费执行情况统计公告》,教育部网,2015 年 10 月 13 日。
②　朱永新:《为民办教育创造公平友好的制度环境》,《河南教育(基教版)》2014 年第 10 期。
③　周小华:《把民办高校纳入国家财政保障范围》,《长沙晚报》,2015 年 3 月 8 日。

实践的知识结构,毕业生技能操作能力比较差等方面。根据《2013 年中国大学生就业报告》,2008—2010 届大学毕业生,无论本科毕业生还是高职高专毕业生,毕业时对基本工作能力掌握的水平均低于工作岗位要求的水平。近年来,为缓解就业压力,相当多的大学生毕业后"回炉"进技校学习。

(4)重普通,轻职业。2005—2013 年,财政性职业教育经费年均增长 25％,但从比重看,根据《中国教育经费统计年鉴 2014》数据,2013 年,全国财政性职业教育经费占国家财政性教育经费的比例仅为 10.38％左右(见图 5-3),与同阶段普通教育(26.43％)相比仍明显偏低。

**4. 规模型、考试型、封闭型、行政化的教育体制难以为继**

(1)规模型、考试型、封闭型。无论是教师还是学生,规模产出的特点十分突出,把应试能力放在首要位置,在人力资源评价体系上限于封闭体系内的自我评价。例如,大学生就业难与教师队伍结构、教师业绩评价体系有直接关系。欧美国家应用技术型大学普遍从行业企业中引入优秀专业技术人才和高技能人才。反观我国,很多地方高校教师队伍来源相对单一,"双师型"教师比重不高,难以满足技能型职业人才培养的需求(见表 5-3)。另外,长期以来,从普通高校到职业院校,"唯论文论"

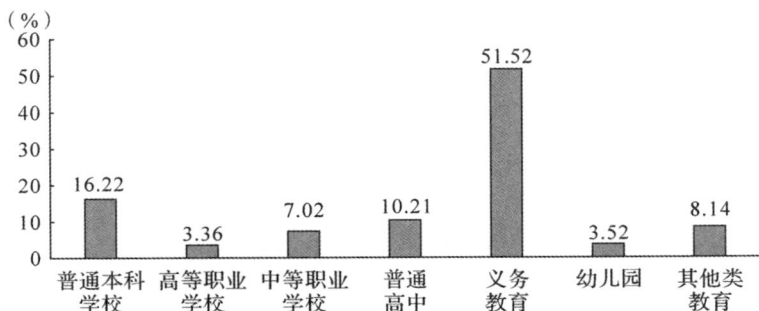

图 5-3　2013 年国家财政性教育经费在各级各类教育中的分配比例情况

数据来源:教育部财务司,国家统计局社会科技和文化产业统计司:《中国教育经费统计年鉴 2014》,中国统计出版社,2015 年。

表 5-3  中美职业教育教师对比

|  | 中　国 | 美　国 |
|---|---|---|
| 准入 | 一是学历达标；二是取得教师资格证，考取教师资格证只要通过教育学、教育心理学和普通话三门课程考试，对实际教学能力的考核是个空白。 | 一般需在他们所教范围内取得学士学位，并对所教的技术课程有 1 年以上的实际工作经验才可取得职业教育教师资格证。 |
| 教师结构 | "双师型"教师比例偏低，部分"双师型"教师素质偏低。 | 具有一线实践经验的兼职教师居多，如美国社区学院的兼职教师占到全体教师的60％以上。 |
| 考核 | 教师考核一般在本校完成，考核效果不明显。 | 每年都要对在职教师资格进行评审鉴定，其内容包括教学、科研和服务三个方面，其中服务包括在校外团体中或参与社会服务的情况，如为企业提供的产品开发等。 |
| 课程设置 | 教师一般忽视或放弃对职业教育教学规律的学习和研究，造成教学过程偏重理论学习，忽视了应用性、实践性的知识。 | 针对不同专业设置不同的课程体系，课程设置个性化十足，对学生提高兴趣和锻炼技能具有重要作用。 |
| 任期 | 一般为终身制。 | 美国高职院校教师实行任期制，一般包括短期合同制和终身制申请权两种。 |
| 教师在职培训 | 教师的职前培养和职后培训没有形成一体化的机制，使教师缺乏在企业进行培训的机会，没有形成一个与企业联合培养和使用教师的有效机制。 | 到 20 世纪 90 年代中期，开始从以教学为中心向以学习为中心转变，实施了综合的教师发展项目，同时也注意到管理者、教学人员及教学辅助人员的同步发展，开展全员培训，培训的项目涵盖从职前的教育培训到在职的进修。 |

资料来源：中国（海南）改革发展研究院课题组整理。

成为教师职称评定的主要考核指标，教学能力再好，也只是记上"工分"，职称的评定主要看在"核心期刊"发表多少论文。这种"重科研、轻教学"的教师评价体系，往往只能是培养出动手能力弱、知识应用能力差的学生，难以满足企业的用工需求。

（2）高校的"行政化"色彩浓厚。目前，高等教育管理以行政为主导的特点相当突出，落实学校办学自主权、实现专家治校还有很长的路要走。在高等教育资源配置上，行政主导的资源配置更多地向普通高等教育倾斜，而对高等职业教育投入不足。① 尽管近几年我国职业教育有较快的发展，但总体来看，职业教育与经济社会转型进程不相适应的矛盾比较突出，仍是我国教育的短板。为此，优化民办教育发展环境，鼓励社会力量兴办教育，形成民办教育与公办教育平等竞争、共同发展的新格局，关键在于推进教育的"去行政化"改革，形成公平竞争的制度环境。因此，需要进一步明确中央与地方的教育职能分工，形成与提高教育质量、加快经济社会转型升级相适应的教育治理结构。

（3）教育市场开放滞后。从现实看，我国教育市场的开放程度与教育发展的需求仍不相适应，社会资本和外国资本进入教育领域还面临着比较多的政策制约和繁琐的行政审批程序。例如，要发起设立一个民办职业教育学院，面临着行政许可、资金、土地、人事制度等一道道难关，错失发展机会，大大制约了教育市场的活力和生机。

## 二、基本形成与经济转型升级相适应的教育结构

改革开放以来，充裕的适龄劳动力人口支撑起了我国经济的高速发展。如今，在我国人口老龄化和劳动力人口逐年递减的现实情况下，数量型人口红利正逐年递减，到 2020 年基本形成与经济转型升级相适应的教育结构，我国才有条件形成新的人力资源红利，形成提高全要素生产率的制度保障。

### （一）形成与经济转型升级相匹配的教育结构

着眼经济转型升级大趋势，立足现实突出矛盾，要加快教育结构的战略性调整，实现教育从规模型、考试型、封闭型、行政化向质量型、能力型、

---

① 迟福林：《教育需要第二次改革——"十三五"教育结构调整与改革的思考》，《中国井冈山干部学院学报》2015 年第 5 期。

开放型、专业化的转变，到 2020 年，基本实现教育现代化，基本形成学习型社会，进入人力资源强国行列。

### 1. 强化基础教育

一个国家要成为人力资源强国，基础教育是根本。只有基础教育做好了，才有条件发展高质量的职业教育和高等教育。基础教育意味着教育公平和教育的普惠性，让所有学子都能有平等受教育的机会，是建设共享社会的基石。保障公民依法享有受教育的权利，促进义务教育均衡发展，合理配置教育资源，向农村地区、边远贫困地区和民族地区倾斜，加快缩小教育差距，到 2020 年，普及高中阶段教育，率先对建档立卡的家庭经济困难学生实施普通高中免除学杂费，实现家庭经济困难学生资助全覆盖。在全国范围内普及 12 年义务教育，使高中阶段毛入学率达到 90％以上。

### 2. 突出职业教育

把发展现代职业教育放到更加突出的位置，大幅度增加职业学校数量，推进产教深度融合，实行中等职业教育免费制度，完善家庭经济困难学生资助政策，培育符合实际需要的技能型人才。到 2020 年，新增劳动力平均受教育年限从 12.4 年提高到 13.5 年，主要劳动年龄人口平均受教育年限从 9.5 年提高到 11.2 年，基本形成适应经济转型升级和产业变革需要、体现终身教育理念、中等和高等职业教育协调发展的现代职业教育体系，满足人民群众接受职业教育的需求，满足经济社会对高素质劳动者和技能型人才的需要。

### 3. 调整优化高等教育结构

目前我国有 2500 多所高校、3000 多万学生，居世界第一，但高等教育结构不合理，主要表现在培养理论型、学术型人才的学校比较多，培养技术、技能型人才的学校比较少。确立应用技术类型高校在高等教育体系中的地位，加大对应用技术大学的经费投入，优化学科专业、类型、层次结构，促进多学科交叉和融合，重点扩大应用型、复合型、技能型人才培养规模。到 2020 年，建成一批国际知名、有特色、高水平的职业技术学校，若干所大学达到或接近世界一流大学水平，高等教育国际竞争力显著增强。

### （二）教育结构调整的重大任务

"十三五"是教育改革的关键时期。着眼经济转型升级大趋势，立足现实突出矛盾，以教育结构调整为重点，统筹推进教育市场开放和教育体制改革。

#### 1. 以职业教育为重点调整高等教育结构

（1）推进多元化高等教育体系建设。建议把高等院校分为综合类大学、研究类大学、技术应用类大学等三大类进行管理，明确各类学校的发展定位、人才培养目标及模式，不断优化各自专业结构，突出自身特色，避免"同质化"发展。综合类大学采取全科培养模式，注重提高学生综合素质和学习能力，着力培养学习型人才；学术类大学着力培养研究型人才；技术应用类大学着力培养高素质的技术技能型人才。

（2）以提高技术应用类高校占比为重点调整高等教育结构。欧美发达国家应用技术型人才与学术型人才培养的比例一般是 8：2，但我国这一比例存在较大失衡。[①]"十三五"，应加快推动一批普通综合类高校转型为技术应用类高校，选择一批高等职业学校升级为技术应用类高校，不断提高技术应用类高校占比。

（3）创新本科和研究生层次职业人才培养机制。放宽高等职业学院开设研究生课程的限制，鼓励高等职业教育学院探索专业学位研究生培养模式；鼓励高等职业教育机构适应市场需要，对不同职业的课程需求进行分析，允许部分研究生课程转化为高等职业教育课程；探索职业教育学分累

---

① 王志英：《地方本科院校转型应用技术类型高等学校途径探讨》，《现代企业教育》2014 年第 16 期。

积制度，学生达到条件即可申请获得研究生学历证书。

**2. 实现高等教育体制改革的实质性突破**

（1）明确政府在教育管理中的职能。改变政府"包打天下"的教育发展格局，明确政府保障基本教育服务供给的责任；强化教育行政部门在教育决策中的主导地位及其政策制定和监督等职能，减少和消除教育行政部门对各类学校的微观干预。

（2）以"公益性、专业性和独立性"为导向改革公共教育机构，形成专业、高效的教育执行系统。加快推进学校"去行政化"，逐步取消学校行政级别，建立专业导向的学校治理结构，推进专家治校；进一步推进简政放权，扩大学校的办学自主权，重点是全面扩大学校在招生规模、专业设置创新、教师评聘等方面的自主权。

（3）明确中央地方教育职责分工，扩大地方高等教育办学自主权。细化从中央到地方每一级政府的职责分工，鼓励地方在教育改革上积极探索、先行先试。

（4）探索民办高校分类管理制度。积极探索建立非营利性和营利性的民办学校分类管理制度，给予非营利性民办高校在土地使用、财政扶持、师资培养等方面与公办高校同等待遇。

**3. 以创新为重点深化教育改革**

质量不高、创新不足是教育发展面临的突出矛盾。尽管我国教育总量不断扩张，但创新成果较少。例如，2011年，美国信息服务业的整体劳动生产率是我国的4.1倍。创新不足导致我国关键技术自给率低，对外技术依存度达50%以上，而发达国家对外技术依存度平均在30%以下，美国和日本只有5%左右。① 面对全球新一轮科技革命和我国经济转型升级大趋

---

① 迟福林：《"十二五"时期教育公共服务体系建设：突出矛盾与主要任务》，《经济社会体制比较》2011年第2期。

势,特别是面对"互联网＋"时代,最重要的是培养有创新思维、批判思维、创新能力的人才。这就需要着力打破以应试为导向的教育模式,创新教育方式,激发学生的好奇心和想象力,形成以创新为导向的教育新理念。

# 三、推进教育市场开放

我国进入发展型新阶段,广大社会成员教育需求多样化、个性化的趋势已经形成,但教育领域政府唱"独角戏"的特点依然突出。加快教育市场开放,形成教育领域多元投资主体,成为破解教育供求结构性矛盾的根本途径。

## （一）以开放教育市场满足多样化、个性化教育需求

不能把开放教育市场简单地看成教育市场化。满足多样化、个性化的教育需求,是提升国家人力资源的重大举措。教育需求的多样化、个性化,使得我国客观上形成了一个教育大市场,这个大市场不仅不应当受到压抑,还应当充分挖掘其市场潜力。

### 1. 当前我国教育需求呈多元化发展趋势

随着我国经济社会的发展,当前我国教育需求已经呈多元化发展趋势。教育需求不仅总量膨胀,还呈现出需求多样化的趋势。多样化的教育需求不仅表现在学历教育上,对非学历教育也提出了更高要求,素质教育、全人教育理念更加深入人心;不仅表现在基础教育和中等教育,也表现在高等教育。另外,寄宿教育、特色教育、优质教育、外来务工人员子女教育等各类教育需求层出不穷。例如,2014 年全国教育事业发展统计公报的数据显示,全国义务教育阶段在校生中进城务工人员随迁子女共 1294.73 万人,农村留守儿童共 2075.42 万人,[①]他们的教育需求十分巨大,教育问

---

① 《2014 年全国教育事业发展统计公报》,教育部网,2015 年 7 月 30 日。

题不容忽视。

## 2. 教育市场受抑制导致社会需要的教育资源供给不足

（1）供给数量不足。对于如今教育多样性、多元化、个性化需求不断加大，中国现行教育供给显得"力不从心"，甚至出现了"中国式升学"的现象，一个典型案例就是"天价学区房"高热不退。另外，教育资源的分配不均等情况也较为突出，例如，从"211 工程"和"985 工程"等重点高校的地区分布来看，过度集中在北上广、东部沿海省份或湖南、湖北等中部文化大省，而新疆、宁夏、青海、西藏等西部地区省份占比几乎为零。

（2）供给质量不高。随着人们生活水平的提高，城乡居民尤其中高收入群体对教育的需求，正由过去的"能上学"转变为"上好学"。但由于国内优质教育资源供给不足和教育领域开放度低，大量教育消费外流。目前，我国已成为世界上最大的留学生生源国，并呈现低龄化趋势。2015 年，我国出国留学人员总数为 52.37 万人，比 2014 年增加 6.39 万人，增长 13.9%。[①] 中国留学生对美国每年的经济贡献超过 44 亿美元，对英国每年的经济贡献约为 80 亿英镑。[②] 过去大多数中国留学生是读研究生，现在读本科的留学生的比例正不断增加，从 2005 年到 2012 年增加了 9 倍，[③]越来越多的中国学生到国外寻求比国内更好的教育机会。

## 3. 教育市场开放度比较低

（1）民办教育发展相对滞后。目前，依靠财政支持为主的公办学校的比重仍然很高。优质民办学校和委托社会公益组织承办的自收自支、转制型公办学校比例过低且发育不足，难以满足部分民众对多样化、特色化、优质化的教育服务需求。我国除民办学前教育外，其他各级各类民办教育在校生所占比重在总体上均低于 OECD 国家平均水平。另外，相较于普通

---

① 《2015 年，中国出国留学人数突破 50 万》，《北京晚报》，2015 年 3 月 23 日。
② 阙明坤：《以供给侧改革促民办教育消费升级》，《人民政协报》，2015 年 12 月 9 日。
③ 《中国赴美留学人数持续增长　两国均受益》，中国日报网，2014 年 9 月 30 日。

高校,我国对民办教育的公共经费投入差距悬殊。例如,2008 年,我国普通高校生均预算内教育经费投入为 7578 元,而民办高校的这一数字仅为 67 元。[①] 据《2014 年全国教育事业发展统计公报》,民办学校各级各类教育在校生数占全国同级同类在校生数的比例分别是:幼儿园 53%,小学 7%,初中 11%,普通高中 10%,中等职业教育 11%,高等教育 23%。[②]

(2)教育国际化水平偏低。根据《中国重点高校国际化发展状况的数据调查与统计分析》,中国重点高校平均每校外国留学生占在校生总数的比例大约为 3.7%,与欧美发达国家 10%～20% 的平均水平相比仍有较大差距。[③] 此外,中国高校外籍教师的比例也偏低,重点高校中外籍专任教师平均每校不到 40 人,占专任教师总数的 2.3%,而日本达到 3.4%,德国达到 9.5%。[④]

**4. 有序推进教育市场开放**

(1)教育市场向社会资本开放。民办教育的发展滞后导致国人多样化、个性化、特色化的教育消费需求难以得到满足。经过改革开放以来的市场化改革,我国放开的主要是工业领域,社会资本进入教育等服务业领域还面临着诸多政策制约和繁琐的行政审批。"十三五",应把鼓励社会资本进入教育市场,大力发展民办教育作为增加教育服务供给、优化教育结构的重点任务。

(2)教育市场向境外资本开放。适应教育国际化的大趋势,通过教育市场的双向开放,整合境外优质资源,鼓励教育"引进来"和"走出去",扩大对国内教育需求,吸引境外教育消费回流,提高教育的国际化水平。

---

① 吴霓:《我国民办教育发展的现状特点、问题及未来趋势——基于统计数据和政策文本的比较分析》,《教育科学研究》2015 年第 2 期。

② 教育部:《2014 年全国教育事业发展统计公报》,教育部网,2015 年 7 月 30 日。

③ 程莹,张美云,姐媛媛:《中国重点高校国际化发展状况的数据调查与统计分析》,《高等教育研究》2014 年第 8 期。

④ 《学位含金量和汉语成为来华留学最大障碍》,《留学》2015 年第 32 期。

## （二）使社会资本成为教育发展的重要力量

社会教育社会办，是克服教育供给主体单一、缓解教育供求矛盾的重要方式。教育市场对社会资本放开，使社会资本成为教育事业发展的重要力量，这是教育领域二次改革的重大任务。

### 1. 确保社会资本办学渠道畅通十分关键

近年来，中国的一些富人把不少钱捐赠给外国的学校，引发了社会各方面的争议。事实上，在发达国家，社会捐赠办教育是很正常的事情。如果人为地限制社会资本的比例，社会资本进入教育领域的渠道不畅通，社会捐赠办学的潜力就难以释放出来。

建议尽快在社会资本办学上实施负面清单管理。积极开放教育各个领域，吸引社会力量和民间资本进入，为不同参与主体营造一个公平有序的竞争环境，不断增强教育公共品的供给能力。支持各类办学主体通过多种合作方式（如独资、合资、股份制等）办学。鼓励大中型企业以职业学校为重点进行投资办学，鼓励优质公办学校通过各种方式参与、支持民办学校办学。

### 2. 允许发展社会资本控股的学校

（1）争取"十三五"将社会资本占教育总投入比重提高到5％作为预期目标。社会资本占教育总投入比重的世界平均水平在5％～10％。[1] 近年来，我国社会资本投资教育总量在不断增加，但社会资本（民办学校中的举办者投入、社会捐赠经费两项之和）占全国教育经费的比重呈下降趋势，从2010年的1.09％下降到2013年的0.77％（见图5-4）。"十三五"，应通过政策倾斜，努力促进企业、社会团体、社会捐赠投资办教育。到2020年，将社会资本占教育经费的比重提高到5％左右作为重要的预期性指标。

---

[1] 迟福林：《转型闯关——"十三五"：结构性改革历史挑战》，中国工人出版社，2016年。

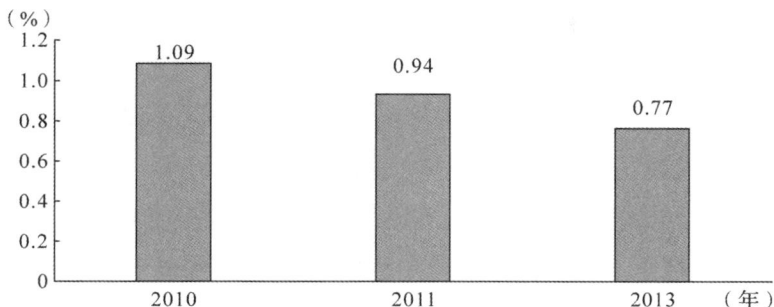

图 5-4 社会资本占教育经费总投入的比重

注:社会资本——民办学校中举办者投入＋社会捐赠。

数据来源:根据《中国教育经费统计年鉴》(2010—2014)数据测算。

(2)教育领域社会资本控股的学校,只要能够按照国家法律法规行事,不应当受到政府不合理的干涉。建议开展混合所有制办学试点,允许在高等教育领域发展民间资本控股、参股的混合所有制;允许以资本、知识、技术、管理等要素参与办学并享有相应权利,鼓励营利性民办教育机构建立股权激励机制;利用混合所有制推动公立大学改革,引入社会资本;鼓励上市公司和科技企业投资兴办技术技能型大学;探索建立混合所有制学校法人结构。积极鼓励公办学校与民办学校相互购买管理服务、教学资源、科研成果;推广政府与社会资本合作(PPP)模式,鼓励社会资本参与教育基础设施建设和运营管理,提供专业化服务。

(3)探索引入社会企业制度。借鉴英、美国家经验,对于营利性民办高校可以引入社会企业制度,探索公益目的和商业模式跨界结合;实行教职工持股制度,收益可以有限分红;在税收上可按照高新技术企业享有减免税优惠。

**3. 政府要对公办、民办教育一视同仁**

(1)公办、民办教育在土地、财政支持等多方面享有同等待遇。明确非营利性民办学校在政府购买、财政支持、土地使用等方面与公立学校享受同等政策。民办学校用电、用水、用气、用热，执行与公办学校相同的价格政策。

（2）公办、民办教育享受与公办学校同等的税收优惠。对企业办的各类学校、幼儿园自用房产和土地，免征城镇土地使用税、房产税；对从事学前教育、学历教育的非营利性和营利性民办学校按国家现行规定免征营业税；对企业支持教育事业的公益性捐赠支出，按照现行税法有关规定，在年度利润总额 12% 以内部分，准予在计算应纳税所得额时扣除；对个人支持教育事业的公益性捐赠支出，按照相关规定在个人所得税前予以扣除；[①]境外向中国境内依法设立的非营利性民办学校的捐赠，按照有关规定，减征或免征进口关税和进口环节的增值税。

（3）使民办学校师生享受与公办学校同等待遇。只有同等待遇，民办学校才能留住更多好老师，招来更多好学生。为此，应使民办学校教师在资格认定、职务评聘、培养培训、评优表彰、医疗保险等方面与公办学校教师享有同等权利；民办学校学生在评奖评优、升学就业、社会优待等方面与同级同类公办学校享有同等权利；各级各类非营利性民办学校与公办学校学生按规定同等享受助学贷款和奖、助学金等国家资助政策。

### （三）推动教育市场双向开放

克服封闭式办学，提升教育国际化水平，是振兴国家教育事业的重要途径。一方面，我国的教育需要学习发达国家的先进经验，这就需要优质教育"引进来"；另一方面，我国具有优势的教育可以"走出去"，以提高国家软实力。

**1. 在教育市场对外开放上解放思想**

近年来，经济条件稍微好一点的家庭送孩子出国留学的现象越来越普遍。而与其让中国的孩子付出更大的成本代价到国外读书，不如把发达国家的优质教育资源"引进来"。在教育市场对外开放上，需要超越传统思维，站

---

① 深圳市老龄办：《顶层设计发展老龄服务事业和产业》，《中国社会工作》2013 年第 7 期。

在提升国家人力资源的高度来看问题,而不是简单地阻止外资在中国办学。

**2. 支持发达国家优质教育资源"引进来"**

(1)引进境外优质教育资源。积极引进世界知名院校开展中外合作办学,允许并支持国外和港澳台地区知名大学、职业教育机构以控股方式在大陆地区设立合资分校,在特定地区设立独资分校;鼓励外商投资设立外籍人员子女学校,支持外商通过中外合作办学方式投资设立教育培训机构及项目,优化配置境内外教育资源,实现优势互补、良性互动。① 鼓励支持高水平、有特色的民办学校通过品牌连锁经营、中外合作办学等方式,引进优质学科、课程、师资、管理,整体提升教育教学质量;鼓励民办学校引进国外先进资源,聘请具有职业资格的外籍教师;支持高校和外国高校之间开展教师互派、学生互换、学分互认和学位互授联授;对国外进入的优质教育资源,在税收、用地、利润留成方面实行优惠政策,允许营利性教育机构赢利。

(2)允许在自贸区探索更大程度的教育开放政策。允许在自贸试验区大胆探索,建立教育国际合作交流综合改革试验区和高等教育国际化示范区,实施更大程度的教育开放政策。建议在负面清单中减少有关教育的限制管理条款,打破教育开放的诸多限制,在科学监管的基础上,允许在中外合作模式之外探索直接办分校模式。

【专栏 5-1】

### 2015 年自由贸易试验区教育领域负面清单

第 93 条　外国教育机构、其他组织或者个人不得单独设立以中国公民为主要招生对象的学校及其他教育机构(不包括非学制类职业技能培训)。

---

① 迟福林:《教育需要第二次改革——"十三五"教育结构调整与改革的思考》,《中国井冈山干部学院学报》2015 年第 5 期。

第94条　外国教育机构可以同中国教育机构合作举办以中国公民为主要招生对象的教育机构，中外合作办学者可以合作举办各级各类教育机构，但是：

（1）不得举办实施义务教育和实施军事、警察、政治和党校等特殊领域教育机构；

（2）外国宗教组织、宗教机构、宗教院校和宗教教职人员不得在中国境内从事合作办学活动，中外合作办学机构不得进行宗教教育和开展宗教活动；

（3）普通高中教育机构、高等教育机构和学前教育属于限制类，须由中方主导（校长或者主要行政负责人应当具有中国国籍，在中国境内定居；理事会、董事会或者联合管理委员会的中方组成人员不得少于1/2；教育教学活动和课程教材须遵守我国相关法律法规及有关规定）。

资料来源：《国务院办公厅关于印发自由贸易试验区外商投资准入特别管理措施（负面清单）的通知》（国办发〔2015〕23号），中国政府网，2015年4月8日。

### 3. 鼓励我国优质教育资源"走出去"

（1）鼓励我国优质教学资源配置拓展到海外。在海外开展中外合作办学项目，建立中外合作办学机构。支持高校优势学科，参与和设立国际学术合作组织、国际科学计划，与境外高水平教育、科研机构建立联合研发基地。支持具有相应实力的高校海外办学，开展国际合作和跨境教育服务。

（2）设立教育"丝绸之路"重大工程。加强国际统筹规划，遴选出我国优势学科和优质职业教育配合企业"走出去"；实现"一带一路"沿线国家国别和区域研究中心全覆盖，为国家实施"走出去"战略提供智力支持。

（3）鼓励出国留学。把国家需要的人才、优秀的学生选拔出来，送到国外高水平的学校、研究机构和国际组织中学习深造。加强对自费出国留学生的服务,规范自费留学中介,完善留学预警办法,加大"国家优秀自费留学生奖学金"力度;积极开展西部院校的公派出国项目,鼓励西部院校学生走出国门,培养国际视野,更好地服务西部建设。[①]

**4.建立完善的教育监管体制**

各方面担忧教育市场对社会资本开放、对外资开放之后,会出现各种混乱。事实上,政府可以按照国家法律法规,建立教育监管体系,从而避免靠行政审批来实施控制。这就需要建立教育国际化质量国家标准体系:完善办学质量保障体系和培育世界认可的教育标准,包括建设世界中小学教师培训基地,建立具有共识的合作办学、来华留学的教育质量指标体系;建立出国留学监管工作质量标准,建立教育国际化的综合监测体系。

**(四)重点加大职业教育市场开放**

发展现代职业教育,不单单是一个教育问题,也是经济问题和重大民生问题。"十三五",把发展现代职业教育放在更加突出的位置,重点扩大职业教育市场开放,推进产教深度融合,形成政府、企业、社会共同推动现代职业教育的发展合力。

**1.鼓励社会资本进入职业教育领域**

(1)放宽社会资本办职业教育的限制。降低社会资本进入中高等职业教育领域的门槛,积极支持社会办学主体通过多种出资形式兴办职业教育;简化设立职业教育学院的审批,在土地使用、财政支持、政府购买、人才培训等方面给予民办职业教育机构和公办机构同等的地位和待遇。鼓励大型国有企业和行业龙头企业组建职业教育集团,探索根据本行业现实需要制订培养计划的人才培养模式,促进职业教育与产业发展深度融合。

(2)深入推进校企合作。扩大学徒制的试点范围,鼓励地方开展"招生

---

① 甄学军:《教育开放现状与展望》,《开放导报》2014年第2期。

即招工、入校即入厂、校企联合培养"的现代学徒制试点,落实与保障试点院校的招生自主权;鼓励职业学校与合作企业通过学徒制、委托培养、购买合同等多种方式深入合作,对企业举办职业教育和培训的投入部分给予税收抵扣;在校企深度合作的基础上,推进学历证书与职业资格证书之间的"课证"融通,职业教育学历证书要突出对职业能力的培养,在企业获得的专业技术职业资格证书可以作为进入更高等职业教育机构学习的凭证。

(3)充分利用职业教育综合改革试点,探索引入社会资本的体制机制创新。探索发展股份制、混合所有制职业院校,鼓励以股权出让、股份合作、联合培养等多种方式,引导社会资本进入公办职业教育机构;允许以资本、知识、技术、管理等要素参与办学并享有相应权利。

(4)鼓励境外资本进入职业教育领域。支持各类职业院校引进海外优质教育资源,鼓励中外职业教育机构相互交流。实施中外职业院校合作办学项目,探索和规范职业院校到海外办学。推动与我国企业和产品"走出去"相配套的职业教育发展模式,注重培养符合我国企业海外生产经营需求的本土化人才。

**2. 创新提高职业教育水平的体制机制**

(1)促进职业教育与普通教育间的横向联通。通过改造、兼并、划转、整合等方式,推动一批普通本科高等学校转变成应用技术型高等学校和高等职业教育学校,举办本科职业教育;在财政拨款、融资条件、土地使用、人才培养等方面,对普通教育与职业教育一视同仁。

(2)加快探索中职、高职、本科相互衔接。加快职业教育"注册入学"招生制度改革,中等职业学校面向初中毕业生实行注册入学,高等职业院校面向中职毕业生实行注册入学;加快探索"学分银行"制,推动普通高校与高职院校间的学分转换,积极探索中高职本科一体化人才培养模式;加快职业教育学制改革,使普通高等院校可以招收职业院校毕业生,并与职业院校联合培养高层次应用型人才。

### 3. 加强对职业教育的政策保障

（1）加大财政向民办职业教育倾斜的力度。加大对民办职业教育的政府购买服务；按照民办学校当年培养合格毕业生的数量，给予民办职业学校不低于公办职业学校生均经费标准的生均奖励；鼓励地方按照本科院校预算内生均拨款水平的一定比例给予民办高职院校经费补助，并逐步提高补助比例。

（2）推行职业教育券。积极推行以直补个人为主的支付办法，将鼓励民办职业教育发展与推行职业教育券相结合，完善面向农民、农村转移劳动力、在职职工、失业人员、残疾人、退役士兵等接受职业教育和培训的资助补贴政策，既达到对城乡困难家庭学生和农民工子女的资助，又有利于民办职业教育机构通过公平参与竞争提高职业教育的质量。

## 四、加快转变教育发展方式

改革开放伊始，以恢复高考为标志的教育体制改革成功"破冰"，教育界成为我国最早推进思想解放的战线之一，教育领域也是改革最先取得突破的领域。然而，历经近40年的发展，教育领域出现种种弊端，反映出了传统教育发展方式的深层次矛盾。推动教育发展方式转变，成为教育"第二次改革"不可回避的重大任务。

### （一）形成质量型、能力型、开放型、专业化的教育发展方式

我国现行的教育发展方式带有规模型、考试型、封闭型、行政化的特点，这正是难以形成自主创新能力、人才供给失衡的重要原因。当前，需要加快转变为质量型、能力型、开放型、专业化的教育发展方式和理念，使教育充分符合人的发展、社会的发展。

## 1. 实现教育发展方式由规模型向质量型转变

我国教育发展的主要矛盾不再是总量规模不足(见图 5-5)，而是教育发展质量不高的问题。现有教育发展方式带有规模型的突出特点，各类教育都存在追求人才培养数量的现象。单纯从规模上看，我国近年来培养的大学生、硕士生、博士生都稳居全球第一。一些领域的研究生教育还出现盲目扩张"大跃进"现象，很大程度上忽视了教育的内涵发展和效益提高，教育资源、师资力量、专业设置跟不上经济社会转型对人才的需求，导致大学生综合素质、技能水平与产业发展需求不相适应，"就业难"问题也就在所难免。这就需要加快推进教育发展方式由规模扩张型向质量效益型转变。例如：(1)深化招生制度改革，逐步缩小全国统一高考、统一招生的范围，让一部分学校、一部分学科专业从统考统招中分离出来；(2)坚持就业导向，改革专业设置制度，保障学生掌握实际应用技能，为社会提供有效的人力资源；(3)把教学作为教师考核的首要指标，改变目前大学"重科研、轻教学"的教师评价体系，不断优化师资结构，引进高技能教师，提高师资力量。

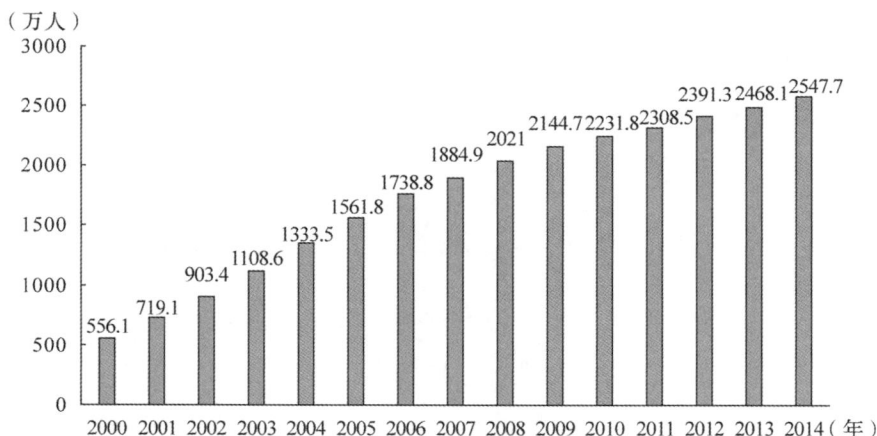

图 5-5　2000—2014 年普通本专科学校在校生人数

数据来源：国家统计局：《中国统计年鉴 2015》，中国统计出版社，2015 年。

**2. 实现教育发展方式由考试型向能力型转变**

早在 1999 年 6 月,中共中央、国务院颁布了《关于深化教育改革,全面推进素质教育的决定》,素质教育被确定为我国教育改革和发展的长远方针。然而,多年过去了,应试教育实际上仍然占主导位置,"考试成绩分数"和"升学率"仍然是评价学生和老师的"指挥棒"和"硬指标"。"只要学不死,就往死里学""提高一分,干掉千人"的高考动员口号,让很多学生的兴趣爱好和探求未知的热情淹没在应试教育中,师生成为分数的"奴隶"。"学渣班""陪读村"等现象的出现就是应试教育下的"怪蛋":学校将成绩最差的学生"分配到最差的教室,配备代课老师",被称为"学渣班";城市教育资源最好的学校附近出现了陪读村,家长能更好地监督孩子学习……这种以"分数"为指挥棒、以"灌输知识"为主要职能的应试教育理念、教育方式、评价机制带来了巨大的副作用,扭曲了育人本位,如不转变,就很难实现素质教育破题。

实现教育发展方式由考试型向能力型转变是社会方方面面期待的一件大事,需要尽快采取综合性举措实现改革的新突破。例如:推进办学机制创新,构建以职业发展和就业为导向的校企合作人才培养模式;强化实践环节教学,根据专业能力培养的要求,提高实践课程比重;推进职业教育课程内容与职业标准相衔接,尊重学生对学科专业设置和选择的意愿,实现政府、高校、教师、学生和市场在专业学科设置上的权力共享;[①]鼓励大型企业、科研机构和行业协会举办人才培养和职工培训融为一体,产教、科教融合发展,专业特色明显的特色学院。

**3. 实现教育发展方式由封闭型向开放型转变**

大学生毕业后的"二次回炉",反映出长期以来高校封闭型教育模式与

---

① 赵应生,钟秉林,洪煜:《转变教育发展方式:教育事业科学发展的必然选择》,《教育研究》2012年第 1 期。

经济社会发展需求脱节的深层次问题。高校的封闭性体现在专业设置、课程开设、教学模式等多个方面。例如，我国高校专业建设更多是以学科自身逻辑发展和学校需要为依据，而不是以经济社会发展实际需要为主要依据，在学科分类基础上的专业设置制度严重限制了专业种类的扩展。特别是在服务业加快发展的趋势下，封闭型的专业设置模式难以适应多元化的人才需求，难以改变人才供给的结构性矛盾。

改变我国教育发展与经济社会发展严重脱节的问题，关键在于打破"象牙塔"式的封闭型教育模式，打通学校与社会、学校与企业、政府与学校、学习与创业互联互通的通道；破除体制机制障碍，向市场放权、向社会放权、向地方放权、向高校放权，让教育模式从封闭走向开放。例如，推广部分省市的教学和学籍管理制度改革经验，建立创新创业学分累积与转换制度，高等学校在校学生休学创业的，允许调整学业进程，为其提供保留学籍休学创业机会。

### 4. 实现教育发展方式由行政化向专业化转变

教育不"去行政化"，办学自主权难以落实。近年来，国家把推进以高校为重点的"去行政化"作为教育改革的重点。但从现实情况看，公办教育机构的行政化程度在一些方面有强化趋势，主要表现在行政权力控制教育资源配置。比如，职称评定标准主要由行政权力部门制定。公办教育的行政化也延伸到民办教育，突出表现在民办高校办学自主权缺失，其招生、专业设置、课程开设、收费等权力多置于行政权力束缚下。又如招生，一些地方教育行政部门为民办学校划定招生区域、招生人数、录取标准、招生时间等，民办学校的招生与公办学校一同"被规范"。

这就需要理顺政府和学校、公办与民办、学校内部行政与学术等关系，必须加快破除教育行政化，以"公益性、专业性和独立性"为导向改革公共教育机构，进一步推进简政放权，扩大学校的办学自主权，形成专业、高效的教育执行系统。

## （二）加快推进教育"去行政化"

以行政化取代、淡化专业化不仅抑制了教育自身的发展，还带来了学术腐败的问题。尊重教育规律，让学校回归教育本位，推行专家治校，是深化教育综合改革，破除教育发展体制机制性矛盾的重要一环。

**1. 教育"去行政化"能够克服教育领域的种种弊病**

（1）实现专家治校。行政要求标准统一、整齐划一，如此才便于管理，但这就使全国学校低水平同质化严重。按照做学术的规律指导教育，解决培养不出来大师的问题，实现人才培养的"百花齐放"。

（2）避免教育贪腐。解决一些学校领导挪用公款、学校基建贪污、招生入学受贿等教育贪腐行为。防止一些老师不安心教书，到处"走穴"挣外快，杜绝学术腐败、学风败坏。

（3）提高学校领导对自身职责的忠诚度。没有了行政级别，他们才能心无旁骛，对专业负责，对教育事业本身专注，而不需要通过走关系谋取提拔。

**2. 完善学校内部法人治理结构**

（1）取消学校行政级别。教育"去行政化"，关键是取消学校的行政级别，首先是取消校长的"官帽"。扩大地方校长公选试点，对于所有通过公选上任的校长，取消行政级别；探索校长职级制，推行"专家型校长"，让教育家办教育，实现"校长岗位专业化"；在任命校长时，取消级别称谓。

（2）建立健全高校理事会。建立普通高等院校理事会，优化人员构成；探索建立独立理事制度。充分发挥其在加强社会合作、扩大决策民主、争取办学资源、接受社会监督等方面的作用。

（3）保障学术委员会相对独立地行使职权。依法设立学术委员会，逐步形成以学术委员会为核心的学术管理体系与组织架构，并行使学术事务的决策、审议、评定和咨询等职权，实现行政权力与学术权力的相对分离，保障学术权力相对独立行使。建立完善对违反学术规范、学术道德行为的认定程序和办法，维护良好的学术氛围。

（4）建立校务公开制度。完善各类信息公开制度，重点加大高校在招生考试、财务资产及收费、人事师资、教学质量、学生管理服务、学位和学科、对外交流与合作等方面的信息公开力度，保障教职工、学生、社会公众对学校重大事项、重要制度的知情权，接受利益相关方的监督。建立新闻发言人制度，及时准确回应师生和社会关切。

### 3. 扩大高校办学自主权

20世纪中期，美国斯坦福大学从平庸迅速崛起为世界顶尖的研究型大学，这一转变源于1951年斯坦福大学工程学院院长弗雷德里克·特曼（Frederick Terman）决定在校园创办工业园区，将近千亩校园土地廉价租给新兴企业和研究所使用。就是这样一个决定，奠定了硅谷的基础，也彻底改变了斯坦福大学的发展命运。可以说，这一案例是高校自主办学、通过运作自身财产和经费，成功地将学术和教育的逻辑与企业及市场的逻辑深度融合的典型，不仅斯坦福大学在创新人才培养和高科技研发方面获益不可估量，也使得美国高科技发展向前跨越了一大步。借鉴发达国家成功经验，一是要扩大和落实高校自主招生权；二是要扩大高校专业设置权；三是要扩大高校岗位设置管理自主权；四是要扩大高校财产经费管理自主权。

### 4. 正确处理好政府与学校的关系

政府应该改变把学校当作下属行政机构来管理，改变"统、包、管"模式。对于基础教育，政府教育部门应当明确主要职责：一是依法保障对学校的投入，解决学校办学条件简陋、师资素质不高、发展不均衡等问题；二是监督学校依法办学，不能直接干预学校办学，不适当用行政权力搞劳民伤财的评比等。

对于高等教育,政府的主要职责应放在宏观管理方面,主要是制定相关法律、法规、政策,监督学校的质量等。政府需要改变直接管理高校的机制、直接分配资源等,否则,学校会为了获得资源,只对上负责,而不对学生负责。

### （三）发挥市场在教育资源配置中的重要作用

当前,教育体制改革的任务之一就是要发挥好市场这只"无形的手"和政府这只"有形的手"的作用,构建政府宏观管理、学校自主办学、社会多元评价的良性体系,形成"政府管教育、学校办教育、社会评教育"的教育发展新格局。

#### 1. 市场应在教育资源配置上发挥重要作用

中华人民共和国成立以来直至20世纪80年代,与计划经济体制相适应,政府成为教育资源配置的唯一主体。长期以来,这种高度集权的管理体制,造成教育资源存量、增量不足,使用效率低下,也带来学校普遍存在"等、靠、要"的懒惰意识。

以两个现象为例。第一,近年来我国放宽了教育领域的市场准入,但教育领域仍存在较多的行政管制,尤其是高端教育市场,造成大量教育消费外流现象。如今,留学的趋势已经从大学和高中蔓延到小学,低龄留学已然成为新风尚。根据国内最大的家长社区"家长帮"联合艾瑞咨询发布的《2016年中国家庭教育消费者图谱》调研结果,45.7%的受访家长希望将孩子送去留学。[①] 第二,教育改革滞后,导致民办教育发展步履维艰。对民办教育管制过多是导致近年来民办教育社会投入降低、学校数量减少的重要原因之一。

---

① 《中国家庭教育消费者图谱:低龄留学渐成风向》,腾讯教育网,2016年3月11日。

### 2. 扩大教育公共服务的有效供给

党的十八届五中全会提出"创新公共服务提供方式，能由政府购买服务提供的，政府不再直接承办；能由政府和社会资本合作提供的，广泛吸引社会资本参与"。教育也不例外，应当成为政府购买公共服务的重点领域，以促进教育行政职能的转变，扩大教育公共服务的有效供给。教育资源配置又具有一定的特殊性，在政府"确保底线、维护公平"的前提下，充分调动市场办学的积极性，实现提供主体和提供方式多元化，满足多样化、多层次的教育消费需求。特别是在高等教育和职业教育等非基本公共服务领域，加快推进市场化改革，推动学校间相互竞争，提高办学质量，不仅能促进毕业生充分就业，还能促使学生学以致用，提高创新创造能力，释放人才红利。

### 3. 转变政府管教育的理念

当前，教育领域的矛盾和问题，与教育理念的滞后直接相关。"十三五"，有效履行政府的教育管理职能，重在实现教育理念的五个转变：由办教育向管教育转变，由微观管理向宏观管理转变，由重点管高校向保基本、促公平转变，由重点抓学历教育向抓国民教育转变，由重点管审批向事中、事后监管转变。能否解放思想，转变教育理念，在相当大程度上决定着教育第二次改革的前景，决定着"办好人民满意教育"的成败，也决定着我国从人口大国向人才强国转型升级的进程。

# 第六章 建立公平可持续的社会保障体制

"十三五",随着人口老龄化时代的到来,养老、医疗等社会保障需求快速增长,人口城镇化要求建立城乡统一的社会保障体制;扩大内需、拉动消费有赖于一个健全的社会保障体系。"十三五"要以基础养老金全国统筹为重点,加快建立公平可持续的社会保障制度,夯实"社会政策要托底"的制度基础,为经济转型升级提供强大动力。

"十三五"，经济转型升级对社会保障制度改革的依赖性全面增强，以增强获得感为重点深化社会保障制度改革，有利于形成释放内需潜力的制度环境，是推进供给侧结构性改革的重点任务之一。

# 一、走向共享发展是社会保障改革的一个大趋势

把握中国进入发展型新阶段的大趋势，建立惠及 13 亿多人的社会保障体系，形成更加公平可持续的社会保障制度，已成为推进增长方式转型、建设共享社会的战略选择。

## （一）社会保障制度改革的新背景

改革开放 38 年来，我国进入以大众消费为主的消费新时代，消费结构升级释放巨大的消费潜力，成为经济转型升级的强大动力。问题在于，我国社会保障体系不完善严重抑制了消费需求潜力释放，导致经济转型动力不足。着眼于消费结构升级的趋势，加快实施全民参保计划，稳步提高社会保障水平，有效缩小社会保障待遇差距，才能提振 13 亿多人消费预期，

为我国稳增长、促转型提供强大动力。

**1. 消费结构升级对社会保障的依赖性全面增强**

2010年以来，我国消费率扭转了下降的趋势，呈现缓慢上升态势。但与巨大的国内消费市场相比，2014年51.2％的消费率水平仍然偏低。其根源主要是三个：一是"不敢买"，由于社保制度不健全，保障水平不高，预防性储蓄加大，从而限制了一般居民的购买能力；2013年，中国储蓄率达到50.2％，位居全球第三。不少研究表明，社保制度不完善是消费难以释放升级的重要原因。二是"买不起"，由于一次分配向劳动倾斜不够，二次分配社会公平不够，社保水平较低，造成中国基尼系数长期处于较高水平，一般居民购买力不足。三是"买不到"，由于服务市场开放不足，服务供给有限，高质量且价格合理的社保服务买不到。未来五年，如果能够全面完善以社会保障体系为重点的社会安全网，我国居民消费率有望在"十三五"提高10～15个百分点，达到50％左右。因此，推进社会保障体制改革，已经成为"十三五"供给侧结构性改革的重大任务。

**2. 推进人口城镇化转型对社会保障提出现实需求**

公平可持续的社会保障体系既是人口城镇化的重要目标，也是人口城镇化的重要任务和基本保障。"十三五"城乡统一的社会保障制度建设不破题，我国人口城镇化很难取得实质性进展。过去10多年来，我国相继建立起新型农村合作医疗制度和新型农村社会养老保险制度，改变了农村社会保障缺位的格局，基本实现了制度全覆盖。问题在于养老保险、医疗保险、最低生活保障制度、老年福利政策等社会保障都存在明显的城乡分割。例如，养老保险方面，城镇职工养老保险是强制参保，而新农保是政府引导，农民自愿参加，而且在保障水平上两者存在巨大差距。2013年城镇职工参保退休人员的月人均基本养老金达到2054元每月，而农村居民人均基本养老金为91元每月，前者比后者多21.6倍左右。尽管职工养老保险和城乡居民养老保险是不同性质的制度安排,直接比较其绝对值的意义有限,但这仍然反映出不同制度安排下的水平差距太大,尤其是与保障一个社会成员基本生存权的标准相比差距偏大。强调城乡统一的社会保障,在制度上要统一,在水平上可以有差距,但也不能差距过大。

### 3. 全面脱贫对社会保障提出迫切需求

党的十八届五中全会明确提出,到 2020 年中国现行标准下农村贫困人口实现脱贫,贫困县全部摘帽,解决区域性整体贫困。全面脱贫是全面建成小康社会的"硬约束",这就要求发挥社会保障在精准扶贫中的重要作用。当前,我国农村老年人以养老金为主要生活来源的比例偏低,2010 年仅占 6.1%,城市老年人的这一比例比农村老年人高 10 倍左右。[①] 绝大多数的农村老年人主要依赖子女或其他亲属供养。有研究表明,农村社会保障水平对农村贫困的综合影响程度达到 -0.608[②]。为此,"十三五",需要把完善社会保障制度作为全面脱贫的重要基础。

### 4. 人口老龄化对完善社会保障体系提出现实需求

我国已进入人口老龄化时代,老龄化程度快速提高,未富先老、未保先老的矛盾相当突出。未来五年,能不能加快完善社会保障,对应对老龄化的挑战有着决定性的影响。据统计,2015 年中国 60 岁以上人口达到 2.2 亿,占比接近 16.15%,65 岁以上人口超过 1.4 亿,占比为 10.47%,老年人口数量居全球之最。根据联合国预测,2030 年中国老年人口规模将翻一番,接近 3.5 亿。随着人口老龄化程度的不断提高,养老服务需求不断加大。据北京大学国家发展研究院发布的中国健康与养老追踪调查显示,23.8% 的老人日常行动有困难,54% 患有高血压,40% 患有抑郁症。据统计,农村"空巢老人"健康状况差的占 27.2%,患慢性病的占 65.5%,长年

---

① 《中国仅两成多老人主要靠养老金生活》,《新京报》,2012 年 10 月 23 日。
② 郑鑫:《农村贫困与社会保障水平的关系研究》,上海工程技术大学硕士论文,2014 年。

患病的比例高达 70%～80%。为此，"十三五"要适应人口老龄化趋势，必须加快完善社会保障体系。

## （二）社会保障制度面临的突出问题

随着我国经济社会全面发展，城乡居民对公平的社会保障的需求全面增强。同时，我国社会保障制度中的矛盾与问题也日益暴露出来。

### 1. 基础养老金统筹层次低成为突出矛盾

（1）养老保险缴费比例不统一。目前，我国城镇职工基本养老保险的社会统筹账户完全由企业负担，按职工缴费工资总额的 20% 缴费。然而，由于各地发展水平不同，养老负担不平衡，企业缴费比例差别较大。北京、天津、合肥、成都等地的企业缴费比例为 20%，而东南沿海经济发达地区由于青壮年劳动力大量流入，抚养比不高，企业缴费比例较低，如广州、杭州的企业缴费率分别仅为 12% 和 14%（见表 6-1）。

（2）养老保险基金管理不统一。全国养老保险基金管理主要有省级统收统支和省、市两级调剂管理两种类型。

（3）养老保险征缴体制不统一。由于各省选择不同的征管机构和征收方式，导致征缴体制不统一，影响了社保征收管理工作的协调和效率。

表 6-1　部分城市基本养老保险企业缴费比例

| 城　　市 | 基本养老保险企业缴费比例（%） |
|---|---|
| 北　京 | 20 |
| 上　海 | 21 |
| 天　津 | 20 |
| 广　州 | 12 |
| 合　肥 | 20 |
| 南　京 | 20 |
| 杭　州 | 14 |
| 西　安 | 20 |

续　表

| 城　市 | 基本养老保险企业缴费比例（％） |
|---|---|
| 太　原 | 20 |
| 济　南 | 20 |
| 福　州 | 18 |
| 长　沙 | 20 |
| 成　都 | 20 |

资料来源：中国（海南）改革发展研究院课题组整理。

### 2. 大病保险是完善社会保障制度的"重头戏"

党的十八大提出，到2020年，城乡基本公共服务均等化总体实现。过去几年，我国政府加大了社会政策调整力度，加大了财政投入，基本公共服务基本实现全覆盖，保障水平不断提高。在基本医疗保险方面，我国建立了世界上最大的保险网。与此同时，城乡居民"因病致贫、因病返贫"问题还比较突出，一些大病患者因费用过高而中止医疗的现象时有发生。2015年10月底，李克强总理在中央党校的讲话指出："全国近3000万个贫困家庭，约1200多万个家庭是因病致贫。"也就是说，因病致贫的家庭占比达到40％左右。"十三五"建设共享社会对全面实施大病保险提出了迫切需求。

### 3. "低缴费困局"制约制度可持续

一般来说，养老保险体系既要在不同群体间实现待遇水平的公平，又要在同一个参保人中实现贡献与待遇的公平挂钩。我国养老保险体系在待遇公平方面存在体制性差别，在贡献与待遇相挂钩方面也存在较多的漏洞。这是形成道德风险和逆向选择的重要原因。一是实际费率低于规定费率，各地企业缴费率差别较大。这在世界各国是不多见的。比如广东和浙江等发达地区，企业的缴费率远低于其他地区。二是实际费基小于真实费基。为了少缴费，绝大部分企业和职工缩小费基，并没有按真正工资水平缴费，而是按当地社会平均工资缴费。从全国参保人的缴费比例来推算，缴费的工资基数仅为实际工资的60％左右，缴费收入减少了至少三分之一,严重影响了养老保险制度的可持续性。

## （三）社会保障制度改革的目标要求

"十三五"是我国社会保障改革的关键时期,是"制度定型"的重要节点。未来五年,我国社会保障改革总的思路是:客观把握我国内外环境发展基本趋势,立足基本国情,以"制度统一、底线公平、正向激励、财力持续"为基本目标,把全面覆盖、精算平衡、适度负担、体系完善、基础统筹、保值增值作为关键环节,到2020年建立与全面小康社会相适应的大国社会保障体系。

### 1. 建立公平可持续的社会保障制度

（1）制度可持续,可调整。制度运行得良性有序与否,关键在于制度本身是否具备自我调适的能力。可持续的社会保障制度,需要与经济社会发展水平相适应,与经济社会其他制度相兼容。尤其是在赡养率、替代率和缴费率等三大重要制度参数上,适应经济形势、人口结构、劳动力市场等变化,实现自我弹性调整,以保障制度可持续。

（2）财务可持续。社会保障制度的正常运行需要可持续的财力支持。一是需要有稳定的筹资来源;二是社会保障制度要有能力应对包括人口老龄化和利益多元化等在内的趋势所带来的趋势性挑战;三是在面临宏观经济和金融市场波动时,社会保障制度具有较强的财务调整能力。

（3）企业可担负。企业与个人缴费是社会保障最直接的来源,而社会保障缴费又形成了企业的直接成本。社会保障的可持续性,基本源泉在于企业。这就要求把企业可持续性与社会保障可持续性有机结合起来,既避免"低福利陷阱",也避免"高福利陷阱"。

### 2. 社会保障制度改革的基本原则

（1）既要坚持公平可持续的方向和目标,又要大胆探索新的路子和办法。党的十八届三中全会提出了"建立更公平可持续的社会保障制度"的目标,对中国未来几年社会保障提出了相当明确的制度建设方向。但客观看,不少改革还在探索过程之中,比如转型成本问题还没有明确的答案,制度并轨还面临很多挑战等。为此,我国社会保障改革,既要坚持中央提出的改革方向和目标,又要大胆探索新的路径。

(2)既要搞好全国统一的制度建设,又要充分考虑调动各方的积极性。在改革社会保障制度的过程中,需要充分考虑各方面的积极性,核心是明确分清中央政府和地方政府的相关责任。中央政府在统筹基本保障的前提下,不能包揽过多,对非基本的、区域性的社会保障项目不能干预太多,不能过度强调统一标准;充分发挥企业和个人的积极性,在制度设计上给不同类型的人群留出自由选择的空间。

(3)既要看到时间空间约束全面增强,加快推进重大任务的突破,又要明确重点。从全社会对社会保障需求的发展趋势看,社会保障改革的时间、空间约束全面增强。"十三五"是走向公平可持续社会保障的关键时期。如果到2020年我国还不能建立一个公平可持续社会保障制度框架,不仅将导致社会保障领域的矛盾与风险激化,而且有可能扩散到社会领域,甚至有可能传导到经济领域,成为我国陷入"中等收入陷阱"的诱因。因此,要在时间、空间约束全面增强的背景下,尽快实现改革的总体目标。

(4)既要强化改革的顶层设计,又要注重社会共识和社会参与。社会保障改革是一项涉及所有人切身利益的改革,这就要求社会保障改革的设计要由中央顶层设计,统一规划,统筹推进。在改革方案制定过程中,要充分吸纳社会公众参与讨论,减少社会分歧。各方对社会保障改革极为关注,一些公共议题,如延退、退休人员征收医疗保险费等,极易成为敏感话题,也容易引发社会争议。这就需要向全社会客观反映社会保障存在的挑战和面临的问题,向社会解释改革的基本考虑和对个人可能带来的影响,由此形成广泛的社会共识。

### 3. 社会保障制度改革的总体目标

按照党的十八届三中全会、五中全会的精神，加快构建公平可持续社会保障制度，到 2020 年，初步形成公平可持续的制度框架：一是坚持社会统筹和个人账户相结合的基本养老保险制度，完善个人账户制度，健全多缴多得的激励机制，确保参保人权益，实现基础养老金全国统筹，坚持精算平衡原则；二是完善社会保险关系转移接续政策，扩大参保缴费覆盖面，适时适当降低社会保险费率；三是初步建立起分账户管理的机制安排，实现从"统账结合、混账管理、空账运行"向"统账结合、分账管理、名账运行"的转变；四是加强社会保险基金投资管理和监督，推进基金市场化、多元化投资运营，制定实施免税、延期征税等优惠政策，加快发展企业年金、职业年金、商业保险，构建多层次社会保障体系。

# 二、推进基本社会保障均等化

到 2020 年，实现全面建成小康社会的宏伟目标，首要任务是实现基本社会保障均等化。"十三五"期间，应加快推进社会保障制度改革，整合"碎片化"的社会保障体系，建立健全城乡一体、衔接良好的社会保障体系。

## （一）加快推进基础养老金全国统筹

党的十八届五中全会已经明确提出"实现职工基础养老金全国统筹"的目标，这就要求通过顶层设计合理筹划基础养老金全国统筹的改革路径。按照"制度统一、管理统一、技术统一"的标准，尽快形成中央、省级"双统筹"的基本格局，既发挥中央兜底作用，又兼顾各地发展差异。

### 1. 基础养老金全国统筹事关社会保障公平可持续发展

（1）解决部分地区支付缺口取决于基础养老金全国统筹。《中国养老金发展报告 2012》显示,2010 年全国有 15 个省份收不抵支,收支缺口总和达到 679 亿元。2011 年收不抵支的省份虽然减少到 14 个,但收支缺口总和高于 2010 年,达到 766.5 亿元。而到了 2014 年,企业职工基本养老保险基金扣除财政补贴后,当期收不抵支的省份达到 22 个。在累计结余上,2013 年全国城镇职工养老保险基金累计结余达到 28269.18 亿元,其中广东、江苏、浙江、山东、四川、北京、辽宁、山西、上海九省市累计结余超过 1000 亿元。而其他很多地区,如东北三省,一方面经济增长面临严峻挑战,另一方面人口大量迁出、老龄化问题加剧,依靠本省本地区的力量实现养老金的自我平衡很困难。建立全国统筹的基础养老金,既可以为困难地区和群众构建制度底线,解决部分地区养老金支付缺口的问题,又可以在全国层面平衡养老金的财力,使得养老金得到更加充分的利用。

(2)降低社保费率取决于基础养老金全国统筹的突破。全国统筹所带来的覆盖面扩大将拓展养老保险基金的资金来源,使一些地区企业承担的高额费率具备了降低的条件。目前,中国城镇人口负担比为 0.16,而养老保险制度赡养率为 0.33,是人口负担比的 2 倍,这意味着养老保险制度的负担比仍有下降空间。基础养老金全国统筹,可以促使制度负担比向人口负担比趋近,腾出降低社保费率的空间,减轻企业转型升级的成本压力。同时可以减轻参保者的缴费压力,增强缴费激励,进一步提高养老保险制度覆盖面,形成"费率降低→参保职工规模增加→养老保险制度更加年轻化→费率进一步降低"的良性循环。

(3)实现流动人口养老保险流转接续取决于基础养老金全国统筹。全国统筹可以为劳动者提供便捷的就业和参保条件,提高劳动者参保和劳动力流动的积极性,有助于构建全国统一的劳动力市场。当前制约中国养老保险扩大覆盖面的重要因素是流动就业人员的参保问题。通过基础养老金全国统筹,在不同地区参保的养老保险权益就可以得到有效保障,为流动就业人口提供安全稳定的预期，这是扩大养老保险制度覆盖面、构建全国统一劳动力市场的基本条件。

（4）缩小区域收入差距取决于基础养老金全国统筹。基础养老金全国统筹重要的目标之一在于缩小区域间收入分配差距。目前，由于基础养老金未实现全国统筹，各地区仍根据自身发展情况来确定基础养老金待遇标准。2013年我国各地区城镇职工退休人员人均养老基金年支出水平，和城镇居民人均可支配收入水平基本差距不大。退休人员的养老基金年支出与城镇居民人均可支配收入的相关系数高达57.4%。但是，养老金在缩小城镇职工区域差距方面的作用并不明显。例如，2013年北京和江西的城镇居民人均可支配收入比为1.84，两地城镇职工养老保险人均基金支出比理论上应该小于人均收入差距，而实际上达到了1.96，反而扩大了实际收入差距。

与运行多年的城镇职工养老保险相比，城乡居民养老保险在平衡区域差距上作用更不明显：不但不同省区市间有较大差距，而且同一省区市的城乡差距也比较明显。2013年，我国城乡居民人均养老基金支出最高的地区（上海）与最低的地区（湖南）的比值高达11.11，远高于两地居民收入的差距（2.64）。同一省域内部，在城镇职工养老基金与城乡居民养老保险待遇差距上，即使是城乡居民养老保险待遇最好的上海，城镇职工养老基金人均支出仍达到城乡居民养老保险的4.06倍。而对于待遇较差的江西，城镇职工养老基金是城乡居民养老保险的25.13倍，远远高于当地城乡居民的收入差距。

养老金待遇与居民收入的强关联性以及养老金待遇的区域差距过大，都严重影响了社会保障在平衡居民收入分配中的作用。养老金的区域待遇差距过大，甚至远远超过收入水平的差距，意味着养老金制度存在"劫贫济富"的效应。尽快实现基础养老金全国统筹，不仅对于缩小区域不公平有着重要作用，而且能够在区域发展不平衡的情况下在制度上实现均等化的基本养老。

**2. 对基础养老金全国统筹进行顶层设计**

实现基础养老金全国统筹，涉及多方面，但核心是必须拿出支付制度转轨成本的合理方案,这就离不开有效的顶层设计。目前,各方对基础养老金全国统筹提出了不少建议方案,其目标是相同的,区别在于推进方式上是一步到位还是分步推进。结合养老保障体系的中长期发展需求和国际经验,需要尽快在顶层设计上明确基础养老金全国统筹的改革路径,以稳定各方预期(见表 6-2)。

表 6-2 国内有关基础养老金全国统筹的主要方案

| 主要方案 | 制度设计 | 具体措施 |
|---|---|---|
| "三步变一步",直接实现基础养老金全国统筹。 | 跳过省级统筹,实现全国统收统支。全国范围内,统一制度,统一缴费比例,统一计发办法,统一组织管理。 | 1. 在基本养老保险单独预算制下,地方根据年度预算征缴养老保险费,并全部上缴中央。中央按各地不同的平均工资水平和个人指数化缴费工资的一定比例计发。<br>2. 实行新、旧财务分离,遵循增量改革。<br>3. 形成中央与地方垂直经办体制。<br>4. 明确养老保险权益记账规划。 |
| 稳定省级统筹,推进基础养老金全国调剂。 | 实现省级基础养老金统收统支,建立全国基础养老金调剂金制度。 | 省级统筹:1. 预算方案编制责任主体:省级社会保险经办机制。2. 基金收支:省级统收统支;基金超支:省级差额结算。3. 省与市、县垂直管理。基础养老金全国调剂:1. 中央养老保险机构据各省实际情况计算上缴比例,明确上缴预算额,省按月足额上缴养老保险基金,存入基础养老金调剂基金专用账户。2. 中央下拨基础养老金调剂金时综合衡量各地养老保险的参保人数、覆盖率、待遇水平以及总体经济实力;在调剂金下拨时,为避免出现不合理的集中调剂行为,造成新的不公平,应充分考虑中央对地方养老保险财政补贴数额。 |
| 以省级统筹为基础,以区域统筹为过渡,最后实现全国统筹。 | 首先实现省级统收统支;再根据实际情况,将养老保险基金管理集中至东、中、西三个区域,实行区域统筹;最后,实现全国统筹。完善省级统筹,进行几个省统筹试点,最后平滑到全国统筹。 | 先实现省级统筹,再根据情况,在几个人口年龄结构互补的省推进统筹试点;按照全国统一标准,设计平滑过渡模式,最后再实现全国统筹。 |

资料来源:中国(海南)改革发展研究院课题组整理。

**3. 基础养老金全国统筹的基本要求**

(1)实现制度统一。参照目前省级统筹的规范标准,在全国范围内统一制定城镇职工和城乡居民养老保险的参保范围、对象、筹资方式、缴费基数及比例、给付标准确定方式、统筹项目等。全国不同地区的养老保险制度在基础养老金上标准统一,底线公平,关系可转移接续。

(2)实现管理方式统一。一是在全国范围内建立一体化的养老保险机构垂直管理体制,由中央主管部门对基本养老保险进行垂直管理,改变目前地方分治、条块分割的管理格局;二是在国家层面上统一编制和实施基本养老保险基金预算,明确中央、省、市、县各级政府的预算责任,各级政府应严格按照预算执行和预算调整;三是全国范围内统一城镇职工和城乡居民基本养老保险业务经办规程与管理制度,执行统一的数据标准等。

(3)实现技术标准统一。建立全国统一的养老保险信息系统,作为全国统筹管理的基础平台。这既是基础养老金全国统筹的前提和基础,也是基础养老金全国统筹的基本内容。

**4. 形成基础养老金中央、地方"双统筹"格局**

(1)考虑"双统筹"的综合方案。既发挥中央的兜底作用,又兼顾各地区发展水平的差异。

其一,各省级政府将本省养老保险统筹基金按一定比例上缴中央财政,并与中央财政共同出资构成中央层面的统筹基金,由中央财政在各省间调剂使用。在操作中,企业缴费的一部分直接划入全国统筹基金(比如10%),余下一部分划入省级统筹基金。

其二,全国统筹基金的结付水平,由中央统一制定,不考虑省际差异因素,也不受省级统筹影响。全国统筹的部分,无论个人职业、区域等,均享受无差别的待遇。

其三,省级政府上缴中央统筹基金后的剩余基金,建立省级统筹基金。

兼顾地方经济发展水平、人口结构，进行有差别的给付。劳动力流动时，在不同省份内工作所享受的待遇，按工作时间分段计算。

由此形成中央、省级"双统筹"的基本格局：把基础养老金划分为国家基础养老金和地方基础养老金，在资金的筹集方面相应划分中央统筹资金和地方统筹资金。由中央政府支付国家基础养老金，由地方支付地方基础养老金。中央政府和地方政府分别确保这两种基础养老金的支付和待遇调整。

（2）分三步实现"双统筹"。

第一步，建立全国统筹基金。明确全国统筹基金的普适性，即对不同地区城乡居民和城镇职工养老保险的全覆盖。将现有的中央财政对养老保险的补贴，全数纳入全国统筹基金的范畴。对各类基础养老保险，按其统筹账户收入的一定比例进行划分，归入中央和省级统筹基金账户。考虑养老金改革的复杂性，这一阶段可以采用"增量分成，全额返还，分成补贴"的模式。即对各类基础养老保险的统筹账户收入增量部分进行分成，分成后进入全国统筹的资金全额返还，并根据各类基础养老保险的情况，将财政补贴与返还分成资金一起发放，在加强地方参与全国统筹基金积极性的基础上，全面掌握各地基础养老保险的信息。

第二步，发挥中央统筹调剂功能。在初步完成第一步的基础上，就可以考虑第二步，即发挥全国统筹的调剂功能。在基本掌握各地各类基础养老保险信息的情况下，可以根据地方提供的参保信息对养老金的分成部分进行全国调剂。平衡不同地方不同基础养老保险的财力和保障水平，同时建成并完善全国养老保险信息库。

第三步，发挥中央中枢管理功能。在完成第一、第二步的基础上，应将全国统筹基金从平衡财力和待遇的目标转为统一制度，即根据全国养老保险的参保信息库，实现对不同地区不同基础养老保险的统一管理。即使参保人参保的地区不同、养老保险的类型不同，也都可以通过全国统筹基金的统一档案进行记录和管理，为养老金未来的改革建立坚实的基础。

**5. 逐步把中央负责的全国统筹部分转型为"零支柱"**

(1)中央承担最低养老保障的兜底责任。中央政府的责任,是保障所有人,无论收入、职业、缴费和参保类型,都能享受到最低的养老保障待遇。从国际经验看,这就是"零支柱"。在基础养老金全国统筹改革进程中,把中央统筹部分作为"零支柱",在不改变"统账结合"的制度框架下,可以为消除统筹层次低的问题奠定重要基础。目前,我国一些地方政府已经在试点最低养老保障制度。2013年10月1日起,东莞市全面提高退休人员基本养老金最低保障线。其中,企业退休人员的基本养老金最低保障线从每人每月430元上调至680元;村(社区)退休人员的基本养老金最低保障线从每人每月300元上调至510元。[①] 但这个试点范围太小,而且与地方经济直接挂钩。把这一做法上升到中央层面,就是中央负责的"全国统筹"。对中央政府来说,建立最低养老保障制度,关键在于进一步扩大养老保险覆盖面,实现全民参保。只有做到全覆盖,基础养老金全国统筹的效应才会得到放大。

【专栏6-1】

**部分国家最低养老保障制度安排的经验(零支柱)**

1. 世界银行1994年提出的三支柱结构的理念是:第一支柱是强制和非积累制的,是由政府管理的DB型制度;第二支柱是由市场管理的强制性DC型积累制;第三支柱是自愿性养老储蓄。2005年世界银行提出五支柱,扩展出了另外两个支柱:一个是以消除贫困为目标的基本支柱即"零支柱";一个是非经济性的支柱即第四支柱,包括其他更为广泛的社会政策,如家庭赡养、医疗服务和住房政策等。

---

① 《东莞基本养老金最低保障线提高》,《南方日报》,2013年9月12日。

2.挪威设立了最低养老金标准。挪威的国家保险计划中,基本养老金是第一支柱(basic pension)。按照规定,凡在 16～66 岁期间参加全民社会福利保险三年以上,并在挪威居住 20 年以上者,就可领取基本养老金。基本养老金待遇取决于当事人加入全民社会福利保险的时间长短,与退休前收入和交税多少无关。参保 40年以上者可获得全额基本养老金,余者递减。但对于没有任何收入、没有纳税记录的挪威人来说,退休后同样可以享受到最低养老金(minimum pension),当前的基本标准为每年 16 万挪威克郎。

3.瑞典在养老金制度设计中,明确设置了保证型养老金。对于那些低收入者或者没有收入的人来说,瑞典政府设立了最低养老保险线,保证其得到最低生活保障,通过财政预算拨款来向这些老人提供保证型养老金(guarantee pension)。

4.英国在社会保障改革中,也加大了养老金领取者的最低收入保障,将其从1997年的每周68.80英镑提高到如今的每周114英镑。此外,针对一些穷人和弱势群体,还有一份最低养老金保障,它是维持公民的最低生活水平、避免其沦入贫困深渊的最后防线。

从各国的制度设计看,尽管具体的制度设计不同,但都有相应的最低养老保障安排。这一安排的基本出发点是防止没有能力参加养老保险的社会成员在步入老年后陷入贫困。

资料来源:中国(海南)改革发展研究院课题组整理。

(2)合理确定中央统筹部分(零支柱)的支付水平。在确定"零支柱"水平时,可以把最低养老金标准等同于低保标准,通过测算最低养老金的需求,倒推出基础养老金全国统筹的规模需求。低保是一种社会救济,其救济对象、范围主要根据当年实际情况确定,在制度上是临时性的、个别性的;而最低养老金是长期性的、全民性的。最低养老金覆盖全民,可实现全社会的共济共享。初步测算,2015 年 11 月,全国城市人均低保补助水平为 439 元,农村人均低保补助水平为 255 元。按 2015 年中国 65 岁以上老人达到 14374 万人、城镇化率 56.1% 计算,如果所有老人均按低保水平补助,所需资金规模为 6178.9 亿元。[①] 考虑到老龄化、待遇水平调整等因素,可以把 7000 亿元作为基础养老金中央统筹的规模起点,并动态调整。一要将绝对贫困线与低保线相挂钩,体现经济发展水平(当地生活成本等)的差异;二要建立起机制化的动态调整公式,使之随着经济发展和物价变化而进行调整。

(3)中央统筹缴费来源逐步实施费改税。目前社保改革中关于税和费的争议比较大。在不同的统筹层次中,税与费的作用和定位不同。在"双层统筹"模式下,对中央负责的统筹部分,核心是最低养老保障金,可以考虑逐步采取税收形式,形成强有力的财政保障,这也是挪威等北欧国家的经验。对省级负责的统筹部分,仍然保留现有的"费"的形式。中央统筹费改税后,企业直接缴费负担就可以明显下降,从而带来结构性减税效应。

### 6. 加快推进省级实质性统筹

(1)加快推进省级实质性统筹。2007 年,原劳动保障部与财政部联合发布了《关于推进企业职工基本养老保险省级统筹有关问题的通知》,提出了实现省级统筹的六个具体标准。从现实情况看,真正做到省级统筹的省份为数并不多,大多数省份都是省级资金调剂。后者"类统筹"并没有解决统筹层次过低的问题,也没有改变地方对社保基金的实际控制权。但这六条标准中恰恰缺少最重要的一条,即资金收支的管理标准,没有规定统收统支的标准,很难为省级统筹提供保障。在"双层统筹"方案中,应当明确统筹标准,包括养老保险缴费资金流的收入、支出、核算、管理、调剂的层级。要以资

---

① 基本估算是:按平均城镇化率 56.1% 测算,城市老人所需补助为 14374 万×0.561×439 元×12＝42480172 万元,农村老人所需补助为 14374 万×0.439×255 元×12＝19309169 万元,共计 6178.9 亿元。实际所需资金应小于这一估算,因为农村老龄化程度更高,而且现有低保支出中有一块是提供给老人的低保。如果纳入基础养老金,这一块就无需重复发放。

金为核心标准,换言之,资金集中在哪一级管理,才能表明实现了哪一级统筹。

(2)明确地方政府职责。在全国统筹情况下,统筹基金预算的执行主体应该是各级政府,这就要求明确各级政府尤其是地方政府责任,促使地方政府积极扩大养老保险覆盖面,并控制退休人员的非正常增长。在基金计划或预算内各地产生的收支缺口,应以统筹调剂为主,地方政府弥补为辅。由非正常原因产生的收支缺口,应以地方政府弥补为主、统筹调剂为辅,甚至由地方政府全额负担(见表6-3)。

表 6-3　基础养老金全国统筹后中央与地方关系

| | | 中　央 | 地　方 |
|---|---|---|---|
| 财政责任分配 | | 1.当期养老金缺口补助(包括中央和地方企业职工"视同缴费年限"内的养老金缴纳)。<br>2.对中央企业特殊群体职工缴费进行补贴。<br>3.中央对欠发达地区建立地方附加养老金进行转移支付。<br>4.做实个人账户资金一定比例补助。 | 1.对地方企业特殊群体职工缴费进行补贴。<br>2.做实个人账户。<br>3.建立地方附加养老金,养老服务供给补贴。 |
| 监管责任分配 | | 1.中央社会保险经办机构负责全国社会保险基金预算决策编制,战略规划、政策法规、标准规范的制定。<br>2.中央社会保障行政部门行使行政监督和基金监督职责。 | 1.省级社会保险经办机构负责社会保险基金预算草案编制并上交中央社会保险经办机构,负责个人账户基金投资管理。<br>2.省级以下派出机构经办社会保险具体事务。 |
| 改革互动 | 信息交流 | 1.中央行政部门主导建立全国信息管理系统,加快信息网络基础设施建设和信息管理工作进程。<br>2.新政策及时向地方政府宣传,搭建地区间信息交流平台。 | 1.配合中央政府号召,及时把养老保险基金缴纳、录入、核算、支付、查询等信息录入系统。<br>2.积极同中央与各地区就有关政策进行交流。 |
| | 协商决策 | 1.中央、地方、社会多方代表组成协商机构,对各自利益进行合理协商。<br>2.协商定期化、流程化、标准化;中央主导、定期举行、集体协商。 | |

资料来源:中国(海南)改革发展研究院课题组整理。

## （二）完善城乡统筹的基本医疗制度

我国目前的大病保险是由政府从医保基金划拨资金，向商业保险机构购买大病保险，对患有大病的参保人，在基本医疗保险报销后需个人负担的合规医疗费用，给予"二次报销"。参保人员年度内累计发生的超过基本医疗保险最高支付限额以上的医疗费用，可以部分或全部通过大病医保来获得补偿。

**1. 实现大病保险全覆盖**

与城乡居民基本医疗保险覆盖率相比，大病保险覆盖率约为 70％。国务院《关于全面实施城乡居民大病保险的意见》明确提出，"鼓励有条件的地方探索建立覆盖职工、城镇居民和农村居民的有机衔接、政策统一的大病保险制度"。落实中央精神，争取到 2020 年，基本建立起覆盖全民的大病保险制度。

**2. 提高大病保险的统筹层次**

医保统筹层次的高低既要考虑医疗服务本身的特性，又要考虑现行条件的制约。由于我国幅员辽阔，不同地区的人口结构、疾病谱、就医习惯差异较大，现有医疗资源分布不均衡，各项医保制度缺乏有效衔接和整合，加剧了医疗资源分布的区域和城乡差距。2014 年全国基本医疗保险基金总结余 10644.8 亿元，比上年增长 16.8％，但仍有部分地区出现医保资金赤字问题。因此，迫切需要通过提高医保统筹层次，增强基金共济能力。

**3. 加快与不同医保制度衔接，构建三层医疗保障体系**

（1）加快大病保险与基本医疗保险的衔接。我国的大病保险建立在城乡居民基本医疗保险基础上，这就要求加快推进大病保险与基本医疗保险的对接。推进城镇职工与城乡居民通过"大病保险"衔接，可以采取差异化缴费、公平化待遇的方式。通过逐步推行"大病保险＋基本医疗保险"的一体化管理方式,既可以完善信息共享机制和医保支付制度,降低不合理医疗费用,也可以促进大病保险与基本医疗保险在实务操作、运行管理、各项制度执行上的衔接,还可以有效建立医保经办机构与医疗机构、药品供应商的谈判机制和购买服务的付费机制。

(2)加快推进大病保险与新农合大病保障的衔接。新农合大病保障与大病保险既有联系,又有区别。新农合大病保障是在限定费用的基础上针对特定病种予以报销,而城乡居民大病保险不限定具体病种。目前新农合大病保障的病种只有 22 种。从实践看,两者可以统筹在一起,逐步把新农合大病保障融入大病保险。

(3)加快大病保险与民政医疗救助体系的衔接。如果城乡居民不幸患上重症疾病,在获得基本医疗保险和大病保险之后,家庭还需要支付巨额的医疗费用,形成"灾难性医疗支出"。这就需要在各类医疗保险之外,加快完善医疗救助体系,并且形成与医疗保险的有效对接。对经大病保险支付后自付费用仍有困难的患者,给予医疗救助、慈善救助等帮助,降低家庭发生灾难性医疗支出的概率。

**4. 鼓励发展商业性医疗保险**

从国际上看,即使是社会福利水平很高的发达国家,也非常重视补充性医疗保险的发展。政府通过税收等激励政策鼓励企业和个人购买商业健康保险,以弥补社会基本医疗保障之外的医疗费用、疾病损失费用和护理保健费用的缺位,在减轻国家社会医疗保险的财政压力的同时,满足了人们多样化和高水平的健康保障需求(见表6-4)。

在制度设计上,参与大病保险的商业保险公司只能"保本微利",不能从这项业务中获得巨额收益。为了激励商业保险公司,可以鼓励商业保险机构在承办大病保险的基础上,积极发展商业医疗保险,提供多样化的健康保险产品。通过业务交叉补贴的方式,既为城乡居民提供更多的保险,又为商业保险公司带来盈利。

表 6-4　美国、德国、英国的商业健康保险发展模式

| 国家 | 特 点 | 社会健康保险 | 商业健康保险 | 现 状 | 商业健康保险发展特点 |
|---|---|---|---|---|---|
| 美国 | 商业健康保险在健康保障体系中占主导地位。 | 没有全民医保，只对部分人群提供政府保险，其他医疗保障完全由市场解决。 | 企业雇员的基本医疗保障可完全通过商业保险实现，政府提供税收优惠支持，鼓励商业健康保险发展壮大。 | 美国是商业健康保险最发达的国家，保险公司拥有庞大的客户群，具有买方优势，可通过管理式医疗来控制医疗费用。 | 1. 市场主导，政策支持；<br>2. 控制费用，监管完善；<br>3. 健康管理，降低支出。 |
| 德国 | 社会健康保险占优势，商业健康保险参与竞争。 | 社会医疗保险占据主导地位。 | 收入超过一定水平的人可不参加法定的社会医疗保险，而投保于保险公司的商业保险计划。 | 保险公司是国民接受高层次补充医疗服务的重要付费方，专业的健康保险公司在市场中占据优势。 | 1. 严格的分业监管政策，适宜的外部环境；<br>2. 经营专业化和精细化，同时考虑一般需求和特殊需求；<br>3. 重视产品和服务创新，对政策和外部环境变化的敏感性较强。 |
| 英国 | 以国家卫生服务为主导，商业健康保险作为补充。 | 国家卫生服务（NHS）覆盖99%的人口。 | 国家对于商业健康保险在政策面照顾较少，商业健康保险是作为NHS之外的有效补充。 | 商业健康保险为高收入人群提供高端医疗服务，也是私营医疗服务体系的重要付费方。与医疗机构建立风险共担、利益共享的合作机制。 | 1. 定位准确，产品具有针对性；<br>2. 注重健康产业链的打造，积极参与健康管理；<br>3. 保险公司与医疗机构建立利益联盟和合作机制，积极参与医疗卫生体制改革。 |

资料来源：中国（海南）改革发展研究院课题组整理。

## （三）完善社会救助体系

进一步加强和完善城乡社会救助体系建设，提高城乡困难居民的救助水平和救助范围，切实解决困难居民最关心、最直接的问题。

### 1. 完善最低生活保障

统筹城乡低保标准，将农村低保标准与城市低保标准并轨执行，缩小城乡困难群众收入差距；建立城乡低保标准与经济发展同步增长机制，稳

步提高城乡最低生活保障水平；通过加大实施再就业力度，促进最低生活保障制度与就业、扶贫开发政策的有效衔接。充分发挥农村最低生活保障制度和扶贫开发政策的作用，有效保障农村贫困人口的基本生活，提高收入水平和自我发展能力，从而稳定解决温饱并实现脱贫致富。

**2. 完善农村五保供养制度**

进一步规范农村敬老院的管理，加强标准化、现代化建设，为农村五保户提供一个规范化、现代化的供养机构；根据农村经济社会发展水平，不断提升五保户的集中供养标准；加大财政投入力度，确保敬老院维修、改造、设备升级等相关资金保障落实。

**3. 完善城乡医疗救助制度**

将"三无"、重点困难家庭以及学生儿童中的低保对象、残疾人、低收入家庭成员纳入全额参保资助，将困难职工、本地困难农民工、关闭破产企业退休人员、下岗失业人员纳入城镇基本医疗保险；完善重特大疾病医疗救助制度，不断扩大救助范围和救助水平；加强对"支出型"贫困家庭的医疗救助力度，有力缓解困难群众看病压力，防止发生"因病致贫"现象。

# 三、明显提升社会保障支出占财政支出的比重

在内外形势发生深刻变化的背景下，"十三五"经济转型升级与结构性改革的时间、空间约束全面增强。2020年建立适应经济转型需求的现代公共财政体系，破解经济转型的结构性矛盾，成为深化财税体制改革的重大任务。

## （一）加大社会保障支出

为适应全社会日益增大的基本公共服务需求，"十三五"要把扩大基本

公共服务支出作为优化财政支出结构的重点，明确增大基本公共服务支出的目标，为消费结构升级和消费释放创造有利条件，为服务业发展、中小企业发展和创业创新提供动力。

**1. 提高基本公共服务的财政支出比重**

"十二五"时期，教育、医疗、社会保障等基本公共服务支出的规模不断扩大，但增长速度相对放缓。"十三五"尽管财政支出增长速度将随着GDP增速放缓而放缓，但应努力争取教育、医疗、社会保障等基本公共服务支出增长速度不低于"十二五"，并快于财政总支出的增长速度，为释放居民消费需求提供有利条件，为公平可持续发展提供财力保障。为此建议：

（1）到2016年，用于教育、医疗卫生、社保就业、保障性住房四项基本公共服务的支出占国家财政总支出的比重由2013年的35.1%提高到不低于40%，占GDP的比重由8.7%提高到10%左右；将国家财政用于城乡个人基本公共服务支出水平差距控制在40%以内。

（2）到2020年，用于教育、医疗卫生、社保就业、保障性住房四项基本公共服务的支出占国家财政总支出的比重提高到不低于50%，占GDP的比重提高到14%左右；将国家财政用于城乡个人基本公共服务支出水平差距控制在30%以内。

**2. 提高基本公共服务支出占GDP的比重**

（1）提高教育支出占GDP的比重。2015年，我国财政教育经费支出占GDP的比重仅为3.9%。从国际上看，这一比重仍显著低于OECD国家或高收入国家2009年5.5%的平均水平。争取到2020年使财政性教育经费支出占GDP的比重达到5%左右。

（2）提高医疗支出占GDP的比重。"十二五"时期，我国医疗卫生支出占财政支出的比重比"十一五"有所提高，2015年医疗卫生支出占GDP的比重达到 1.76%。为适应我国人口老龄化加快带来的医疗卫生服务需求,应争取到 2020 年这一比重提高到 2.5% 左右。

(3)提高社会保障与就业支出占 GDP 的比重。2007 年以来,我国社会保障支出占财政支出的比重出现徘徊下降趋势,2015 年为 10.81%,比 2007 年下降了 0.13 个百分点,不仅远低于发达国家 30%～50% 的水平,也低于印度、泰国等国水平。2015 年我国社会保障就业支出占 GDP 的比重为 2.8%,争取到 2020 年达到 5% 左右的水平。

### 3. 保持合理的财政支出增长速度

(1)控制财政支出增长速度。财政支出的过快增长会给财政收入增长带来压力,挤压减税空间。建议"十三五"财政支出增长速度不超过 GDP 增长速度的 1.5 个百分点,为减税创造更大空间。初步测算,这是有条件实现的。即使是按照比 GDP 增长高 1.5 个百分点的增速估算,到 2020 年财政支出占 GDP 的比重仍将进一步提升,由 2013 年的 24.7% 增长到 27.8% 左右,支出规模达到 24 万亿元左右,是 2013 年 14 万亿元的 1.7 倍。

(2)降低经济建设性支出占比和行政性支出占比。2013 年,我国经济建设性支出占公共财政支出的比重为 39.7%,社会福利性支出为 36.9%,前者高于 OECD 国家 10% 左右的平均水平,后者比美国、德国、日本低 20～30 个百分点。[①] 从经济转型升级的要求看,降低经济建设性支出和政府基本职能支出占比,不仅能为提高基本公共服务支出占比留出更大空间,而且能为降低宏观税负创造空间,倒逼政府职能转变。"十三五"应争取把基本政府职能支出占比由目前的 23% 左右减少到 20% 以内,经济建设性支出降到 30% 以内。

(3)将国有资本上缴红利的 30% 以上用于增加基本公共服务支出。

---

① 高培勇:《财税体制改革与国家现代化》,社会科学出版社,2014 年。

例如，近年来，中央企业上缴国有资本收益划入公共财政预算用于社会保障等民生领域的数额不断增加，从 2010 年的 10 亿元提高到 2013 年的 65 亿元。建议"十三五"把这一支出比重由目前的 13％提高到 30％以上。

## （二）明确中央、地方社会保障支出责任

从我国的现实情况看，中央和地方政府的事权和支出责任划分不清晰、不合理、不规范，制约了基本公共服务均等化。为此，"十三五"完善中央和地方事权和支出责任划分，首要任务是要明确中央、地方社会保障支出责任（见表 6-5）。

### 1. 明确中央、地方社会保障职责分工

（1）明确中央政府承担的社会保障职责。从社会保障的宏观层面看，中央政府承担的社会保障职责主要有以下六个方面：

第一，全国社会保障体系的总体规划，重大社会保障改革方案和政策的研究与制定；

第二，全国社会保障制度特别是中央直接管理的社会保障项目的法律、法规的制定、颁布和实施；

第三，全国社会保障尤其是中央直管社会保障项目政策的制定、下达和执行；

第四，社会保障制度和基金监管体系的建设，包括行政监管、社会监管、法律监管体系和制度的建设；

第五，全国社会保障基金投资运营法律和法规的制定与颁布，中央管理的社会保障项目投资运营体系的建设和投资安全监管政策、法规的制定和实施；

第六，提高社会保险基金社会统筹层次，将不同社会保险项目的事权合理配置到中央和地方各级政府，调动各级政府管理社会保险基金的积极性。

表6-5　发达市场经济国家社会保障事权划分表

| 国　　家 | 政府级次 | 养老保险 | 失业保险 | 医疗保险 | 公共卫生 | 社会救济和社会福利 |
|---|---|---|---|---|---|---|
| 美　国 | 联邦、州和地方 | 联邦负责 | 联邦/州，以州为主 | 联邦制定政策，州执行 | 州与地方为主，联邦补助 | 联邦与州共同负责，州具体管理，联邦补助 |
| 加拿大 | 联邦、省和地方 | 联邦负责 | 联邦负责 | 省负责，联邦补助 | 省和地方负责，联邦补助 | 联邦负责抚恤，各省负责社会福利，联邦补助 |
| 英　国 | 中央政府制定统一政策，具体事务由中央派出机构执行，地方政府提供补充性社会服务。 | | | | | |
| 德　国 | 联邦、州和市镇 | 联邦制定政策，社会管理 | 联邦负责 | 联邦制定政策，地方执行 | 州和市镇提供 | 联邦负责抚恤事务，州和市镇负责社会救济 |
| 法　国 | 中央、省和市镇 | 中央制定政策，独立经办机构管理 | 中央政府负责 | 中央制定政策，独立经办机构管理 | 市镇提供 | 省政府负责社会救济，中央政府负责制定低保标准并提供社会福利补贴 |
| 澳大利亚 | 联邦、州和地方 | 事权主要集中在联邦政府，州及地方政府提供社区及卫生服务。 | | | | |
| 日　本 | 中央、都道府县、市町村 | 中央负责管理并补贴 | | | | 中央、地方共同负担，具体事务由市町村政府负责 |

资料来源:财政部财政科学研究所课题组:《政府间基本公共服务事权配置的国际比较研究》,《经济研究参考》2010年第6期。

(2)明确地方政府承担的社会保障职责(见表6-6)。地方政府主要作为社会保障的执行主体,承担以下责任:

第一,完善地方社会保障规划、政策实施细则和监管办法,建立符合当地实际的社会保障宏观管理机制;

第二,切实履行由地方承担的财政拨款社会保障项目各项事权,保证各项资金的到位,并监督资金的使用;

表 6-6　中央与地方的社会保障职责分工

| 项　目 | 职责分工 | | | |
|---|---|---|---|---|
| | 决策及政策制定 | 管理与执行 | 监　督 | 支出责任 |
| 养老保险、医疗保险、失业保险、工伤保险、生育保险 | 中央制定全国规划和最低标准 | 省、市、县 | 中央、省 | 中央、省 |
| 社会救助（最低生活保障、医疗救助、社会救济等）、基本养老服务补贴、优抚安置 | 中央、省 | | 中央、省 | 中央、省 |
| 社会福利（孤儿养育保障、农村五保供养、殡葬补贴） | 省、市 | | 省、市 | 省、市 |

资料来源：中国（海南）改革发展研究院课题组整理。

　　第三，地方政府落实和执行中央关于社会保障的规划、法规和政策，制定和下达符合当地实际情况的地方性规划、政策法规的实施细则；

　　第四，承担地方政府的执行职责，主要包括社会优抚和安置、社会救灾救济。在社会福利方面，由地方负责规划、政策执行和资金筹集与使用；在公共卫生方面，负责疾病控制和妇幼保健等公共卫生的规划与经费供应。

### 2. 明确中央和省级财政在社会保障上的分工

　　中央财政投入的重点是解决养老金隐性债务，着力提高最低养老保障水平，向中低收入者倾斜，把基础养老金待遇的地区、城乡差距控制在合理水平内。省级财政应加快调整支出结构，加大对省内社会保障基金收支的统筹力度，形成与地方经济发展水平相适应的社会保障待遇调整机制。在未能实现全国统筹之前，尽快完善省级预算管理，实现省级实质统筹。

### 3. 完善中央地方的社会保障转移支付制度

　　由于中央、地方财力与支出责任不同，地方政府执行中央社会保障规划的相关支出责任会面临不同程度的资金缺口问题。国务院《关于改革和完善中央对地方转移支付制度的意见》明确提出，应逐步将一般性转移支付占比提高到 60% 以上。这几年，我国一般性转移支付比重逐步加大。

2013 年中央对地方政府的一般性转移支付比重达到 57.1％,2014 年达到 58.2％。① 预计 2016 年左右就可以达到 60％的目标。从缩小不同地区间社会保障财力差距的需要看,"十三五"应进一步提高一般性转移支付占比的目标,争取到 2020 年一般性转移支付占比不低于 75％。在明确各级政府社会保障事权的基础上,应尽快建立起公式化、集中化的转移支付制度。

# 四、发挥国有资本在社会保障中的战略作用

到 2020 年建立更加公平可持续的社会保障制度,需要更大程度地发挥国有资本在社会保障中的战略性作用。随着人口老龄化不断加剧和抚养比不断提高,社会保障体系面临严峻的隐性债务问题,这一问题绕不开、躲不过。重点是要加大国有资本股权及经营收益注入社会保障基金的力度。

## （一）以国有资本化解社保隐性债务

从计划经济向市场经济转轨过程中,社会保障体制也要随之改革,但必将带来巨大的转型成本。随着人口老龄化不断加剧和抚养比不断提高,社会保障体系面临严峻的隐性债务问题。从我国的实际情况出发,在调整社会保障制度参数的同时,需要发挥国有资本的战略作用,为社会保障在中长期可能出现的隐性债务"未雨绸缪"。

### 1. 社会保障仍面临巨大资金缺口

(1)短期内出现收支缺口的省份在不断扩大。2015 年,我国社会保险基金总收入 44660.34 亿元,总支出 39356.68 亿元,年收支结余 5303.66

---

① 《国务院:增加一般性转移支付比例　加大地方自主性》,中国广播网,2015 年 2 月 2 日。

亿元,年末滚存结余 57002.33 亿元。[①] 另有数据显示,剔除其中的财政补贴部分,2013 年全国社会保险费纯收入为 1.8 万亿元,支出为 1.9 万亿元,"收不抵支"。同时,社保收入增速为 12.4％,支出增速为 17.2％,如果按这样的趋势下去,社保资金缺口将会越来越大。

从全国各地区的情况看,东西部地区差距比较大。2014 年年底,广东、山东、北京、浙江、江苏等省市基本养老保险基金的累计结余都超过了1000 亿元,构成全国养老金结余的主要来源,其他省份的养老金缺口被这些省市的结余所掩盖。2014 年企业职工基本养老保险基金扣除财政补助后,当期收不抵支省份已经达到 22 个;即使包含财政补贴在内,河北、黑龙江、宁夏 3 个省(区)企业职工养老保险基金仍收不抵支。[②]

(2)中长期内社保隐性债务将持续扩大。对于我国中长期养老金隐性债务,不少专家做了相关测算。例如,曹远征团队的测算结果是,2013 年我国养老金隐性债务将高达 18.3 万亿元。[③] 马骏团队的研究表明,如果假定财政补贴保持 2011 年的水平不变,其累计结余将于 2022 年消耗殆尽,此后便处于负债状态,2013 到 2050 年的累计缺口为 37 万亿元。[④] 李扬团队预测,如果继续执行现行养老体系,随着人口老龄化进程,到 2023年,全国范围内职工养老保险即将收不抵支,出现资金缺口。到 2050 年,为了维持养老体系运转所需财政补贴占当年 GDP 的比例将达到 8.46％,而占当年财政支出的比例达到 34.85％,即超过 1/3 的财政支出将被用于弥补养老保险的资金缺口。[⑤] 郑秉文团队研究表明,以 2012 年为基准,社会统筹账户隐性债务为 83.6 万亿元,个人账户的隐性债务为 2.6 万亿元,合计城镇职工基本养老保险统账结合制度下的隐性债务为 86.2 万亿元,

① 财政部:《关于 2015 年中央和地方预算执行情况与 2016 年中央和地方预算草案的报告》,财政部网,2016 年 3 月 18 日。
② 《中国社会保险发展年度报告 2014》,《中国劳动保障报》,2015 年 7 月 1 日。
③ 曹远征等:《重塑国家资产负债能力》,《财经》2012 年第 15 期。
④ 马骏等:《中国国家资产负债研究》,社会科学文献出版社,2012 年。
⑤ 李扬等:《中国国家资产负债表 2013——理论、方法与风险评估》,中国社会科学出版社,2013 年。

占 2012 年 GDP 的 166%。[1]

尽管不同团队的研究角度和结果不尽相同,但共同的结论是:我国养老保险隐性债务规模将不断加大,倒逼着政府尽快采取行动。否则,越拖延,未来的改革成本越大。

**2.形成国有资本弥补社会隐性债务的制度安排**

(1)用国有资本弥补社会保障隐性债务是国际通行惯例。秘鲁在对国有企业进行私有化的过程中,将私有化的部分收入用来偿还养老金债务。玻利维亚政府则把国有企业股份的 30% 划为新制度的养老基金财产,并划入所有 18 岁以上的公民的养老金账户中。阿根廷通过变卖部分国有资产,将其收入用于弥补养老保险基金的不足。转轨中的一些东欧国家也将国有资产私有化的部分收入划入养老保险基金。

(2)庞大的国有资本可以发挥重要战略作用。我国制度转型进程中出现的空账,根源在于过去企业职工"老人"的劳动贡献通过低工资、低福利的形式被内化为国有资本。因此,转型成本应由政府国有资本承担,而不应该由企业和个人承担。

我国有条件解决巨大的社会保障资金缺口和转型成本,主要在于我国拥有巨大的国有资产以及国有资本收益。2015 年我国国有企业资产总额达 119.2 万亿元,国有企业利润总额为 23027.5 亿元,同比下降 6.7%。[2]国有资本可以在建设共享社会中发挥更大作用。以延迟退休年龄方案为例,退休年龄每延迟一年,养老统筹基金可增长 40 亿元,减支 160 亿元,减缓基金缺口 200 亿元。[3]但如果考虑到国有资本收益的话,即使每年补充 200 亿元的社会保障基金,也不到国有企业年度利润的零头。

---

① 郑秉文:《中国养老金发展报告 2014——向名义账户制转型》,经济管理出版社,2014 年。
② 财政部资产管理司:《2015 年 1—12 月全国国有及国有控股企业经济运行情况》,财政部网,2016 年 1 月 27 日。
③ 冯彪:《延迟退休政策明确"十三五"期间出台》,《每日经济新闻》,2015 年 11 月 4 日。

从多方面情况看，目前国有资本收益用于社会保障等民生支出比例严重偏低（见表 6-7）。从全国的整体情况看，2014 年国有股减持收入补充全国社保基金为 82.83 亿元，仅占国有企业经营利润的 0.33％。从中央企业的情况看，2014 年中央国有资本经营预算支出 1419.12 亿元。其中，调入公共财政预算用于社保等民生支出为 184 亿元，国有股减持收入补充社保基金支出 21.58 亿元，占国有资本经营预算支出比重分别为 13％ 和 1.5％。[①] 这意味着其余 1200 多亿元通过不同途径回流到中央企业。

**3. 提高国有资产与公共资源收益补充全国社保基金的比例**

（1）划拨更多的国有资产，包括国有银行、国有保险资产到社会保障基金，比重可提高到 30％～50％；未划拨资产的经营收益上缴公共财政比重提高到 30％，上缴利润中不低于 30％用于补充全国社会保障基金。

（2）重点提高中央企业上缴收益划拨全国社保基金的比例。根据 2014 年财政部的规定，中央企业国有资本收益收取比例将在现有基础上再提高 5 个百分点。随着国有资本经营收益上缴财政的比重进一步提高和补充社会保障基金的比重进一步提高，全国社会保障基金可以获得更大的资金注入。

（3）公共资源出让收益划拨社保基金。我国有巨大的公共资源存量，

表 6-7　2010—2014 年中央企业预算支出及其民生支出比重

| 年　份 | 2011 | 2012 | 2013 | 2014 |
|---|---|---|---|---|
| 中央国有企业经营预算支出（亿元） | 769.54 | 929.79 | 978.19 | 1419.12 |
| 用于社会保障支出（亿元） | 40 | 70.1 | 84.29 | 205.58 |
| 占比（％） | 5.2 | 7.5 | 8.6 | 14.5 |

注：社会保障支出包括民生支出和国有股减持收入补充社保基金支出。

数据来源：中国（海南）改革发展研究院课题组根据历年中央和地方预算执行情况与中央和地方预算草案的报告数据计算所得。

---

① 　财政部：《2014 年中央国有资本经营预算收支情况》，财政部网，2015 年 2 月 5 日。

随着市场化改革的推进,这些资源都将通过公开市场进行交易。中央政府应尽快形成强制性的机制,规定公共资源出让净收益的 30% 划拨到社会保障基金中。

【专栏 6-2】

### 国外国有企业收益上缴比例

法国:国有企业税后利润向政府上缴的比例大约为 50%。国有资本的红利上缴国库,分红后剩余利润全部留归企业支配,其中 60%～70% 用作后备基金和发展基金,主要用于再投资和弥补亏损,其余用于职工的奖励和福利。

美国:由于美国预算赤字较大,国有企业每年还是要采取自愿的办法将税后红利的 30%～50% 上缴所在地州政府,用于政府开支。有些州还可以用国有资产的收益直接向民众分红。

新加坡:淡马锡平均每年为股东提供超过 17% 的投资回报率,上缴新加坡财政部的股息年均 7%。国有企业上交红利的比例一般为盈利的 35%～70%,高的甚至达到盈利的 80%～90%。

意大利:国有企业盈利的 20% 为企业储备金,15% 为科研开发特别基金,其余 65% 上缴国库部。

资料来源:马乃云:《国外国有企业管理及收益收缴实践对我国的启示》,《财会研究》2010 年第 17 期。

### (二)划拨国有资本做大社保基金

全国社会保障基金由中央财政预算拨款以及国务院批准的其他方式筹集的资金构成,用于社会保障支出的补充、调剂,其实质是国家主权基金,在社会保障制度出现缺口时发挥战略补充作用。从中长期发展趋势看,我国社会保障基金规模还偏小,需要尽快依托国有资本做大规模,提高风险防范能力。

**1. 国有资本对全国社保基金贡献不足**

(1)全国社保基金规模偏小。这些年社保基金规模不断增长,到2014年,全国社保基金资产总额15356.39亿元;但养老金储备规模占GDP总量比例仅为2.41%,与发达国家比较相差甚远。目前,养老金储备占GDP的比例最高的挪威为83%左右,日本是25%,美国则是15%。[①]

(2)国有资本筹资的贡献较小。社保基金主要是财政补贴,筹资中来自国有资本的份额很小(见表6-8)。2014年,全国社保基金权益总额14573.29亿元,其中财政资金净拨入为6572.98亿元,占比为45.1%,国有股减转持资金和股份82.83亿元,占比为0.57%。自2009年6月执行《境内证券市场转持部分国有股充实全国社会保障基金实施办法》以来,累计转持境内国有股1065.74亿元;自2005年执行境外国有股减持改转持政策以来,累计转持境外国有股587.62亿元,境内外国有股转持累计为1653.36亿元,占当前全国社保基金权益的18.5%。[②]

表6-8 2001—2014年财政补贴、国有股转持占社保基金权益总额比重

| 年份 | 全国社保基金权益总额(亿元) | 财政净拨入(亿元) | 财政净拨入占权益比重(%) | 国有股转持(亿元) | 国有股转持占权益比重(%) |
|------|------|------|------|------|------|
| 2001 | 805.09 | 595.26 | 73.94 | 127.18 | 15.8 |
| 2002 | 1241.86 | 415.76 | 33.48 | 88.1 | 7.09 |
| 2003 | 1325.01 | 49.08 | 3.7 | 4.08 | 0.31 |
| 2004 | 1659.86 | 278.54 | 16.78 | 47.03 | 2.83 |
| 2005 | 1954.27 | 228.7 | 11.7 | 82.65 | 4.23 |
| 2006 | 2724.16 | 574.24 | 21.08 | N.A | N.A |

---

① 王磊,王丽坤,潘敏:《养老金缺口辨析与弥补对策》,《党政干部学刊》2014年第3期。
② 根据《2012年全国社会保障基金理事会基金年度报告》计算所得。

续　表

| 年份 | 全国社保基金权益总额(亿元) | 财政净拨入(亿元) | 财政净拨入占权益比重(%) | 国有股转持(亿元) | 国有股转持占权益比重(%) |
|------|------|------|------|------|------|
| 2007 | 4139.75 | 308.14 | 7.44 | N. A | N. A |
| 2008 | 4803.81 | 1626.53 | 33.86 | N. A | N. A |
| 2009 | 6927.73 | 1776.73 | 25.65 | N. A | N. A |
| 2010 | 7809.18 | 2309.8 | 29.58 | 387.34 | 4.96 |
| 2011 | 7727.65 | 3152.19 | 40.79 | 161.01 | 2.08 |
| 2012 | 8932.83 | 3828.49 | 42.86 | 74.35 | 0.83 |
| 2013 | 11927.45 | 6000.26 | 50.3 | 78.97 | 0.66 |
| 2014 | 14573.29 | 6572.98 | 45.1 | 82.83 | 0.57 |

数据来源：由全国社保基金理事会数据计算所得。

(3)尽快明确全国社会保障基金最低安全额。全国社会保障基金要锁住每年精算的养老保险潜在缺口,由此形成全国社会保障基金最低安全额度,尽快做大全国社会保障基金规模。同时,几乎所有国家主权养老基金的资金注入都有立法保证,它们或是与财政收入挂钩,或是与国有资产出售建立固定联系,或是与GDP增长率联系起来,或是与外汇储备增长密不可分。借鉴国际经验,建议通过明确文件和法律的形式把全国社保基金注入渠道制度化、法定化。

### 2. 把国有资本作为全国社会保障基金的主要来源

(1)划转部分国有资本充实社会保障基金的潜力巨大。2009年,财政部、国资委、证监会、社保基金会就联合发布了《境内证券市场转持部分国有股充实全国社会保障基金实施办法》,规定"凡在境内证券市场首次公开发行股票并上市的含国有股的股份有限公司,除国务院另有规定的,均须按首次公开发行时实际发行股份数量的10%,将股份有限公司部分国有股转由社保基金会持有,国有股东持股数量少于应转持股份数量的,按实际持股数量转持"。截至2014年年末,财政性拨入全国社保基金资金和股份累计6572.98亿元,其中,国有股减转持资金和股份为2384.11亿元,占比为 36.3％。2014 年,财政性拨入全国社保基金资金和股份 552.64 亿元,而国有股减转持资金和股份为 82.83 亿元,占比仅为 15％。[①] 与国有企业的收益相比,其在补充社会保障基金方面的潜力远未发挥出来。

【专栏 6-3】

### 划转国有资本充实社保基金的历史

1999 年 9 月,党的十五届四中全会《关于国有企业改革和发展若干重大问题的决定》首次提出,"要采取多种措施,包括变现部分国有资产、合理调整财政支出结构等,开拓社会保障基金的筹资渠道,充实社保基金"。

2001 年 6 月,国务院颁布实施《减持国有股筹集社会保障资金管理暂行办法》,规定"国家拥有股份的股份有限公司向公共投资者首次发行和增发股票时,均应按融资额的 10％出售国有股,出售收入上缴全国社保基金"。该方案一经公布,立即引发轩然大波,大量股民的直接反应认为是"圈钱",于是"用脚投票",股市立时大挫。同样由于市场效果不理想,该暂行办法于当年 10 月 22 日被宣布暂停。

2003 年 10 月,党的十六届三中全会《关于完善社会主义市场经济体制若干问题的决定》再次提出,要"采取多种方式包括依法划转部分国有资产充实社保基金"。近 10 年来,国家通过国企上市首发股票划转 10％充实社保基金,累计达到 2300 亿元左右,社保基金会对划转资本进行管理运营,逐年增值,取得较好的投资收益,并积累了比较丰富的对划转资产管理的经验。

---

① 全国社会保障基金理事会:《全国社会保障基金理事会基金年度报告(2014 年度)》,全国社会保障基金理事会网,2015 年 5 月 29 日。

2013 年,党的十八届三中全会《关于全面深化改革若干重大问题的决定》明确提出,"划转部分国有资本充实社会保障基金"。2015 年,党的十八届五中全会提出,"建立更加公平可持续的社会保障制度,实施全民参保计划,实现职工基础养老金全国统筹,划转部分国有资本充实社保基金,全面实施城乡居民大病保险制度"。这是对新时期提高社会保险基金储备、完善中国社会保障体系所做出的重大部署。

资料来源:中国(海南)改革发展研究院课题组整理。

(2)到 2020 年争取国有股划转 3 万亿元到社保基金。根据中金公司测算,如果国有企业股权每五年划拨 10%给社保基金,至 2030 年划拨至 40%后保持不变,那么分红收益折现后相当于 2014 年 GDP 的 25.2%(相当于 16 万亿元),基本可以弥补转型成本。建议从国家层面加强国有资本划转充实社保基金的顶层设计,争取"十三五"划转 3 万亿元国有股到社保基金。

## 【专栏 6-4】

### 2020 年划转 3 万亿元国有股到社保基金的估算

《2014 年 A 股市值年度报告》数据显示,截至 2014 年年末,中国资本市场 2592 家上市公司 A 股市值总规模首次突破 35 万亿元,达到 37.11 万亿元。在各种所有制的市值表现中,国有企业表现分外夺目。2014 年,央企上市公司市值达到 151643.60 亿元;同期,地方国有企业的市值总量达到 99714.30 亿元。按此计算,2014 年中国国有企业在 A 股总市值规模达到 25.14 万亿元,占 A 股总市值的 67.7%。

根据现行会计核算制度，划拨给社保基金的国有股均按市值记账。按照央企绝对控股公司的国有股东享有的净资产情况，如果到 2020 年划转 3 万亿元资产到社保基金，则划转股本占目前国有企业市值的 12％左右，这样"十三五"年划转净资产占原国有股东持有净资产的比例平均只有 2.4％左右。而目前中国国有上市公司年均资产增值率都在 10％左右，因此，"十三五"完全有条件做到。

资料来源：中国（海南）改革发展研究院课题组测算。

### 3. 形成国有资本直接划拨社会保障基金的具体办法

（1）提高国有股划拨社保基金的比例。国有资产在 IPO（首次公开募股）时，考虑将划拨给社保基金的比例由目前的 10％提高到 30％左右。

（2）部分竞争性领域国有资本直接划归社保基金。将国家控股比例过高的央企（包括金融企业）一部分股份（超过 51％的部分）划拨社保基金。

（3）国有资本经营收益划拨社保基金。借鉴发达国家的经验，将国有资本上缴公共财政的利润按不低于 50％的比例划归社保基金。

## （三）完善社保基金管理办法

划转部分国有资本充实社会保障基金，更多国有资本收益用于社会保障，对完善社会保障基金管理制度提出了新的要求。加快推进社会保障基金管理体制创新，成为完善社会保障制度的重大任务。

### 1. 管理体制不健全加大基金保值增值压力

尽管社会保险基金累计结余不断加大，但由于统筹层次低，各地手中用于当期支付的养老保险基金保值增值的制度与机制不健全，养老保险基金投资收益率偏低。国务院在 2015 年 8 月首次制定了《基本养老保险基金投资管理办法》，但具体落实仍需要大量工作。有研究表明，如果自1998年以来基本养老保险个人账户资金进入市场投资运行，按照全国社会保障基金理事会投资业绩（年化收益8%）计算，截至2011年，减去年度支付后还有累计结余额3.8万亿元。而2012年养老保险基金累计结余额仅为2.4万亿元。由此估算，留在地方政府手里的社保基金结余，年均损失投资收益达到1000多亿元，累计损失将达到1.3万亿元。因此，需要尽快改革我国社会保障基金投资体制。

**2. 全国社保基金：拓宽投资领域，优化投资管理**

（1）改善投资结构，降低自营比重（见表6-9）。从全国社会保障基金理事会这几年来的实践看，投资效果比较好，年均收益率达到8.29%。2015年，基金权益投资收益额2287.04亿元，投资收益率为15.14%，创历史新高。进一步提高社会保障基金经营管理水平的关键是调整投资结构，减少自营比重，扩大委托投资比重。建议在选择优秀投资者的基础上进一步降低自营比重，争取到2016年逐步降到40%左右，2020年降到20%左右。社会保障基金理事会的重点不应该放在自营业务上，而应放在通过明确而且合理的任免程序任命或者选出合格的受托人理事会或者董事会，有效地监督各类资产管理人，建立有效的问责制，增强基金管理的透明度（见表6-10）。

表6-9　2003—2014年全国社保基金自营与委托投资比重

| 年　份 | 管理资产总额（亿元） | 自营业务（亿元） | 委托业务（亿元） | 自营业务占比（%） |
|---|---|---|---|---|
| 2003 | 1325 | 1006.1 | 318.87 | 75.93 |
| 2004 | 1711.4 | 1098.8 | 612.67 | 64.2 |
| 2005 | 2117.9 | 1387.6 | 730.29 | 65.52 |
| 2006 | 2827.7 | 1771.1 | 1056.6 | 62.63 |
| 2007 | 4396.9 | 2327.5 | 2069.4 | 52.94 |
| 2008 | 5623.7 | 3057.9 | 2565.8 | 54.38 |
| 2009 | 7766.2 | 4145.1 | 3621.2 | 53.37 |

**续　表**

| 年　份 | 管理资产总额(亿元) | 自营业务(亿元) | 委托业务(亿元) | 自营业务占比(%) |
|---|---|---|---|---|
| 2010 | 8566.9 | 4977.6 | 3589.3 | 58.1 |
| 2011 | 8688.2 | 5041.1 | 3647.1 | 58.02 |
| 2012 | 11060.37 | 6506.67 | 4553.7 | 58.83 |
| 2013 | 12415.64 | 6697.74 | 5717.9 | 53.95 |
| 2014 | 15356.39 | 7718.12 | 7638.27 | 50.26 |

资料来源：2003—2014 年全国社会保障基金年度报告。

**表 6-10　2001—2014 年理事会投资收益情况**

| 年　份 | 投资收益(亿元) | 收益率(%) | 通货膨胀率(%) |
|---|---|---|---|
| 2001 | 7.42 | 1.73 | 0.7 |
| 2002 | 19.76 | 2.59 | −0.8 |
| 2003 | 44.71 | 3.56 | 1.2 |
| 2004 | 36.72 | 2.61 | 3.9 |
| 2005 | 71.22 | 4.16 | 1.8 |
| 2006 | 619.79 | 29.01 | 1.5 |
| 2007 | 1453.5 | 43.19 | 4.8 |
| 2008 | −393.72 | −6.79 | 5.9 |
| 2009 | 850.43 | 16.12 | −0.7 |
| 2010 | 320.76 | 4.23 | 3.3 |
| 2011 | 73.37 | 0.84 | 5.4 |
| 2012 | 645.36 | 7 | 2.6 |
| 2013 | 685.87 | 6.2 | 2.6 |
| 2014 | 1390 | 11.43 | 2 |

数据来源：全国社保基金理事会。

（2）引入竞争机制。在选择委托商方面，可以借鉴智利养老基金投资经验：一是建立多种基金制度，形成竞争性市场；二是政府从限制投资产品转向限制风险，简化社会保障基金投资限制规定。

（3）拓宽投资领域。结合产业转型升级的大趋势，前瞻性地投资一些战略性新兴产业。例如,"绿色投资"和"低碳经济"正逐渐成为金融危机之后养老基金投资策略调整的一个新动向。2009年丹麦社保基金ATP宣布制定一个可持续的"绿色"战略投资计划,以森林作为投资对象和一种新型资产。2009年挪威财政部在呈交给议会的一份报告中称,"挪威政府(全球)养老基金"在未来五年将在新兴市场国家环保产业投资330亿美元,以此作为可持续增长的资产品种。随着中国绿色产业等不断发展,社会保险基金可以探索在绿色产业等战略性产业上发挥更大的作用。此外,国家在安排能源、交通等大型项目时优先安排一定的养老基金参与其中;在国有重点企业改制上市中,允许并鼓励养老金以战略投资者身份参股。

(4)推进全国社保基金投资的政企分开。以挪威为例。根据《挪威养老基金法》,挪威财政部是养老基金的主管部门,财政部委托挪威央行对"政府(全球)养老基金"进行管理,制定投资战略并进行风险和收益评估。1998年,挪威央行成立"央行投资管理机构"(Norges Bank Investment Management)负责养老基金的具体运营,在遵循投资准则和投资战略的基础上,自主选择投资对象和投资时机,力求在适度风险下实现长期效益的最大化。建议借鉴挪威经验,在全国社保基金投资方面探讨适合中国国情的政企分开路子。

### 3. 在保障安全的基础上盘活地方养老基金

(1)委托全国社会保障基金投资。当前,我国2.4万亿元养老基金分散在全国2000多个统筹单位中,投资渠道狭窄,与CPI相比,处于不断"缩水"之中。2015年8月国务院公布了《基本养老保险基金投资管理办法》,其中明确提出,各省、自治区、直辖市养老基金结余额,可按照该办法规定,预留一定支付费用后,确定具体投资额度,委托给国务院授权的机构进行投资运营。

全国社会保障基金每年投资收益率相对较高,在投资上有比较丰富的经验,全国社会保障基金成立以来每年平均投资收益率达到8.29%。地方层面的社会保障基金在投资条件尚未具备的情况下，可以采取委托全国社会保障基金投资的方式，受托资金投资运营采取并入现有社会保障基金大账统一运营的方式，统一资产配置，统一收益核算，同时定期公布本金和收益，实现保值增值。例如，2012年，广东省政府委托全国社会保障基金理事会就广东省城镇职工基本养老保险结存资金中的1000亿元进行投资运营，成为内地首个尝试地方养老金"入市"的省份。

（2）购买专项国债。中央财政向地方社保基金发行一年期定向国债，利率略高于银行存款净收益（考虑通货膨胀因素）。通过购买国家发行的高于银行存款利率的特定国债，既保障社保基金安全，又实现其保值。建议根据地方养老基金节余情况，由财政部发行2万亿元左右特种国债，鼓励并强制地方利用节余社会保障基金购买，利率介于普通国债与全国社会保障基金平均投资收益之间。国债资金注入全国社会保障基金，由后者负责投资。

（3）探索建立地方社保基金，用于支持"省级统筹部分"。对于地方财力相对较好的省份，可以探索建立地方社保基金理事会，把地方国有资产注入其中。比如，山东省公布了《关于深化省属国有企业改革　完善国有资产管理体制的意见》，划转部分国有资本充实省社会保障基金；设立山东省社保基金理事会，承接管理划转的省属企业国有资本，行使投资者职能，探索推进国有企业股权多元化和现代企业制度建设；省财政部门和国资监管机构依法对省社保基金理事会履行监管职能；国有资本划转、管理及收益使用的具体办法另行制定。当然，成立省级社保基金，涉及一系列制度安排，包括中央、地方社保权责划分和地方财政社保兜底责任等。对此需要尽快出台顶层设计方案。

【专栏 6-5】

## 山东率先启动并完成国资划转社保基金

2015 年 5 月 18 日,山东省政府举行仪式,正式划转山东能源集团、山东机场公司、山东盐业集团三家省管国有企业 30％国有资本充实社保基金。超过 33 亿元的国有资本正式划拨到新成立的山东省社保基金理事会名下,这不仅标志着山东省国企改革走出了关键一步,更意味着在中央文件中已经出现了长达 11 年的"划拨国有资产充实社保资金"的政策终于不再是"纸上谈兵"。根据划转企业 2014 年度的财务报告和实收资本状况,划转后,山东省社会保障基金理事会持有山东能源集团、山东机场公司和山东盐业集团的实收资本分别为 30 亿元、2.4 亿元和 0.65 亿元,总计划转国有资本超过 33 亿元。

10 天后,第二批划转再次启动。包括鲁信集团在内的 15 家省管企业 30％的股权、147.6 亿元的国有资本正式划转充实到山东省社会保障基金,省国资委和省社保基金理事会按照 7∶3 的比例行使股东权利。15 家企业中,除一家尚未完成公司制改造外,其余全部是国资委监管的一级企业,包括几家千亿级大企业集团。截至目前,山东 18 家省管企业共划转了 180 多亿元的国有资本股权充实社保基金。至此,山东省管企业国有资本划转社保基金全部完成。

资料来源:中国(海南)改革发展研究院课题组整理。

(4)成立专门的养老基金管理公司。从各国经验看,加快社保基金投资的多元化、市场化和专业化是一个基本趋势。国际上基本养老保险基金投资管理体制分为三种模式:第一种模式是"政府部门投资运营模式",如美国、新西兰和爱尔兰等，政府将基本养老保险基金直接交由财政部牵头组成的一个特定政府机构，养老资产几乎完全以购买国债或特殊政府债券为主，完全与市场隔绝；第二种模式是"市场机构投资运营模式"，如智利政府将养老保险基金直接交由数家特许的养老金公司投资运营，公司之间具有竞争性，最终可以淘汰，公司还承担着社会保险费征缴和养老金发放等一站式服务；第三种模式是"专门机构投资运营模式"，如加拿大、日本等政府将基本养老保险基金交由专门成立的特殊投资机构实施市场化、多元化和国际化的运营模式，其专门机构由法律授权并由政府发起组织成立，具有现代公司治理结构。

从我国实际情况看，实现养老金投资的多元化、市场化和专业化，迫切需要加快建立专门的养老基金管理公司。这可以是第二种模式，也可以是第三种模式。养老基金管理公司由专业投资机构负责养老基金的投资运营，养老金管理机构按照金融市场业务的要求建立投资管理框架并设置部门，聘用专业人才组建投资团队。

# 第七章　推进以监管变革为重点的政府改革

　　"十三五",市场监管有着很强的特殊性:一方面,随着消费结构升级,释放内需潜力直接依赖于市场监管的有效性;另一方面,市场监管转型滞后成为纵深推进简政放权改革的"最大短板"。在这个背景下,无论是简政放权向纵深推进,还是消费结构升级、释放内需潜力,都直接依赖于市场监管的有效性。

激发市场活力、企业活力的重要基础和重要前提是形成有效的市场治理。以形成有效的市场治理体系为目标加快监管转型，成为结构性改革的重大任务。总的来看，监管变革牵动影响政府改革全局，不仅涉及政府监管模式的改变，还涉及深层次的行政权力结构调整和政府理念变革，这将是一场深刻的政府"自我革命"。

# 一、监管转型是简政放权改革的一个大趋势

2014 年下半年以来的简政放权改革与过去有很大的不同，提出了"放管结合"的新思路，要求各部门在放权的同时，必须采取有力的措施加强和完善监管。在新形势下，监管变革的重要目标是由市场监管走向市场治理。

## （一）发挥市场的决定性作用受制于监管转型滞后

以简政放权为重点的政府改革是本届政府的最大亮点，其在释放市场活力、促进经济转型、应对经济下行压力中发挥了重要作用。但从近年来

食品药品监管问题频发与 2015 年股票市场的异常波动可以看出，监管转型滞后于简政放权改革进程，与扩大内需、拉动消费的现实需求和广大社会成员的期盼有着明显差距。总的来看，监管转型滞后成为简政放权纵深发展的"最大短板"。①

**1. 监管理念变革滞后具有普遍性**

在现代监管模式下，行政审批与监管是分离的，监管主要是事中事后监管，事前的行政审批能取消尽可能取消，以便能够最大限度地激发市场活力。中国（海南）改革发展研究院课题组在 2015 年国务院第三方评估的调研中发现，不少行政部门在理念上仍把行政审批和监管看成是一回事，仍强调"谁审批，谁监管"，这在现实中往往演变成为"行政审批部门等同于监管部门""少审批就少监管，不审批就不用监管"等。实践证明，这既不利于行政审批制度改革，也不利于事中事后监管体系的完善。

**2. 监管方式比较陈旧，社会参与监管严重不到位**

（1）监管技术手段落后。不少部门习惯于"大检查、明察暗访、交叉检查、巡查、抽查"等传统方式。尽管 2015 年国务院出台了《关于运用大数据加强对市场主体服务和监管的若干意见》，但目前大数据等应用尚未普及，不少地方在省级层面，工商、国税、地税、质监等业务系统与行政审批工作平台尚未实现信息互通和资源共享，难以形成大数据的协同监管。2015年以来，各地一些安全事故频发，"东方之星"沉没、天津滨海新区爆炸、深圳滑坡等事故，与监管技术手段落后直接相关。

（2）监管缺乏社会信用基础。在现代监管模式下，监管需要以企业的社会信用为基础。而在我国现行监管模式下，社会信用体系尚未建立，一些企业违背诚信、制假售假的行为得不到应有的惩处。比如，在事前行政审批为主的条件下，企业到银行贷款，银行却更相信政府批文。这使得现

---

① 迟福林：《监管转型是深化简政放权的关键》，《行政管理改革》2015 年第 9 期。

行监管模式难以摆脱对行政审批的依赖,同时弱化了监管的有效性。

(3)社会参与监管严重不到位。"商有商道、行有行规"是我国自古以来就有的规矩。行业协会和商会曾经在推动企业诚信和自律中扮演着不可替代的角色。但在现行体制下,行业协会和商会行政化倾向较为严重。监管中政府唱"独角戏"比较普遍,行业协会和商会严重缺乏公信力,行业自律缺失,难以有效发挥传统"行帮商会"的作用。

**3. 监管体制改革尚未取得实质性突破**

(1)行政审批与监管"合二为一"的体制尚未完全打破。行政审批与监管是不同性质的行政权力,严格分离才能确保各自的有效性。尽管我国成立了各类监管机构,但在体制安排上仍带有"合二为一"的突出特点。例如,有的机构既有审批权,又有价格监管、垄断行业监管等权力;证监会、银监会、保监会等既是市场准入的审批机构,又是专业监管机构,这使得监管机构本身难以保持利益超脱和独立行使监管权。

(2)监管机构"九龙治水"尚未完全改变。近几年来,地方层面在监管机构整合上进行了试点,深圳、上海、浙江、天津等地纷纷整合工商、质监、食药等部门,组建市场监督管理局(委),但在中央层面,监管机构的整合还没有跟上,使得地方层面的试点难以摆脱局限性。2013年国务院机构改革仅仅有限整合了食品药品监管职能,很多监管职能依然散落在相关部门。例如,农业部门监管食用农产品质量,食品安全标准制定和风险评估由卫计委负责,食品生产容器和包装材料监管职能由质监部门承担,食品药品广告监管权在工商部门。

(3)监管部门专业化建设严重滞后。不仅表现在监管队伍专业化建设滞后,还表现在监管标准缺乏,现有的监管标准远远低于发达国家。由于监管标准较低,国内消费者被歧视的现象时有发生。例如,2015年有媒体报道"星巴克在国内生产销售的蛋糕含有鞋底原料",星巴克回应称:"蛋糕产品中确有添加该物质,但添加剂量符合中国相关法规要求。"

### 4.监管立法滞后

从发达国家经验看,监管职能法定、程序法定、机构编制法定是确保监管独立性、权威性、专业化的重要保障,也是规范监管行为的重要保障。改革开放近38年以来,我国监管立法严重滞后,法治监管的基础仍然相对薄弱。例如,《反垄断法》并没有把反行政垄断纳入在内;由于《证券法》尚未修改,原计划2015年下半年推出的注册制改革,不可避免地受到掣肘;《城市综合管理法》长期未出台,以行政规章为依据的城管执法越来越被动。

## （二）以监管转型激发市场,解放企业

经济转型升级有赖于有活力的市场,有赖于公平竞争,有赖于打破企业创业创新面临的政策体制枷锁。当前,在加快经济结构调整,尤其是经济下行压力增大的背景下,需要的是加大放权的力度,激发市场活力,严防"把市场关进权力的笼子里"。

### 1.实施企业自主登记制度

(1)商事登记制度改革促进了市场主体快速增长。近两年来,各级政府加快了企业工商登记制度改革步伐,全面实施注册资本由实缴制改为认缴制、"先证后照"改为"先照后证"、企业年检制改为年报制等一系列降低市场准入门槛的举措,从"分部门办理证照"到"证照统发"到"一照三号"再到"一照一码"的持续商事制度改革,明显简化了企业注册登记流程,改善了政府与市场关系,有效激发了市场主体的活力。据统计,2015年,全国新登记市场主体1479.8万户,比上年同期增长了14.5%;注册资本(金)30.6万亿元,比上年同期增长了48.2%,两项数据均创历史新高。①

(2)商事登记制度仍有较大的改革需求。2015年10月以来,"三证合

---

① 《2015年度全国市场主体发展、市场竞争环境和市场消费环境有关情况》,《中国工商报》,2016年1月14日。

一、一照一码"登记模式在全国全面推广。改革后由工商管理部门核发加载统一社会信用代码的营业执照,取消了组织机构代码和税务登记号,缩短了企业创办周期。有地方的数据显示,过去企业注册登记法定最长时间为 48 天,而现在只要材料齐全最长只要 3 天。[①] 即便如此,商事制度仍有较大的改革空间:一是与发达国家或地区相比,我国企业注册登记仍不够简便。例如,新加坡的企业注册登记只需 3 小时就能在网上完成;香港于2011 年建立了"注册易"一站式服务网站,企业登记最快仅需要 1 小时。二是执行"三证合一、一照一码"制度后,由于部门间政策协调不够,个体工商户办理组织机构代码证却被相关部门"拒之门外"。三是企业注册登记容易,但企业注销变更困难。企业注销仍要国税、地税、工商、银行、质监等部门审核,而每个部门都有审核周期。

**【专栏 7-1】**

### "三证合一"后个体工商户成了"两不管"

2015 年 10 月 1 日以来,各地全面推行营业执照、组织机构代码证和税务登记证"三证合一、一照一码"制度。而就在新制度推行如火如荼时,个体工商户为办理组织机构代码证却陷入"两难"境地。

因业务需要,目前急需换发组织机构代码证解锁对公账户的黄女士在连吃两次"闭门羹"后,才意识到新制度推行后个体工商户已经成了"两不管"地带。

记者注意到,类似于黄女士的这种遭遇,目前在全国范围内普遍存在。全国组织机构代码管理中心网站留言板上,不少个体工商户留言咨询相关问题的解决措施。而他们得到该中心相同

---

① 《湖北省颁发首张"一证一码"营业执照 全面推行"三证合一"改革》,人民网,2015 年 9 月 11 日。

的答复是：为了履行国务院相关文件和国家质检总局相关要求。

记者查询发现，2015 年 8 月，工商总局、质检总局等六部门联合下发的《国务院办公厅关于加快推进"三证合一"登记制度改革的意见》中明确指出，10 月 1 日起全国各级工商行政管理部门向新设立企业、变更企业发放加载统一代码的营业执照，并没有提到个体工商户。

然而，国家质检总局在日前发布的《贯彻落实"三证合一、一照一码"登记制度改革的通知》中，却明确指出包括了个体工商户。该通知称，自 2015 年 10 月 1 日起，各级组织机构代码管理机构不再向企业、农民专业合作社和个体工商户发放和更换组织机构代码证书，代码办证窗口应做好相应公告、解释和说明工作。

"现在存在一个死结，我们这边接到国家质检总局的通知是全部停办，但是工商部门没有全接。"10 月 27 日，郑州市质监局一名工作人员在向《工人日报》记者解释该问题时表示，归根结底是各职能部门之间的政策没有协调好。针对个体工商户目前普遍存在的困局，该工作人员称，尚无任何解决的办法，具体什么时间能解决也没法说，需要等等看国家层面怎么说。而据记者了解，目前国家工商总局正与国家质检总局进行协调，有望尽快解决并拿出下一步措施方案。

资料来源：余嘉熙，闵亚平：《"三证合一"后个体工商户成了"两不管"》，《工人日报》，2015 年 11 月 2 日。

（3）全面推行企业自主登记制度。进入"互联网＋"时代，实现企业自主登记注册的技术条件和时机已经成熟。建议借鉴新加坡、中国香港等地的经验，从"十三五"开始，全面推行企业自主登记制度：第一，在四大自由贸易试验区实施企业一站式登记注册的基础上，尽快建立全国统一的企业自主登记注册网络平台,在企业注册时间上与国际接轨。第二,加强部门间政策协调,尽快将个体工商户纳入"三证合一、一照一码"制度执行范畴。第三,加快推进企业简易注销制度改革,在目前试点的基础上,尽快在全国实施个体工商户、未开业企业以及无债权债务企业简易注销程序。

**2. 取消企业一般投资项目备案制**

(1)从投资审批制到备案制是个重要突破。2004 年之前,无论是政府投资项目,还是企业投资项目,都实行审批制,这在我国经济起飞初期对产业布局起到了重要作用。但随着我国加入 WTO,这种审批制越来越难以适应国内外市场发展的需要,其弊端日益暴露,妨碍了要素的自由流动,不利于激活市场。2004 年国务院出台《关于投资体制改革的决定》,明确规定"企业不使用政府投资建设的项目,一律不再实行审批制,区分不同情况实行核准制和备案制"。

2008 年国际金融危机以来,受国内外市场的双重影响,我国经济下行压力增大,但国内企业投资环境并没有得到较好改善,国内市场潜力难以有效释放,经济增长乏力。2013 年全国"两会"期间,有政协委员指出"目前投资一个项目仍需要盖 108 个章",这不仅影响了企业投资效率,而且不利于激发市场活力。从初步的实践看,近两年来,从上到下各级政府加大以简政放权为重点的行政审批制度改革力度,全面推行企业投资项目备案制,在进一步为企业投资"松绑"上发挥重要作用。

(2)实践中投资备案制仍被变相"审批"。实行投资备案制的初衷是尽可能减少行政审批环节,缩短企业到政府相关部门的办事时间,提高政府办事效率。从国际经验看,企业投资备案的主要意义在于报备或者通知,主要目的是便于政府掌握企业投资信息,对投资运行进行监控和分析,从而引导社会投资。从理论上讲,备案制应该是一种比较便捷的方式,有利于企业投资便利化。然而,在实际操作中,有些地方的备案被普遍赋予审批的意义,甚至需要耗费比审批更多的时间,饱受各类市场主体诟病。一些部门仍采用审批制的流程标准，一些审批"明放暗不放"，隐晦地实行"备案"，看起来是备案，实际上是审批，使得备案制效果大打折扣。例如，一些地方政府通过设立财政资金扶持项目、科技创新项目等进行公共资源的政策性分配，成为事实上的变相审批。客观地看，企业投资项目备案制仍属于前置性的行政控制，并不能有效减少企业的不正当竞争和违法行为，而且有可能成为变相审批。向纵深推进以简政放权为重点的行政审批制度改革，需要进一步改革备案制。

（3）取消企业一般投资项目备案制。市场经济条件下，在政府严格管理城乡规划、土地利用、环境保护、安全生产等事项的前提下，企业一般投资项目一律应当由企业依法依规自主决策，不再需要备案。当前，从增强行政审批体制改革的实际效果出发，加快落实中央关于"破除阻碍创新发展的'堵点'、影响干事创业的'痛点'和市场监管的'盲点'，为创业创新清障、服务"的精神，需要确立企业投资主体地位，适时取消企业一般投资项目备案制，将投资决策权彻底交还给企业。

### 3. 以公平竞争政策取代产业政策

（1）某些产业政策推动了产能过剩。2008年国际金融危机中，我国出台了某些产业振兴规划，它在扩大投资规模、保持经济稳定增长中起了重要作用。但客观地说，近些年来，产能过剩在很大程度上与政府不适当的产业政策直接相关。一些开发区、产业园区为了招商引资出台"零地价""税收返还"等产业政策，进一步加剧地方政府间的恶性竞争，加大地方保护主义倾向，影响了资源配置效率，有违公平竞争的市场原则。

（2）泛化产业政策容易扭曲市场主体的投资行为。在现代市场经济条件下，农业等一些特定产业，各国都有保护政策，但不能每个产业都实行优惠的产业政策，这样容易妨碍市场公平竞争，人为导致供求关系失衡，不利于利用市场机制自动调节供求关系和消化过剩产能。近些年来，政府与市场关系的失衡，很大程度上与政府产业政策相关联，由此造成市场主体对产业政策的过度依赖。

从实际情况看,各地产业政策的优惠程度不一,促使一些企业通过比较各地产业政策来决定投资行为。这样一来,一方面,加剧了地方政府间的恶性竞争,造成一些地区盲目投资、重复建设,导致产业同构现象严重;另一方面,企业对产业政策的过度依赖导致企业应对市场风险的能力减弱,一些企业不把主要精力放在开拓市场和改善经营管理上,而是想办法钻产业政策的空子,甚至通过不正当手段获得政府补贴,一旦遇到市场波动,就寻求政府扶持,长此以往形成了"恶性循环"。由于大量产业资金分散在不同部门,在利益的驱使下,一些企业将同一个投资项目经过不同"包装"后向不同部门重复申请资金支持,不利于产业资金的合理配置。有些产业政策采取支持创新的办法,初衷是好的,但也很难达到预期效果。例如,一些企业为了获得巨额的研发经费,并没把主要精力放在研发上,而是放在千方百计争取财政资金上。

(3)尽可能少用或不用产业政策。党的十八届三中全会通过的《中共中央关于全面深化改革若干重大问题的决定》提出,"使市场在资源配置中起决定性作用和更好发挥政府作用",就是要进一步明确政府与市场的边界,加快政府向市场放权,充分发挥市场在资源配置中的机制性作用,将政府的主要职责限定在公共服务领域。从实践看,华为、阿里巴巴等一大批创新型企业的成长并不是靠政府产业政策扶持的结果。相反,一些企业长期依赖政府政策扶持,在创新方面往往走不远。市场经济条件下,政府的主要职责之一就是营造良好的市场环境,尽可能少用产业政策去干预企业投资行为,使各类市场主体根据市场变化来决定自身的投资行为。为此,需要改变通过政府选择、政府补贴、行政主导直接配置资源的做法,尽快清理、废除通过各类优惠政策和政府补贴引导产业发展的各项政策,改变政府人为扭曲市场信号和不公平竞争的局面。

### （三）形成有效监管的体制框架

"十三五"，推进传统市场监管方式向市场治理创新的转型，关键是转变政府监管理念，初步形成政府与社会力量共同监管的多元治理格局。

**1. 以监管转型推动形成有效的市场治理**

（1）由事前审批为主向事中事后监管为主转型。从发达国家的经验看，现代监管在事前监管上尽可能简化程序，实行负面清单制度，这样能够降低企业的市场准入门槛，最大限度地激发企业活力和市场活力。但企业准入门槛放开后并不意味着政府一味放任自流，需要采取更为严格规范的事中事后监管。"十三五"，随着事前行政审批事项的大幅减少，政府微观经济管理方式正在走向负面清单管理。在这个特定背景下，"十三五"，我国监管转型的首要任务是由事前审批为主向事中事后监管为主转型。

（2）由分散监管向统一监管转型。我国目前形成的监管模式带有分散监管的突出特点。在实践中，分散监管模式已经弊多利少，难以为继。以2015年的配资炒股为例，既涉及银行业，又涉及证券业，是由银监会负责还是由证监会负责难以区分，类似的"监管真空"不胜枚举，充分说明了分散监管的传统模式已经难以适应新形势变化。党的十八届三中全会明确指出，应"实行统一的市场监管"。也就是说，"十三五"应尽快实现由分散监管向统一监管转型，这已成为监管转型的重要任务之一。

（3）由行政型监管为主向法治化监管为主转型。在现行体制下，监管机构主要按照行政等级行使职权，无法获得独立性，难以形成专业化的队伍。随着"一带一路"和自由贸易试验区战略的实施，建设国际化营商环境成为稳定经济增长预期、推进经济转型升级的战略选择。在这个特定背景下，推动市场监管由行政型为主向法治化为主的转型既有现实性，又有迫切性。

**2. 到2020年基本形成多元市场治理体系**

（1）创新市场监管体制机制。与负面清单管理相适应，以市场监管与行政审批严格分离为原则,全方位梳理各部门需要监管的事项,加快建立完善的消费市场监管体系、金融市场监管体系和垄断行业监管体系,到2020年建立起比较完善的事中事后监管体系。

(2)建立监管部门的信息互联共享机制。地方政府基本实现工商部门、审批部门、行业主管部门及其他部门之间的信息实时无障碍交换。

(3)初步建立起统一的市场监管模式。以减少层级、整合队伍、提高监管效能为原则,组建统一的市场监管队伍,形成监管合力;健全跨部门联动响应机制和失信惩戒机制,形成"一处违法、处处受限"的联合惩戒机制。

(4)基本形成多元市场治理体系。在强调政府主体责任的同时,充分发挥行业组织的自律作用,市场专业化服务组织、公众和舆论的监督作用,促进市场主体自我约束、诚信经营,有效发挥社会力量在市场监管中的独特作用。到2020年,形成以政府为主体,公众、社会组织、新闻媒体等社会力量共同参与市场监管的合力,基本形成多元市场治理体系。

### 3. 到 2020 年初步建立监管法治框架

(1)实现监管职责法定。监管法律体系初步完善,每一项监管权、每一个监管机构的设定均做到于法有据、可问责。

(2)实现监管程序法定。以法定程序约束监管部门自由裁量权取得重要突破,监管执法权的行使严格规范。

(3)实现监管机构编制法定。依法合理规范监管机构编制,监管机构编制向基层执法队伍倾斜,形成监管队伍专业化强有力的体制保障。

## 二、加快市场监管体制转型

监管转型滞后的深层次矛盾在于监管体制改革滞后。从实践看,如果没有监管体制改革的深入推进,无论是消费市场监管转型、垄断行业监管转型,还是监管方式转型,都难有实质性突破。加快推动监管体制创新,成为"十三五"监管转型不可回避的重大课题。

## （一）审批与监管不分是监管转型的突出矛盾

当前,市场监管仍保持着行政审批与市场监管"合二为一"的突出特征,以行政审批取代监管的矛盾比较突出,前置性审批过多不仅抑制市场活力,也难以保证事后监管的有效性。要真正建立公平公正的市场秩序,不能靠行政审批,而要靠市场监管,这就需要把行政审批与市场监管严格分开。

### 1. 行政审批与市场监管属于不同性质的管理职能

（1）行政审批与市场监管的侧重点不同。行政审批是行政机关事前把关的手段,主要是为了限制不利于公共利益的行为,防止公民和法人对权利和自由的滥用,具有一定的自由裁量权,主要包括审批、核准、批准、同意、注册、认可、登记、检验、年检等几十种。市场监管是对市场经营活动进行约束限制的行为,包括规范、监督和查处职能。两者在范围、程度上有着本质区别。现代市场经济条件下,行政审批与市场监管是两个不同性质的事物:事前审批是政府行政权力,需要依法界定权力清单;有效的市场监管主要是事中事后监管,而不是前置性的审批。对于前置性的审批尽可能做到越少越好,对于事中事后的监管则需大力强化。

（2）以行政审批为基础的市场监管难以为继。在传统体制下,市场监管以前置性的行政审批为主,通过行政审批为企业层层把关,严重抑制了市场活力,而事中事后监管的体制安排则相对薄弱。在现代市场经济条件下,行政审批与市场监管是不同性质的权力,都需要于法有据。随着"十三五"负面清单管理的全面实施,无论是消费市场领域,还是反垄断领域,在大幅度削减行政审批事项的同时,都面临着重构现有市场监管体系的问题。

### 2. 行政审批与市场监管职能分开

（1）行政审批与市场监管职能的严格分离势在必行。多年来,行政审批与市场监管不分的体制不仅导致重审批、弱监管的问题,还带来寻租腐败问题。据报道,2013年下半年以来,全国范围内多位现任或曾任行政审批部门的官员落马。这些官员落马背后重要的体制根源在于行政审批与市场监管没有严格分开,官员所掌握的行政审批权过大。"十三五",建立公平竞争的市场秩序对行政审批与市场监管职能的严格分离提出多方面的改革诉求:只有两者严格分离才能真正落实行政审批与市场监管各自的主体责任;只有两者的严格分离才能在市场监管机构改革上破题;只有两者严格分离才能克服封闭式的监管模式,走向公开透明的市场监管,有效克服权力寻租和腐败现象。

(2)推进行政审批与市场监管职能严格分离。目前,负面清单管理模式已经开始在多个领域探索。以证券市场为例,下一步的改革目标是实现IPO的注册制,这意味着证券市场将告别准入行政审批时代,由此需要在行政审批与市场监管职能严格分离的基础上重点强化证券市场的监管职能。未来2~3年,随着金融、能源、基础设施、公共服务等领域负面清单管理模式的推行,需要实现行政审批与市场监管职能的严格分离,并强化市场监管职能。

### 3.行政审批与市场监管机构分开

(1)实现审批机构与监管机构相分离。尽管这些年我国出台了不少市场监管的法律法规,但执行效果并不好,一个重要原因就是审批权与监管权长期不分。为此,一些需要保留审批事项的部门,应当成为科学规范、高效的审批部门,行政审批与市场监管在机构上要严格分开。

(2)组建综合性、权威性的市场监管机构。由于监管职能和监管权力结构配置的不合理,同一事项的监管往往分散在多个部门。虽然目前部分机构已进行调整,但在消费市场监管、垄断行业监管等方面远未到位,距离现代市场经济条件下有效的监管体制还有较大的距离。为此,需要尽快从国家层面整合监管机构,组建综合性、权威性的市场监管机构。

（3）实现市场监管机构的独立性、专业性。现代市场经济条件下，市场监管的权威性主要靠监管机构的独立性、专业性来实现，而非简单地依靠部门领导意志去执行。市场监管部门如果频繁受上级领导干预，很难公正独立地行使监管权。建议赋予市场监管机构享有同级政府或行政部门所享有的制定行政规章或规范性文件的准立法权限和行政裁决权，加快推进市场监管机构去行政化。

## （二）推进重点领域监管转型

"十三五"，把握全局、突出重点，以释放内需潜力为重点破题监管转型，争取在金融监管转型、消费市场监管转型、垄断行业监管转型上取得重要突破。

### 1. 加快推进金融监管转型

（1）金融监管转型处于重要关节点。无论是提振经济发展的信心，还是加快经济转型升级，都有赖于一个健康、稳定的资本市场。尽管在一段时间内实施了"熔断机制"，但仍然止不住股市的振荡，又被迫暂停，问题在于因监管真空导致的金融风险频发的根源尚未根除。金融业已经进入大规模的混业经营，银行、证券、保险等行业相互渗透。例如，中国平安保险集团拥有银行、保险、证券、信托等金融业务。此外，互联网与传统金融开始相互渗透，腾讯和阿里巴巴等互联网企业开始涉足支付业务，并不断向证券、信托等领域迈进。在这种情况下，金融分业监管的体制已经严重不适应混业经营的需要，面临转型的历史挑战。

（2）实现金融分业监管向混业监管转型。在分业监管的体制下，各监管部门往往只关注自身所管辖的范围。2015年股市异常波动中，一些保险资金对上市公司频频举牌，成为社会关注的焦点。当前，稳定资本市场已不仅仅局限于证券业，还需要银行业、保险业相关监管部门的通力配合，尽管2013年国务院发文成立由央行牵头的"金融监管协调部际联席会议制度",然而多次股市大幅波动证明,这种联席会议制度并未能有效防范风险。为此需要尽快建立起统一的金融监管体制。应当借鉴欧美国家从分业监管到混业监管的实践,加快完善我国"一行三会"协调机制,尽快形成金融混业监管的制度安排(见表7-1)。

(3)建立以保护投资者权益为导向的资本市场监管体制。重筹资功能、轻投资者保护功能是我国资本市场的"顽疾"。新阶段资本市场监管转型,关键是改变资本市场监管重筹资功能、轻投资者保护功能的传统监管理念和监管方式,形成上市公司对投资者负责的制度约束。

其一,建立强制性分红机制,形成长期不分红上市公司的退市机制。要求上市公司在一定时期内必须分红,超过一定期限不分红的,将不得再融资。再超过一定期限仍不分红的,自动退市。

其二,借鉴美国经验,尽快建立集体诉讼制度,切实保护中小投资者利益。

其三,提高证券业违法犯罪处罚力度,支持投资者依法进行民事诉讼索赔,并追究相关责任人的刑事责任,形成引导价值投资、遏制过度投机的长效机制。

其四,形成强有力的资本市场应急机制。建立财政与货币政策的联动机制,形成包括监管部门在内的多部门稳定资本市场的合力。

表7-1　美国、英国、日本、德国金融业经营方式和监管模式

| 国　别 | 经营方式 | 监管模式 |
|---|---|---|
| 美　国 | 混业经营 | 伞形功能性监管 |
| 英　国 | 混业经营 | 统一监管 |
| 日　本 | 混业经营 | 统一监管 |
| 德　国 | 混业经营 | 统一监管 |

资料来源:中国(海南)改革发展研究院课题组整理。

## 【专栏 7-2】

### 尽快出台"资本市场政策托底"的一揽子救市方案

当前"资本市场政策托底"出台了不少政策,但这些政策仍需要进一步完善,并形成制度化的安排。

1. 确定资本市场干预的底线。例如,承诺在股指低于某临界点时,监管部门要进行强力干预,给市场以稳定的预期。

2. 加快推出提振资本市场信心的重大改革方案。如服务业市场开放、结构性减税、国有企业混合所有制改革等方案,形成资本市场的实质性利好。

3. 以中国证券金融股份有限公司为主体形成制度化的筹资机制。"证金公司"在稳定股市中发挥了重要作用,但在危机应对上并不专业。建议形成不以营利为目的、专业化、规范化管理的国家资本市场平准基金。

资料来源:中国(海南)改革发展研究院:《以监管转型为重点深化简政放权改革(24 条建议)》,《经济参考报》,2015 年 9 月 11 日。

### 2. 以消费市场监管转型释放内需潜力

(1)以建立溯源体系为重点加快消费市场监管转型。20 世纪 90 年代以来,美国、欧盟、日本等逐步引入了消费品全程标识追溯系统,强调对生产、收获、加工、包装、运输和销售等环节实行全过程监管,避免因任何环节遗漏造成商品安全事故。目前,国内产品溯源技术在食品、药品、化妆品、保健品、农产品等领域开始推行,但产品溯源标准参差不齐,而且主要由企业主导,难以真正获得消费者信赖。建议由质监部门牵头,建立国家层面权威的第三方消费品溯源平台,形成统一标准,实现全程溯源,保证溯源数据信息的真实性和完整性,并在此基础上建立问题商品的追溯与召回制度。

(2)严刑峻法打击消费市场制假售假行为。假冒伪劣商品已成为当前抑制消费的重要因素。不仅传统消费市场,网络消费市场也充斥着假冒伪劣商品。据 2014 年下半年国家工商总局对淘宝、天猫、京东、1 号店等主要网购平台的重点商品抽查显示,在 92 个批次的样品采样中,只有 54 个批次的样品为正品,正品率仅为 58.7%,非正品率达到了 41.3%。① 无论是从刺激消费,还是从营造安全健康的消费环境出发,都有必要加大对消费市场制假售假行为的打击力度。为此建议:第一,加大对制假售假行为的处罚力度,大幅提高制假售假的违法成本。第二,邀请公安部门联合打假,对触及刑法的移交司法机关处理。第三,加强知识产权行政执法和司法保护,积极营造良好的保护知识产权的法治环境和市场环境。第四,加强地区间协调,建立跨地区监管机构,彻底打破地方保护主义。

(3)加快形成消费市场综合监管的体制框架。从国际经验看,实行中央一级垂直管理是当今世界发达国家克服消费市场监管失灵的重要手段。从我国消费市场监管的实践看,市场监管职能分散在工商行政管理局、食品药品监督管理局、质量监督管理局等部门。近两年来,全国各地开始探索统一的综合市场监管体制,彻底打破过去"各管一段"的格局,实现了消费市场的统一监管。问题在于,这项改革还限于市县一级,中央和省级层面的改革尚未推开,造成"一个孩子三个爸"、下合上不合的尴尬局面。无论是转变政府职能,还是理顺中央与地方关系,"十三五"都有必要加快中央与省级层面的市场监管体制改革,尽快形成从中央到地方统一的消费市场大监管体制,实现从中央到地方的垂直管理。

---

① 《淘宝被查商品六成多不合格》,《北京日报》,2015 年 1 月 24 日。

【专栏 7-3】

## 发达国家普遍采取消费市场监管垂直管理模式

发达国家普遍采取的是监管重点区域布局的做法,协调中央和地方政府监管事权划分,有效调动各层面的积极性。纵观各国做法,总体上有三类模式。

一是以美国为代表的地理分布模式,联邦监管机构根据地理区域设置若干派出机构。美国食品药品监管局设置了众多派出机构,包括中部、东北部、东南部、西南部和太平洋区五个地区办公室,管理 20 个辖区办公室和近 200 个监督检查站。

二是以日本为代表的行政分级模式,其监管体制包括中央和都、道、府、县等地方自治体两级。日本在中央层面设立消费者安全厅和医药食品局等机构,负责跨国监管事务并指导地方做好监管工作,大部分行政许可和日常监管都由属地负责。

三是以德国为代表的单一监管模式。例如,德国联邦消费者保护与食品安全局对市场进行统一监管。

资料来源:中国(海南)改革发展研究院课题组整理。

### 3. 以破除服务业领域行政垄断为重点的监管转型

(1)建立行政垄断审查机制。多年来服务业领域难以对社会资本放开,关键问题在于服务业领域的行政垄断没有真正被纳入反垄断的范围。2013 年以来,我国对内外资企业加大了反垄断调查,葛兰素史克、默克、微软、克莱斯勒、奥迪等跨国企业纷纷被查。尤其是 2014 年,我国对内外资企业共开出 18 亿元罚单,创下历史纪录。① 随着服务业市场的壮大,反垄

---

① 《2014 年反垄断共开 18 亿罚单 专家:谁垄断就调查谁》,联合早报网,2015 年 1 月 3 日。

断对于保障服务业健康发展非常必要,建议:

其一,反垄断要常态化、制度化,对内外资企业平等监管,谁垄断就调查谁,不搞选择性执法,不偏袒任何一方;

其二,针对当前不少行政垄断行为都有行政文件,比如条例、规章或意见等依据,需要行政部门出台的相关行业政策、指导性文件需向反垄断委员会备案,并建立反垄断审查机构对其审查的机制;

其三,尽快对现行行政法规进行系统的反垄断审查,废除各类导致行政垄断的行政法规。

(2)完善服务业市场监管标准体系。从国际经验看,服务业领域监管过度会阻碍创新,监管不到位会导致企业"劣币驱逐良币",关键问题是监管要有科学的标准。例如,美国政府对服务业的监管重点在于维护市场竞争秩序和社会公共利益,限制过度竞争或不正当竞争,防范社会风险,积极促成《服务贸易协定》《金融服务协议》《基础电信协议》等文件的签署。建议从发展势头快、创新速度快、容易出问题的服务业领域入手建立监管标准:在生活性服务业领域,重点加快健康、教育、文化、电信等监管标准建设;在生产性服务业领域,重点加快互联网金融、电子商务、研发、设计等监管标准建设。

(3)实现服务业领域市场准入的负面清单管理。应当承认,市场经济条件下,"非禁即准"应当是一个基本原则。当前,服务业领域仍然实行严格的行政审批程序,很大程度上制约了服务业发展。从全国的情况看,中央深改组第十六次会议已经讨论通过《关于实行市场准入负面清单制度的意见》,全面推行市场准入负面清单管理的时机和条件已基本成熟。建议:

其一,尽快推广市场准入负面清单,并根据实际运行情况,不断减少负面清单长度;

其二,与负面清单相配套,加快出台各级政府的权力清单,真正把权力关进制度的笼子里;

其三,尽快推出各级政府的责任清单,重点突出市场监管和公共服务领域的责任清单,以此形成倒逼市场监管和公共服务体制改革的新局面。

### (三) 推进监管权力结构改革

监管转型不是一个简单的技术问题,它触及深层次的行政权力结构调整。考虑到"十三五"监管转型的现实性、迫切性全面增强,以强化统一性、专业性、权威性为目标,尽快调整优化市场监管机构,形成消费市场监管、垄断行业监管和金融监管有效性的体制保障。

**1. 组建统一的国家金融监管机构**

(1)建立统一的金融监管体制条件已成熟。从目前各方面的情况看,调整金融权力结构的迫切性增强。除了稳定资本市场需要强化金融监管机构统筹协调之外,随着"互联网＋金融"的创新层出不穷,银行业、证券业、保险业等金融机构之间相互渗透和交叉的趋势不断增强,对分业监管模式提出现实挑战。

(2)组建国家金融监管总局。加强资本市场监管的统一性、协调性,对有效防范金融风险至关重要。从 2015 年以来多次股市异常波动看,迫切需要整合银监会、保监会和证监会的职能,组建国家金融监管总局,形成"统一领导、分级负责、条块结合"的金融监管体制。按照"决策权、执行权、监督权既相互制约又相互协调"的原则,将银监会、保监会和证监会作为国家金融监管总局的执行机构。

**2. 组建统一的国家消费市场监管机构**

(1)组建统一的消费市场监管机构的时机条件已基本成熟。从国家层面看,组建统一的消费市场监管机构的条件已基本成熟。尤其是"互联网＋"时代为建立涵盖生产、流通、消费全过程的监管体系提供了重要条件。当前,不少地方政府成立了综合性的市场监管局并取得较好的效果。"十三五"需要尽快将这项改革纵深推进。

（2）组建国家消费市场监管委员会。进入"十三五"，强化国家消费品监管职能，需要建立全国统一的消费市场监管体系，提升市场监管机构的权威性、独立性、专业性。为此，建议尽快整合国家食品药品监督管理总局、国家质量监督检验检疫总局和国家工商行政管理总局的消费品安全监管职能。以这三个机构作为国家市场监督管理总局的执行局，使其成为独立性、专业化的消费品安全监管机构。

【专栏 7-4】

### 美国消费品安全委员会职能借鉴

美国消费品安全委员会（Consumer Product Safety Committee）简称 CPSC，是美国联邦政府机构。其主要职责是对消费产品使用的安全性制定标准和法规并监督执行。其管理的产品涉及 15000 种以上，主要是家用电器、儿童玩具、烟花爆竹及其他用于家庭、体育、娱乐及学校的消费品。但车辆、轮胎、轮船、武器、酒精、烟草、食品、药品、化妆品、杀虫剂及医疗器械等产品不在其管辖范围内。

以儿童玩具为例，其检查项目包括阻燃性、拆开性等，对儿童玩具现有的或潜在的危险性和危害性进行评定，以防儿童受到损伤。这种检查不是为了难为企业，而是为了对消费者负责；检查的不是企业的生产质量，而是检查产品使用之中的安全性。

CPSC 制定的标准和法规很细致。如电冰箱的安全使用问题都考虑到了小孩子如果爬进去了，能否叫小孩子安全地出来；打火机的安全使用问题考虑到 5 岁以下儿童能否打着，能否烧伤儿童等。对于机动车及残疾人用品等安全问题不在其管理范围之内,有其他专门机构负责。

CPSC 管理手段主要是:(1)罚款;(2)电视媒体曝光;(3)必要时,追回有问题的产品;(4)通过法律程序解决问题。

资料来源:中国(海南)改革发展研究院课题组整理。

### 3.建立统一的国家反垄断机构

(1)统一反垄断职能。我国自 2007 年《反垄断法》出台以来,反垄断执法工作在国务院反垄断委员会领导下,由商务部反垄断局、国家发改委价格监督检查和反垄断局、国家工商行政管理总局反垄断与反不正当竞争执法局三个机构各管一段。从反垄断的执法实践看,由于三家反垄断机构调查及处罚难以统一协调,反垄断的效果大打折扣。统一反垄断职能势在必行。

(2)建立统一的国家反垄断局。整合商务部反垄断局、国家发改委价格监督检查和反垄断局、国家工商行政管理总局的反垄断执法权,组建统一的国家反垄断局,作为国务院的直属执行机构。

(3)实行统一的反垄断体制。第一,对不同所有制的企业实行统一的市场监管标准和监管规则,实质性增强反垄断的有效性。第二,与行政审批部门改革统筹考虑,将前置性审批的机构人员尽可能转移到反垄断执法机构中去。第三,与国际惯例接轨,逐步建立既适用于内资又适用于外资的法治化、规范化反垄断体制。

【专栏 7-5】

### 建立统一的国家反垄断执行机构的方案比较

借鉴世界各国反垄断执行机构设置,并考虑到我国反垄断的现实状况,可供选择的方案有两种:

方案 1:组建直属于国务院的国家反垄断局。充分赋予其专司反垄断专业性事务的权力,对所有经济领域的垄断现象实行全面监管。为防止地方保护主义,可考虑独立监管机构由中央垂直管理。

　　方案 2:把分散在商务部、国家发改委、国家工商总局三个部门的反垄断执法权统一整合到商务部,建立反垄断机构的垂直管理体制,对内外资统一监管。

　　资料来源:中国(海南)改革发展研究院课题组设计。

# 三、以大数据为重点创新市场监管方式

　　维护市场秩序是全社会的共同责任,需要形成全社会参与的合力。在强调政府市场监管主导作用的同时,应引导各类市场主体自治,促进市场主体自我约束、诚信经营,充分发挥行业组织的自律作用、舆论和社会公众的监督作用,逐步形成统一开放、竞争有序的市场生态环境,初步建立起与市场经济发展相适应的市场治理体系。

## (一)建立大数据监管体系

　　企业信息是实施大数据监管的首要前提和基础,运用大数据加强和改进市场监管,需要尽快建立全国统一的市场监管信息平台。

### 1. 打破"信息孤岛",实现部门间信息共建共享

　　依托国家人口基础信息库、法人单位信息资源库和企业信用信息公示系统等资源,尽快建立全国统一的信用信息系统;打破信息的地区封锁和部门分割,整合银行、工商、税务、交通管理、安全生产、质量监督、统计等部门的信用信息,实现各地区、各部门信用信息共享,消除部门间信息壁垒;对企业违法失信信息,除法律法规另有规定外,一律网上公开,提高市场监

管的透明度与政府公信力。

### 2. 推动监管事项全覆盖，建立实时监管机制

利用互联网快速发展的条件，建立"互联网＋监管"模式，推进"智能"监管，实现监管事项全方位、实时化监管；充分运用互联网技术实现在线即时监管，加强非现场监管执法，通过大数据将企业市场准入、质量监管、市场交易监管、消费维权、食品安全等信息纳入监管系统，完整记录市场监管的全过程，实现监管信息可查询、可追溯、可运用的目标，提升市场监管效能。

### 3. 实现企业信用信息公开

加快建设市场主体信用信息公示系统，依法对企业注册、行政许可、行政处罚等基本信用信息以及企业年报、经营异常名录和严重违法失信企业名单进行公示，提高市场透明度，并与国家统一的信用信息共享交换平台实现有机对接和信息共享；严格执行《企业信息公示暂行条例》，加快实施经营异常名录制度和严重违法失信企业名单制度；鼓励和引导企业更多地自愿公示有关信息；支持开展社会化的信用信息公示服务，为社会公众了解市场主体信用状况提供便利。

### 4. 全面实施大数据监管

2015 年 1 月，国家工商总局正式启动大数据试点工作，与浪潮等七家数据公司合作，在北京、上海、江苏、山东、河南、浙江、广东等七省（市）的 10 个县（市、区）进行先行先试。通过试点，监管部门全面掌握了市场主体相关数据和全网关联数据，填补了监管漏洞，为加强事中事后监管提供了有力支撑。在这个背景下，建议全面推广大数据监管：一是建立大数据监管系统，监管部门对企业进行信用等级评定，按照"正常""黄色警示""橙色警示""红色警示"设定监管等级；二是实行不同监管政策，对标识"黄色警示""橙色警示""红色警示"的企业进行重点监管，形成多部门的协同监管；

三是对监管数据实行预期管理,对投诉、举报量较多的企业进行预期管理,并发布消费警示。

【专栏7-6】

### 大数据监管系统

1. 企业信用信息系统。工商、公安、安监、法院、银行、税务、企业、民间机构、民众信息资源共享,形成企业生产经营、银行信贷、纳税情况、违法情况、个人诚信记录、经营履历等大数据仓库。

2. 企业信用评估评级系统。挖掘历史上数据仓库中数据与企业失信、违法等之间的相关性,找到准确评估企业和个人诚信度、预测企业发生违法经营概率的评价指标体系和科学方法。

3. 社会参与监管的信息平台。在网上开辟投诉意见箱、信息反馈窗、民众论坛等,及时得到关于企业的更多反馈信息,发现企业的异常行为。

4. 网上预警系统平台。对企业失信违法行为发出警告,政府部门将根据警示内容和企业的调整情况对企业进行处理。

5. 大数据监管执法系统。基于企业评级分类模型,对诚信度较低的企业进行抽样调查,实施网格化管理。

6. 大数据监管技术支持系统。引入实力强大的第三方机构,如阿里巴巴、腾讯等专业团队,协助政府建立技术平台,寻求疑难问题解决方案。

资料来源:中国(海南)改革发展研究院课题组整理。

### (二) 发挥行业组织的自律作用

从发达国家的经验看,行业协会在行业准入、标准制定、行业规范等方面发挥了重要的监管作用,其地位在某种程度上甚至超过了司法部门和行政执法部门,为保证其独立公正发挥监管作用创造了有利条件。"十三五",需要尽快实现行业组织的去行政化,形成行业协会、商会自律的基础制度。

**1. 清理"红顶中介",推动行业组织"去行政化"**

(1)行业组织不能成为政府机构的附属物。改革开放以来,虽然各行各业都形成了数量众多的中介组织,但这些中介组织大多是行政机构的附属物,缺乏应有的独立性,由此使其在维护市场竞争秩序中的作用十分有限。[①] 近年来,由互联网引发的跨界融合产生了不少新的行业,例如,微信商务、金融P2P等都需要加强行业自律和社会监督。建议在这些领域以社会民间机构为主,组建行业协会、商会,避免走行政化的老路子,推进行业协会、商会的增量改革。

(2)一些行业协会限制竞争。某些行业协会操控价格、排挤竞争等,反而成为扰乱市场秩序的重要来源。当前,行业协会、商会等很难在市场诚信体系建设中发挥有效作用。以食品药品事件频发为例,行业缺乏底线自律超出了人们的想象。再比如,证券市场上投机盛行,中小投资者利益常常得不到有效保护。

(3)加快推进社会组织"去行政化"。与政府简政放权的改革相配套,摸清"红顶中介"的家底,全面清理"红顶中介",建议聘请第三方机构参与调查,发动社会力量参与监管。尽快推动现有行业协会的"政会分开""去行政化"。实现行政机关与行业协会、商会在人员、财务资产、职能、办公场所等方面真正脱钩,形成新的经费筹措机制,避免行业协会、商会对行政部门的过度依赖。对于从事行政审批前置中介服务的市场中介组织,在人、财、物等方面必须与行政机关或者挂靠事业单位脱钩,杜绝行政部门领导

---

① 迟福林:《推进市场监管向法治化转型》,《经济参考报》,2014年6月27日。

不适当干预行政审批。

**2. 推行"一行多会",支持各个行业的民营企业自愿组建行业组织**

借鉴发达国家的经验,支持各个行业的民营企业在自愿的基础上联合建立各类商会、行业协会,使其在行业自律、社会监督上发挥重要作用。同时,推行"一行多会",加快形成有效的竞争机制,使得更多的社会组织有能力承接政府下放的管理事项。争取到 2020 年,形成覆盖各行各业的中介组织体系框架。为此,建议:第一,加强行业协会、商会的行业自律、企业自律职能,在推动诚信体系建设中迈出实质性步伐。第二,鼓励与支持中小企业自发设立"草根性"行业协会和商会,在解决行业壁垒、融资难、克服政府乱收费等方面有新的突破。第三,放手发展,支持农户自发成立各类农村土地、农产品流通、生产资料集中购买等相关合作社,在提升农业组织化、专业化程度,发展规模农业上有新突破。第四,发展各类"草根性"消费者协会、投资者权益保护协会,实质性改善消费环境、投资环境。

**3. 发挥行业组织在监管标准制定、监督企业自律中的重大作用**

(1)鼓励支持行业协会、商会建立行业标准。鼓励行业协会、商会制定发布产品和服务标准,参与制定国家标准、行业规划和政策法规;支持有关组织依法提起公益诉讼,进行专业调解;加强行业协会、商会自身建设,增强参与市场监管的能力。[①]

(2)发挥专业机构在市场监管中的作用。建立健全市场专业化服务机构监管制度。例如,鼓励律师事务所、会计师事务所、税务师事务所、司法鉴定机构和信用服务机构等提供专业服务。

(3)完善社会组织法人治理结构。对行业组织的专业性、独立性、治理框架做出规范,通过建立完善的法人治理结构,形成自己的社会责任担当。

---

① 《国务院关于促进市场公平竞争 维护市场正常秩序的若干意见》(国发〔2014〕20 号),中国政府网,2014 年 6 月 4 日。

【专栏 7-7】

## 上海自贸区成立社会参与委员会，引导社会力量参与市场监管

设立"社会参与委员会"，是上海自贸试验区总体方案中提出的积极鼓励社会力量参与市场监督的一项创新任务。作为自贸试验区事中事后监管六项制度创新之一的社会力量参与市场监督制度，有效融合了政府部门的行政管理、企业的经营自律、社会公众的参与监督，将构成一个完整的市场管理与监督体系。

目前"社会参与委员会"首批常务委员单位共有 42 家，覆盖自贸试验区的四块区域，集聚了国资、民营、外资、合资等不同性质的企业。这些企业中，既有传统的金融、贸易、航运、加工制造和仓储物流企业，也有跨境通、云计算等代表新业态、新模式的新型企业；既有试验区本土的行业协会，也有市级商会及行业组织参加，具有广泛的代表性。

成立后的"社会参与委员会"，将积极参与自贸试验区政策和制度创新，推动完善企业诚信体系和市场自治自律体系，在自贸试验区形成行政监管、社会监督、行业自律、公众参与的综合管理和监督体系。

具体体现为：引导企业和相关组织等表达利益诉求，参与试点政策评估和市场监督，支持行业协会、商会等参与自贸试验区建设，推动行业协会、商会等制定行业管理标准和行业公约，维护诚信守法、公平公正与开放的市场秩序；推动和协助社会力量兴办各种有利于自贸试验区建设的事业；对行政机关及其工作人员提出意见和建议，推进行政职能转变，提高工作效率。

资料来源：宋宁华：《自贸区"社会参与委员会"今揭牌》，《新民晚报》，2014 年 9 月 29 日。

### （三）鼓励社会参与监管

在现行体制下，即使给监管部门大量增加经费和编制，也很难全面解决监管中的矛盾与问题，出路在于调动多方力量，尤其是社会力量，形成全社会的监管合力，构建多元监管体系。

**1. 建立健全企业信用信息公示制度**

（1）及时发布企业信用信息，接受社会公众监督。各类市场主体每年要定期通过信用信息公示系统向市场监管部门报送上一年度报告，并向社会公开。

（2）建立企业异常名录、严重违法企业名单。对被列入异常名录和严重违法企业名单的企业，市场监管部门要通过企业信用信息系统向社会公示，并提出预警，对情况严重的移交司法机关处理。

（3）建立健全信用修复机制。给予企业纠正行为的机会，被列入严重违法企业名单的企业，满足一定条件后可申请移出。

**2. 健全舆论监督机制**

（1）鼓励媒体揭露企业违法行为。鼓励媒体通过新闻、调查、评论等多种方式，对企业违法行为进行监督，震慑违法行为，形成全社会参与市场监管的良好氛围；对新闻媒体揭露的违法行为，监管部门要及时查处，并对改进情况进行督查。如果监管部门敷衍了事，则应追究有关领导责任。

（2）加强新闻立法。以法律的形式明确规定舆论的监督权、批评权，以及侵权责任等，完善虚假宣传、恶意报道惩罚机制，严惩以有偿新闻恶意中伤企业和消费者的行为。

**3. 完善社会举报制度**

（1）建立投诉举报热线平台。以 12315 热线为基础，整合优化各职能部门的投诉举报平台功能，建立对接机制，实现信息共享，逐步建设互联互通、统一便民高效的消费投诉、经济违法行为举报和行政效能投诉平台。

（2）运用和规范互联网监督。支持公众利用微信等新媒体对市场主体进行监督，为群众投诉举报违法行为提供更加便利、通畅、有效的渠道；完善法律法规，推动互联网监督的法治化、规范化。

（3）建立健全有奖举报制度。充分发挥公众的监督作用，建立健全公众参与监督的激励机制，完善有奖举报制度，安排专人受理公众举报，依法为举报人保密；对举报的涉案线索抓紧核实，一查到底，处理到位。

## （四）以大数据为重点创新监管方式

"十三五"，充分利用大数据技术创新监管方式，成为降低监管中的人力物力成本、提高监管效能的重大任务。这不仅有利于提高监管的针对性、有效性，也有利于实现"放管结合"和发挥社会公众对市场主体的监督作用。

### 1. 推动市场监管的标准化、专业化、技术化

从发达国家的实践看，监管的标准化、专业化是一条基本经验。例如，日本以实施标准化对产品质量进行全程监管，形成了一套完备的产品质量监管法律体系，《工业标准法》《消费者保护基本法》等法律法规对产品生产标准做出了严格限制，违法者要受到法律的相应制裁。我国进入"互联网＋"时代，监管的标准化、专业化前提是信息化，需要相应的数据作支撑，而大数据的广泛应用将为此提供重要条件。为此，建议：第一，积极引入国际标准实施监管，借鉴美国的做法，建立严格的食品药品技术标准，推广实施 ISO 22000 食品安全鉴定标准，对不符合相关技术标准的企业进行严惩，彻底解决我国食品药品领域安全问题。第二，鼓励企业制定高于国家标准、行业标准、地方标准，具有国际竞争力的企业标准。第三，加快推动修订《标准化法》，推进强制性标准体系改革，强化国家强制性标准管理。强制性标准严格限定在保障人身健康和生命财产安全、国家安全、生态环境安全的范围，市场主体须严格执行强制性标准。

**2. 充分运用新技术加强市场监管**

在研究制定市场监管制度和政策过程中,充分运用大数据、物联网、云计算等新一代信息技术对监管对象进行监测,及时提出处置预案,提高市场监管能力;及时向社会公开有关市场监管数据、法定检验监测数据、违法失信数据、投诉举报数据和企业依法依规应公开的数据,加强对企业的事中事后监管;建立监管部门与公安、司法、金融等部门信息共享平台,增强联合执法能力;加强对电子商务平台的监督管理,推广应用网站可信标识,为消费者营造放心满意的网购环境。

**3. 利用大数据对信用失范行为联合惩戒**

完善诚信信息共享机制和失信行为联合惩戒机制,充分运用大数据收集、分析企业信用数据,建立企业失信行为的预警机制,充分发挥工商行政、司法、金融等领域的综合监管效能,在市场准入、行政审批、政府采购、银行信贷、招标投标、社保缴费、食品药品安全等方面,建立跨部门联动响应和失信约束机制,对违法失信主体依法予以限制或禁入,实现市场主体"守信褒扬,失信惩戒,一处违法,处处受限"的基本格局,让失信者付出巨大的成本和代价。

**4. 实施精细化监管,加强监管部门间的合作**

(1)实施数字化监管。监管执法人员充分运用信息化、大数据技术,全面实施数字化监管,实现由传统主观判断、定性分析向数据统计、定量分析管理的转变。

(2)加强监管部门间的合作。在监管部门数据信息共享的基础上,建立监管部门联合打击失信企业行为的机制,鼓励工商、质监、食药监、税务、环保、公安、司法等部门合作联合打击企业失信行为。

(3)做好市场监管执法与司法的衔接。市场监管部门发现违法行为涉嫌犯罪的,应当依法移送公安机关并抄送同级检察机关,不得以罚代刑。

# 四、推进市场监管法治化

克服监管的主观性、随意性，形成标准化、专业化、技术化的现代化监管模式，法治是最重要的保障，无论是巩固原有改革成果还是推进新阶段的监管体制改革，都需要相应的法治保障。"十三五"，推进监管转型，需要尽可能采取立法先行的办法，坚持监管改革于法有据。

## （一）完善市场监管的法律体系

加快消费市场、反垄断等重点领域监管立法修法，为这些领域的监管转型提供法律依据。

### 1. 研究出台综合性的《市场监管法》

适应"十三五"消费需求释放的大趋势，以监管转型释放内需潜力，加快研究出台综合性的《市场监管法》。通过强化消费市场立法，确立市场监管机构的法律地位，对市场监管对象违法行为的严厉制裁、对监管者不当监管的严格处罚加以规定，严格规范市场监管程序，以法律制约监管权力，为全面实施负面清单管理提供依据。

### 2. 将反行政垄断纳入《反垄断法》

（1）反行政垄断纳入《反垄断法》有多方面的利好。一是有利于推动行政审批制度改革。可以明确界定出各个行政部门对非公经济设置的不合理壁垒，推动这些行政审批权的废止。二是有利于强化政府监管职能。可以明确区分行政审批与市场监管职能的界限，改变以审批取代监管的状况。三是有利于转变地方政府职能。明确界定和改变地方政府不合理设置贸易壁垒的行为，维护国内统一大市场。

（2）在《反垄断法》总则中突出反行政垄断。一是在总则第三条界定垄断行为中加入一款"依靠行政权力形成市场支配地位"的行为。二是第七条中,"国有经济占控制地位的关系国民经济命脉和国家安全的行业",在实施中常常难以准确界定,笼统地说"国家对其经营者的合法经营活动予以保护",客观上不利于反行政垄断。建议按照党的十八届三中全会的要求修改为"国有资本继续控股经营的自然垄断行业,实行以政企分开、政资分开、特许经营、政府监管为主要内容的改革,根据不同行业特点实行网运分开、放开竞争性业务,推进公共资源配置市场化"。

(3)在《反垄断法》中增设反行政垄断相关内容。对铁路、电力、电信、石油、民航、邮政等垄断行业的行政垄断行为进行界定;对城市公用事业领域的行政垄断行为进行界定;对教育、医疗、文化等公共服务领域可竞争环节的行政垄断行为进行界定。通过以上界定,使反垄断能够反映市场决定资源配置的精神。

## (二) 出台各级政府的监管权责清单

与各级政府出台权责清单相适应,按照职权法定、高效便民、权责一致的要求,突出监管权责清单的公开透明,真正做到监管"法无授权不可为",将监管权力关进法治的笼子里。

### 1. 依法公布监管部门的权责清单

从实践看,广东、浙江等地在推动权责清单上积累了一些经验,通过制定政府权责清单,进一步厘清了政府与市场、政府与社会以及政府部门之间的权责边界,推动市场监管走向标准化、规范化和法治化。市场监管作为政府的主要职能之一,需要依法界定监管部门的权责,在赋予其权力的同时,需要明确相应的责任,做到权责一致。为此建议:用1~2年,尽快出台各级政府监管权责清单,使每项监管事项都能够落实到具体的监管部门;加快出台监管部门权责清单,以公开化、透明化促进监管机构依法监管,规范监管程序。

**2. 及时将新出现的市场违法现象纳入监管范围，明确监管部门**

随着互联网、信息技术的飞速发展，新的消费模式、经营方式、交易方式发生了历史性变革。例如，网购、第三方支付平台、众筹等对传统监管方式提出了严峻挑战。建议监管部门要密切关注市场发展的新情况、新问题，及时将各种新出现的市场违法行为纳入监管范围，防止出现"监管真空"或"监管漏洞"。

**3. 取消无法律依据的监管部门，防止过度监管**

在防止监管出现"真空"的同时，还需要防止因过度监管抑制创新。以金融监管为例，当前互联网金融快速发展是一个趋势，监管部门在规范发展、严厉打击金融市场违法行为的同时，也要防止过度监管抑制金融创新。为此，需要加快清理无法律依据的监管行为，一律取消无法律依据的监管部门，防止因过度监管增加企业负担和抑制市场活力，真正做到"法无授权不可为"。

## （三）推动市场监管机构法定化

与建设法治政府的大趋势相适应，加快机构编制立法，推动市场监管机构法定化，坚持用制度管权、管事、管人，让人民监督权力，让权力在阳光下运行。

**1. 依法实现机构编制向市场监管机构倾斜**

从实践看，越到基层，监管力量越薄弱，而监管任务却越繁重。目前，一些地区通过整合市场监管力量，取得了一定成效。例如，广东省在不增加部门机构编制和领导职数的前提下，推动编制资源从原行政审批、微观管理岗位向监管等业务处室转移，通过改革，省工商局、质监局综合机构从6个减少为4个，从事监管的机构从7个增加到9个，监管工作人员占比达60%以上。建议在制定《国家机构编制法》时充分考虑市场监管机构的重要性,机构编制重点向市场监管机构倾斜,尤其是地方监管机构。

**2. 市场监管机构要成为法定专业机构**

从国际经验看,建设法定专业机构是通行的做法。例如,韩国有 45 个独立执行机构,英国有 127 个独立执行机构,美国建立了 60 多个独立行政机构,[1]这些法定机构都有一部专门的法律,明确规定了机构的设立、职责等内容。建议借鉴国外先进做法,推动监管机构"去行政化",成立法定的专业机构,使监管机构具有独立于行政机关的权限,避免监管行为受到行政权力的干扰。

【专栏 7-8】

**西方发达国家公共服务法定机构的特征**

机构法定。法定机构是根据专门的机构法律成立的机构,每个法定机构都有一个专门的法律,规定该机构的设立、职责、经费来源等内容。也就是说,法定机构都是根据个别条例立法而成立并受有关机构条例的监管。

政府资助。法定机构的活动经费或者由政府全额资助,或者由政府出资成立,按商业化原则运作,但收费要严格按照核算成本。

运作独立。机构的法定化,保证了机构的相对稳定性和独立性,受人为因素影响较小。作为半独立、半官方组织,与政府部门相比较有较大的管理、人事聘用和财政自主权,依法自主办理有关业务,独立承担法律责任,不受国家机关及其他机构的干涉。

企业管理。新加坡的法定机构采取企业组织形式,实行企业

---

① 曹全来:《国外法定机构的理论、立法与借鉴》,广西政府法制网,2015 年 4 月 27 日。

管理方法,机构内部按董事会(或理事会)—总裁—工作人员的组织架构进行运作,自主聘人,按自负盈亏原则控制管理成本。

公开透明。由于机构的职责、运作和监督都有法律的明确规定,机构及其服务更具透明性。法定机构必须向外问责,依法开展业务的情况应当向社会公开,接受社会的监督。

行使社会公共权力。法定机构是政府架构的一个重要组成部分,是公务员体系之外执行公共事务和公共服务的机构。总体上看,法定机构是从行政管理体制中剥离出来的但又不进入市场的机构,法定机构行使的是政府权力之外的社会公共权力,是影响公共利益领域的机构。

资料来源:中国(海南)改革发展研究院课题组整理。

# 第八章 以经济转型升级为主线的结构性改革

　　"十三五"是我国跨越中等收入陷阱的重要历史节点。在这个特定背景下,结构性改革要以经济转型升级为主线,并处理好五大关系:一是速度与结构的关系;二是短期与中长期的关系;三是政策与体制的关系;四是政府与市场的关系;五是顶层设计与基层创新之间的关系。

我国进入工业化后期，与改革开放初期相比，转型发展的特点更为突出。结构性改革去产能、去库存、去杠杆很重要，但根本的目的在于走出一条转型发展、跨越中等收入陷阱的新路子。这就需要以转型升级为主线推进供给侧结构性改革，并处理好各方面的关系。

# 一、以结构性改革跨越中等收入陷阱

"十三五"是我国跨越中等收入陷阱的重要历史节点。能否跨越中等收入陷阱，为我国进入高收入国家行列奠定决定性意义的体制基础，是结构性改革面临的重大挑战。这就需要着眼于经济转型升级，谋划结构性改革。

## （一）结构性改革面临跨越中等收入陷阱的挑战

近年来，中等收入陷阱问题引发了各方面的讨论。应当清醒地看到，随着我国进入工业化后期，"十三五"，我国转型发展的特点十分突出。如果转型发展不顺利，客观上将存在落入中等收入陷阱的风险。为此，需要把跨越中等收入陷阱作为布局结构性改革的重要考量。

### 1. 我国到了跨越中等收入陷阱的重要历史时段

一个国家是否能顺利实现由中上收入阶段向高收入阶段的过渡，取决于能否适应发展阶段变化的客观趋势，实现经济转型升级。从国际经验看，人均 GDP 超过 4000 美元后的 10 年左右，是一个国家能否跨越中等收入陷阱最关键的时期。2010 年，我国人均 GDP 超过 4000 美元，达到 4382 美元，真正进入了国际公认的"中等收入"发展阶段。从世界经济史看，在人均 GDP 超过 4000 美元之后，凡是能够适应发展的阶段性需求，实现经济转型升级的国家，都能够较快跨越 11000 美元的高收入国家标准。这一过程，英国用了 13 年(1974—1987 年)，美国用了 14 年(1965—1979 年)，新加坡用了 11 年(1979—1990 年)，韩国仅用了 7 年(1988—1995 年)。[①] 反之，经济转型升级没有实质性突破的国家，在经济转型最关键的 5～10 年内没有抓住历史机遇提升自己，如多数拉美国家，就会陷入中等收入陷阱。这些国家要再进入高收入国家行列，无论是国际还是国内环境都再难有更好的历史机遇。

### 2. 我国客观上存在中等收入陷阱风险

(1)产业结构低端锁定的风险。我国主要靠低端产业使人均收入达到中等水平。多数低端产业转型升级的政策体制环境尚未形成。随着劳动力成本上升，人口红利逐渐减弱，其他新兴经济体成本优势凸现，即使低端产业也难以维持原有规模。在资源成本、环境成本、人力成本迅速上升的今天，我国制造企业正陷入前所未有的困境。以人力成本为例，《2015 年全国企业负担调查评价报告》显示，79％的企业反映人工成本快速攀升，比上年提高 10 个百分点，使得制造业企业面临的困难进一步加大。[②] 国际金融危机之前的 2007 年，我国第二产业增长速度为 15％，国际金融危机

---

① 《中国已跨入上中等收入阶段 专家分析如何避免掉入中等收入陷阱》，人民网，2012 年 6 月 29 日。
② 中国中小企业发展促进中心，中国中小企业国际合作协会：《2015 年全国企业负担调查评价报告》，《中国中小企业》2015 年第 11 期。

之后,第二产业增长速度逐步下降到 2014 年的 7.3%,2015 年前三季度又进一步下滑到 6.0%。

(2)收入分配差距仍处于历史高位。近年来,收入分配差距成为各方普遍关注的问题。20 世纪 80 年代中期,我国基尼系数只有 0.16,到 2000 年上升到 0.44,到 2008 年达到 0.491。这两年尽管收入分配差距有所缓解,但基尼系数仍然处于比较高的高位,2014 年达到 0.469(见表 8-1)。

尽管我国城乡之间收入分配差距在缩小,但城乡内部的收入分配差距却在持续扩大。城市内部最高 20% 收入与最低 20% 收入的差距从 2000 年的 3.61 倍扩大到 2014 年的 5.49 倍;农村这一指标从 2000 年的 6.47 倍扩大到 2014 年的 10.84 倍(见表 8-2)。

表 8-1 2003—2014 年基尼系数变化

| 年 份 | 2003 | 2004 | 2005 | 2006 | 2007 | 2008 |
|---|---|---|---|---|---|---|
| 基尼系数 | 0.479 | 0.473 | 0.485 | 0.487 | 0.484 | 0.491 |
| 年份 | 2009 | 2010 | 2011 | 2012 | 2013 | 2014 |
| 基尼系数 | 0.49 | 0.481 | 0.477 | 0.474 | 0.473 | 0.469 |

数据来源:根据国家统计局公布数据整理。

表 8-2 2000—2014 年中国城乡内部收入差距

| 年 份 | 农村内部收入差距(倍) | 城市内部收入差距(倍) |
|---|---|---|
| 2000 | 6.47 | 3.61 |
| 2001 | 6.77 | 3.81 |
| 2002 | 6.89 | 5.1 |
| 2003 | 7.33 | 5.3 |
| 2004 | 6.88 | 5.52 |
| 2005 | 7.26 | 5.7 |
| 2006 | 7.17 | 5.56 |
| 2007 | 7.27 | 5.5 |
| 2008 | 7.53 | 5.71 |
| 2009 | 7.95 | 5.57 |
| 2010 | 7.51 | 5.41 |

续　表

| 年　份 | 农村内部收入差距（倍） | 城市内部收入差距（倍） |
|---|---|---|
| 2011 | 8.39 | 5.35 |
| 2012 | 8.21 | 4.97 |
| 2013 | 10.78 | 5.84 |
| 2014 | 10.84 | 5.49 |

注：内部收入差距指人均收入最高 20% 与最低 20% 的倍数。

数据来源：2000—2012 年数据来源于《中国统计摘要 2015》；2013—2014 年数据来源于《中国统计年鉴 2015》。

（3）"未富先老"的矛盾显现。当前，我国已进入人口老龄化加速发展期，"未富先老"的矛盾凸显。据统计，2015 年我国 60 岁以上人口占比达 16.1%，人均 GDP 约为 7924 美元；丹麦 2012 年老龄化达到 14.9%，人均 GDP 已经达到 5.6 万美元；韩国 2011 年时老龄化为 15.98%，但人均 GDP 已经达到 2.4 万美元。根据全世界 130 多个国家的数据，与其他人均收入水平相近的国家相比，我国老年人口比例高于平均水平。

（4）人口城镇化水平与高收入国家有较大差距。发达国家人口城镇化率一般都在 80% 以上，而我国 2015 年人口城镇化率仅为 39.9%。如果城乡二元制度不打破，到 2020 年人口城镇化率达不到 50%，我国就很难进入高收入国家行列。

（5）低福利陷阱的矛盾突出。以社会保障为例，我国与高收入国家相比，社保支出占比远远落后于发达国家，甚至远远落后于一些发展中国家（见表 8-3）。过低的福利水平，使得我国与同等人均收入的国家相比，消费率偏低，广大社会成员的实际生活水平及福利水平还有较大提升空间。

表 8-3　社保支出占比的国际比较

| 国　别 | 社保支出/GDP（%） | 国　别 | 社保支出/财政支出（%） |
|---|---|---|---|
| 匈牙利 | 24.0 | 德　国 | 46.2 |
| 波　兰 | 17.8 | 瑞　典 | 41.4 |
| 捷　克 | 12.4 | 英　国 | 39.5 |

续 表

| 国 别 | 社保支出/GDP(%) | 国 别 | 社保支出/财政支出(%) |
|---|---|---|---|
| 土耳其 | 11.9 | 法 国 | 38.6 |
| 俄罗斯 | 10.4 | 意大利 | 38.4 |
| 墨西哥 | 7.6 | 日 本 | 34 |
| 伊 朗 | 7.4 | 中 国 | 23.1 |
| 智 利 | 6.1 | | |
| 中 国 | 4.9 | | |
| 印 度 | 3.9 | | |

数据来源:中国(海南)改革发展研究院课题组整理。

### 3. 以转型发展跨越中等收入陷阱

(1)工业化后期转型发展的特点突出。工业化后期与经济起飞阶段有很大的不同,发展不再是一个简单的总量扩张过程,而是通过多维度的结构转型,提高经济增长质量。无论从产业结构、城镇化结构,还是从消费结构、外贸结构来看,都带有转型发展的鲜明特征,把握转型发展的阶段性特征,是供给侧结构性改革顺利推进的前提。

(2)总量扩张模式难以为继。以工业为主导、以生产型制造和规模扩张为突出特点的产业发展模式难以为继。从国际经验看,产业转型升级是工业化后期的重要特征。我国进入工业化后期,无论在传统重化工业领域,还是在战略性新兴产业领域,产业定位还普遍以加工、装备为主;商业竞争模式主要是依靠低成本的价格竞争为主;研发、设计、金融等环节的营利能力明显不足,缺乏服务理念的商业模式创新;工业大而不强、核心技术受制于人、缺乏全球知名品牌等矛盾十分突出;低成本优势逐步失去。尤其是近年来工业产能全面过剩、企业营利水平普遍下滑,这些问题都说明了以简单加工制造和规模扩张为主要特点的生产型制造已经难以为继。

(3)规模城镇化难以为继。工业化后期,城镇化本应成为支撑经济增长的重要动力来源。但近年来,一方面2.7亿农民工在城镇难以落户;另一方面房地产库存大量积压,成为城镇化进程中一个突出的结构性矛盾。这说明,传统以"铺摊子""造新城"为突出特点、"见物而不见人"的规模城镇化模式已经走到尽头。

(4)投资主导模式难以为继。工业化后期,消费结构发生历史性变化,本应当成为经济增长的重要驱动力。现实情况是,2014—2015年,消费对经济增长的贡献率由51.6%增加到66.4%,但经济增速仍在下滑。主要问题是在传统的投资主导模式下,投资结构与消费结构不匹配,不仅使得消费拉动经济增长的潜力难以充分释放,还导致了无效投资、低效率投资。产能过剩问题、房地产高库存问题、地方债务问题,都与投资主导模式直接相关。也就是说,要从投资转型方面找原因,而不能把经济下行的原因归到消费上。事实上,没有消费的贡献,经济下行压力肯定比今天要大得多。

(5)以工业市场开放为重点的对外开放模式难以为继。服务贸易的快速兴起成为全球自由贸易的新趋势,但我国的对外开放仍以制造业为主,服务贸易发展严重不足。这种格局不改变,不仅使得我国难以利用对外开放发展现代服务业,还使得我国难以在国际经济新秩序构建中获得制度性话语权。

**4. 在经济转型升级大趋势上形成共识**

(1)经济转型升级需要达成共识。当前,各方面对我国经济增长缺乏信心,悲观的预测多,乐观的预测少。重要的原因在于:在经济转型升级上缺乏应有的共识,就短期问题解决短期问题,就治标而治标,缺乏标本兼治的政策手段。只有在经济转型大趋势上尽快形成共识,并采取得力的举措,才能真正找到标本兼治的化解矛盾之路。

(2)在服务业主导的产业变革上达成共识。当前,一些专家认为,工业是我国的强项,走向服务业主导将使我国失去发展的优势,工业比服务业更重要。事实上,发展服务业不是不要工业,相反,是发展更有质量、更有效率的工业。适应全球新一轮工业革命,发展以设计、研发为龙头的生产性服务业,实现由生产型制造向服务型制造的转型升级,才能真正提高整个工业的国际竞争力,才能使我国取得更高的工业附加值,才能使我国逐步迈向高收入国家。相反,抱残守缺,维持传统简单加工制造就难以实现工业转型升级。

(3)在由城乡二元户籍制度向居住证制度转型方面形成共识。尽管城镇化是我国工业化后期增强发展新动能的重要领域,其蕴含的内需潜力为多方面所认同,但城镇化仍受到质疑。主要问题在于,现实中城镇化忽视了人的全面发展,而变成了"造城运动",成为房地产高库存和债务风险的主要因素。在这个背景下,释放城镇化红利,关键在于实现由规模城镇化向人口城镇化转型,由城乡二元户籍制度向居住证制度转型,走出一条人的城镇化的新路子。这是解决人口城镇化发展滞后的根本出路,是解决城镇劳动力短缺与人口红利递减、房地产去库存等现实问题的重要手段。为此,全面实施居住证制度,将释放新的改革红利,创造新的发展空间。

(4)在消费主导的结构变革上形成共识。尽管人们在我国消费结构升级上有共识,但对消费能否拉动经济增长仍有不少质疑。如有人认为,消费是纯财富消耗,不创造价值,拉动经济增长的动力是投资。现实情况是,脱离消费的投资往往导致产能过剩,导致有供给无需求。事实上,13亿多人的消费结构升级和消费规模扩张,是任何一个国家都难以比拟的优势,可以容纳国内任何形式的产业创新,是我国经济长期增长和产业转型的一张"王牌"。由投资主导走向消费主导,不是不要投资,而是要使投资适应消费结构变革的大趋势,真正使消费结构升级成为拉动经济增长的内生动力。同时,只有改变了重生产、轻消费的传统发展模式,才能使经济增长体现国民福祉,才能走出一条共享发展之路。

(5)在发展服务贸易上形成共识。当前,在加快服务业市场双向开放、发展服务贸易方面,不少人心存疑虑,主要的担忧是服务业不是我国的强项,服务贸易会给我国带来巨大的冲击。事实上,过去加入WTO的时候,有人有同样的担忧。但实践表明，参与国际竞争不仅不会削弱我国的工业，反而使我国成为全球第一制造业大国。很难想象，我国能够在封闭、垄断的条件下走向服务业强国。我国服务业发展无论是技术还是管理上都需要借鉴和吸收发达国家先进经验。

**5. 我国转型发展的"最后窗口期"**

（1）调结构、转方式的关键在 2020。2007 年，党的十七大报告提出转变经济发展方式，但今天看来，经济发展方式仍未转变到位。当前，经济运行中面临的突出矛盾，都与调结构、转方式滞后直接相关。未来五年，如果调结构、转方式仍未到位，不仅难以解决短期经济下行压力，还会给中长期经济增长带来更大的困难。

（2）决胜全面小康、跨越中等收入陷阱的关节点在 2020。没有经济转型升级，国民收入水平很难得到实质性提高。服务业发展与工业发展有共同的规律性，没有竞争就没有提高，就难以形成高质量、低价格的有效供给。能否通过转型发展走出一条共享发展的新路子，实现全面建成小康社会的战略目标，取决于 2020 年经济转型升级能否取得决定性成果。

（3）以结构性改革为重点全面深化改革的时间窗口期在 2020。当前，经济转型升级正处在闯关的历史关口，对结构性改革的需求全面加大。但从现实看，结构性改革的过程并不理想。"十三五"以经济转型升级为主线的结构性改革取得突破性进展，对未来 10 年、20 年我国经济的公平可持续发展具有决定性影响。

## （二）增长、转型、改革高度融合

与过去 38 年相比，建立市场经济体制时代的改革有很大不同，当前改革的背景发生了深刻变化。今天的改革很难就单项的改革而论改革，而是增长、转型、改革高度融合。把握结构性改革的历史性特点，需要客观认识增长、转型、改革高度融合的阶段性特征。

**1. 增长、转型、改革的问题交织融合在一起**

（1）增长的问题同时也是转型问题。以钢铁工业产能过剩为例，未来并不是不需要钢铁了，而是需要高技术含量的钢材。如果钢铁企业自身不转型就难以持续增长。从这个意义上来说，仅仅去产能只能解决部分问题，并不能解决本质问题。如果说"十二五"时期还能够通过财政货币政策刺激经济增长，那么从当前的情况看，再采用大水漫灌式的刺激政策来促进经济增长已难以奏效。

（2）转型问题依赖于改革的实质性突破。经济发展方式转型滞后的问题多年来未解决，主要在于相关的改革严重滞后。以服务业发展为例，没有体制的创新，服务业很难自动发展起来。传统经济发展方式有强大的体制惯性支撑，没有改革的实质性突破，经济发展方式转型很难破题。

（3）增长、转型、改革"三位一体"。当前的现实情况是，不能就增长而论增长，也不能脱离改革谈转型，增长、转型、改革三者是相互联系、密不可分的。这就需要把握增长、转型、改革之间的内在逻辑，增强对结构性改革的认识。

**2. 增长取决于转型**

（1）增长不是没有空间，增长的潜力仍很大。我国仍是一个成长中的经济体，从产业、城镇化、消费等方面来看，都具有巨大的增长空间，这构成了我国经济中高速增长的支撑因素，成为我国经济增长的基本面中长期向好的重要因素。

（2）增长高度依赖于转型。例如，产能过剩带来工业增速下降，但是并不意味着制造业缺乏发展空间，制造业增长的出路在于推进由生产型制造向服务型制造的转型。从整个经济增长来看，在工业去产能的同时，服务业发展的潜力远未释放出来，尤其是生产性服务业发展滞后，这就需要尽快实现由工业主导向服务业主导的转型。

### 3. 增长、转型取决于改革

增长、转型主要取决于能不能把握改革的主动权：由工业主导向服务业主导转型，取决于能否把服务业市场开放作为市场化改革的战略重点；由规模城镇化转向人口城镇化，取决于能否把全面实施居住证制度作为打破城乡二元制度结构的重点，并加快城乡基本公共服务均等化等相关配套改革；由物质型消费为主向服务型消费为主转型，主要取决于能否加快投资体制改革，把投资权归还给企业，在这个前提下形成多元投资主体；以全面实施自由贸易战略为重心的开放转型，取决于能否在"一带一路"战略实施中，把加快服务业市场的双向开放摆在突出位置。

## （三）结构性改革的目的是为转型发展提供有利的体制环境

关于结构性改革国内专家有多种不同的看法，国际上不同国家的结构性改革内容各异，各有特点。从我国的现实看，转型发展面临结构性的体制矛盾，是结构性改革面临的特定背景。以转型发展的问题为导向，破解结构性的体制矛盾，形成有利于转型发展的体制环境，是我国现阶段结构性改革的特定内涵。

### 1. 转型发展受制于结构性的体制矛盾

适应经济发展新形势，推进结构性改革，形成合理的体制结构，是一个国家形成经济增长新动力、确保经济可持续发展的关键。一个国家在特定的发展阶段往往会形成特定的体制结构，这种体制结构与特定发展阶段的要求相适应。而当发展进入了新阶段后，旧有的体制结构出现明显的不适应，不仅难以确保经济增长，还会带来种种新矛盾，甚至是危机因素。在这种情况下，仅仅靠政策调整往往难以解决经济发展进程中的新问题，于是需要进行结构性改革。结构性改革在不同的国家往往有不同的含义，但一个共同的特征就是旧有的体制结构不适应发展新形势的问题需要得到解决,而不是单纯某项政策调整就能够解决问题。我国改革开放以来所形成的一整套体制结构适应了工业化初期做大经济总量的要求,但与工业化后期经济结构调整不适应:一是工业市场开放取得长足进展,服务业市场开放严重滞后;二是助长规模城镇化,与人口城镇化相适应的体制结构远未形成;三是现有的体制结构带有重投资、抑制消费的突出特点;四是对外开放相关体制安排带有重货物贸易、轻服务贸易的突出特点。

**2. 转型发展重大问题不是某项单一的改革所能够解决的**

要"从基础性改革转向结构性改革",早在 2001 年就曾被提出,当时我国在市场机制的建立以及多种所有制经济共同发展方面有重大进展,体制的结构性矛盾也越来越突出:(1)经济体制内部的结构性矛盾比较严重,实际表现在政府、国有商业银行与国有企业的结构矛盾;(2)某些宏观经济政策的出台与市场化改革进程有明显矛盾;(3)城乡二元制度结构的矛盾和问题越发突出,并对经济社会生活产生严重影响;(4)社会体制改革滞后于市场化改革进程。改革能不能推进,在多大程度上推进,关键在于能否清楚地判断并全面推进以政府转型为重点的结构性改革。

今天,结构性改革面临的形势发生了新的变化。当前我国面临转型发展的重大问题,而不是某项单一的体制改革所能够解决的,这就需要结构性的体制变革。以形成服务业主导的经济结构为例,不仅需要开放服务业市场,还需要形成有利于服务业发展的财税体制、金融体制、监管体制等。以消费主导的经济转型为例,不仅需要改革投资体制,还需要调整收入分配结构,完善社会保障。以人口城镇化为例,需要打破城乡二元户籍制度,实现大中小城镇公共资源均衡配置,形成基本公共服务均等化的制度安排。

**3. 结构性改革是以转型发展的问题为导向、多项体制改革相配套的综合性改革**

总的判断是:当前,我国转型发展的态势初步形成,但转型发展的体制环境远未形成。供给侧结构性改革重在创造转型发展的体制环境。不能简单地把结构性改革理解为供求关系改革，更不能把结构性改革与结构调整画等号。结构性改革应急迫解决转型发展中的重大现实问题，形成综合性的改革方案。

# 二、以经济转型升级为主线的结构性改革

改革与经济转型升级面临的现实问题脱节，是现阶段最急迫的问题。以转型发展的问题为导向推进结构性改革，就是要以经济转型升级为主线推进多方面的体制创新。这就需要供给侧改革与需求侧改革并重，突出服务业市场开放，注重通过权力结构调整推进政府转型与改革。

## （一）供给侧改革与需求侧改革并重

结构性矛盾有供给侧的，也有需求侧的。我国进入工业化后期之后，有有效供给不足的矛盾，同时也有有效需求不足的矛盾。因此，供给侧改革很重要，需求侧改革同样很重要。

### 1. 有效供给与有效需求不足并存

（1）有效供给不足的矛盾比较突出。当前，服务型消费全面快速增长，但服务业领域的有效供给不足的问题却相当突出。这就迫切需要在去产能、去库存的同时，加快经济服务化过程。

（2）有效需求不足的矛盾同样比较突出。13亿多人的内需潜力远远没有充分释放，尚未转化为经济转型升级的新动能。主要原因在于人口城镇化发展滞后、社会保障体系不健全所导致的消费需求抑制。例如，目前大致3个农村居民的消费规模相当于1个城市居民的消费规模，农村居民尚未成为服务型消费的重要主体。

（3）供给侧与需求侧改革不能偏置一端。如果不解决供给侧改革的问

题,就难以解决经济结构转型升级和产业变革的问题。但同时也应看到,如果不解决需求侧改革的问题,则消费结构升级、人口城镇化的优势就难以发挥出来,中长期发展就会后劲不足。

**2. 在释放 13 亿多人消费需求上要有重大突破**

(1)用好消费结构转型升级的突出优势。我国新阶段的供给侧结构性改革不仅不能脱离消费结构转型升级,而且应当立足于这个最大优势的发挥,走出一条解决有效需求不足与有效供给不足有机结合的改革路径。

(2)不能照搬发达国家供给学派的做法。发达国家的供给学派产生于后工业化时代,当时面临的问题不是有效需求不足,而是有效供给不足。发达国家的消费需求相当旺盛,主要是供给侧缺乏动力。当时主要是针对凯恩斯主义解决有效需求不足的短期政策做出调整,更多运用减税等办法增加中长期供给能力。这些可以为我国当前供给侧结构性改革所借鉴,但同时也应看到,我国作为一个成长中的经济体,有效需求不足的问题尽管有所缓解,但长期存在,并未真正解决。

(3)以消费主导走向共享发展。工业化后期大量中等收入群体的涌现导致消费型社会的形成,这是经济发展质量提升的重要标志,也是社会进步的重要标志。全面小康社会不是一个重生产、轻消费的社会。实现消费主导,不仅在于消费需求是经济增长的内生动力,还在于真正把人的自身发展作为发展的根本目的,由此实现公平可持续发展。

**3. 以消费需求引领新供给**

(1)主动创造消费市场环境。需求侧结构性改革不是没有什么可做,而是大有可为。例如,近年来我国居民到日本买马桶等现象反映出国内产品质量不高、消费环境差的问题相当突出。应把优化消费环境作为结构性改革的重要任务,采取加强消费市场监管、降低物流成本、推进消费税改革等一揽子改革,营造良好的消费市场环境。

（2）培育服务型消费。扩大内需的改革并不过时。进入中高收入阶段，中等收入群体是服务型消费的主体，但我国中等收入群体比例明显偏低。这就需要加快调整收入分配结构，培育中等收入群体。为此，需要突出社会保障等基本公共服务均等化，突出人口城镇化相关体制创新，形成支撑服务型消费潜力释放的体制环境。

（3）以服务型消费引领新供给。在经济下行压力增大的同时，健康、教育、养老、文化等领域发展势头良好。如果能够因势利导，加快形成服务型消费供给能力，完全有可能在服务业领域形成一批新的支柱产业、朝阳产业，实现经济转型升级。

**4. 供给侧改革与需求侧改革相互促进**

在我国转型发展的特定背景下，供给侧改革与需求侧改革相辅相成、互为条件。第一，我国的市场化改革尚未完成，既存在被抑制的消费市场，同时也存在因竞争不足导致的供给短缺。第二，需求侧改革旨在释放发展潜力，创造国内大市场，供给侧改革旨在提高生产效率，提高全要素生产率。第三，供给侧改革重在发挥市场在资源配置中的决定性作用，需求侧改革重在发挥政府的有效作用，两者相互配套，相互支持，互为支撑，不可偏废。

## （二）服务业市场开放是重点

服务业市场开放程度低是当前我国经济转型升级的突出矛盾。"十三五"，全面放开服务业市场，不仅是缓解经济下行压力的重要举措，而且是结构性改革的关键一步。

**1. 服务业市场开放牵动需求侧与供给侧两端**

（1）释放新需求的关键是服务业市场开放。服务型消费需求能否成为拉动国内经济增长的新动力，取决于服务业市场开放程度。当前，有需求无供给的主要领域是服务业领域,而服务型消费供给能力不足受制于服务业领域的行政管制,因此,只有服务业市场开放才能释放新需求。

(2)创造新供给的重点是服务业市场开放。适应服务型消费需求全面快速增长的新趋势,加大服务业领域投资,形成服务业领域的新供给,是工业产能过剩条件下实现投资消费动态平衡、改变供求关系扭曲的根本出路。

(3)需求侧与供给侧改革并重需要突出服务业市场开放。我国服务业领域是个大市场,但问题在于服务业领域市场开放严重滞后,这个大市场潜力远未发挥出来,有需求无供给的矛盾突出。因此,加快服务业市场开放,就是要形成服务业领域供需两旺的新常态。

**2. 服务业市场开放对经济转型升级具有全局性意义**

(1)服务业市场开放决定工业转型升级成败。推进生产性服务业市场开放,实现由生产型制造向服务型制造的转型,对于把握全球新一轮产业革命新机遇、推动中国制造 2025 有效落实具有决定性意义。

(2)服务业市场开放牵动影响人口城镇化进程。推进生活性服务业市场开放,是提升健康、教育、养老、文化等发展水平,提高人口城镇化发展水平的重要基础。

(3)服务业市场开放是形成消费主导新格局的关键。服务业市场开放将有力促进由物质型消费向服务型消费的转型升级,实现国内消费总规模的快速扩张。

**3. 服务业市场开放能够带动整个结构性改革的突破**

(1)服务业市场开放带动市场化改革的新突破。服务业市场开放将市场资源配置的重点由工业领域转向服务业领域,由此形成市场决定资源配置的新格局。

(2)服务业市场开放带动对外开放的新突破。服务业市场开放将大大加快我国参与全球自由贸易的进程,为"一带一路"建设提供新的引擎,并有效提升我国在对外开放中的制度性话语权。

（3）服务业市场开放带动财税、金融、教育、社保等各个领域的制度创新。经过 3～5 年的努力，使得整个制度结构与经济转型升级相适应，为我国迈向高收入国家奠定重要的体制基础。

### 4. 服务业市场开放是一场深刻的革命

近年来，中央出台了不少服务业发展指导意见，对生产性服务业和生活性服务业都做了专项的实施意见。但由于服务业市场开放上没有新的突破，相当多的举措很难落地。以国内四个自由贸易试验区为例，负面清单主要是针对服务业领域的，主要是限制服务业领域市场开放的。相当多的服务业领域带有垄断的性质，尽管服务业市场开放满足了多元化的服务消费，但触及了现有的既得利益，是一场深刻的变革。在服务业市场开放上，不仅需要解放思想，更需要打破利益固化的僵局。

## （三）注重通过权力结构调整推进政府转型与改革

经济转型升级需要发挥市场在资源配置中的决定性作用，同时需要一个有为政府。党的十八大以来，以简政放权为重点的行政体制改革取得重要进展，尤其是负面清单、权力清单、责任清单、财政支出清单等的推行，集中反映了经济转型升级的需求，在理顺政府与市场关系、推动服务业市场开放上取得重要成效。但问题在于，结构性改革的深入推进已经开始触及深层次的行政权力结构改革。下决心改革不合理的行政权力结构，才能实现结构性改革的新突破。

### 1. 强化国家中长期战略职能

经济发展方式转变提出多年来，始终未能取得实质性突破，在很大程度上反映了国家中长期战略职能缺位的问题。经济转型升级，政府的中长期战略职能十分关键。问题在于由于行政权力结构不合理，多年来政府一般的经济管理职能比较强,而中长期战略职能比较弱。一些本应以宏观管理、战略管理为主的部门,把主要精力放在以行政审批为重点的微观管理上,中长期战略职能相对薄弱;某些战略规划缺乏应有的前瞻性、预见性,某些规划实施缺乏刚性约束;不同领域的规划协调性不足,"多规合一"尚未全面实施;国家中长期规划决策职能与执行职能不分;地方规划与中央规划相脱节、中央规划虚置的矛盾比较突出。这就需要统筹考虑行政审批改革到位和强化国家中长期战略职能同步推进,调整国家发改委机构设置,实现其职能由管微观、管审批,向管宏观、管战略的重大转变。

**2. 强化公共财政职能**

宏观税负偏高、公共服务能力偏弱,是制约经济转型升级的突出矛盾。无论是投资环境的恶化,还是人口城镇化发展滞后,消费需求难以充分释放,都同财政的公共性直接联系在一起。我国进入工业化后期,政府的公共财政职能是国家治理体系和治理能力现代化的重要基础。党的十八届三中全会《决定》强调,"财政是国家治理的基础和重要支柱,科学的财税体制是优化资源配置、维护市场统一、促进社会公平、实现国家长治久安的制度保障"。当前,打造大众创业、万众创新引擎需要推行结构性减税计划;打造公共产品、公共服务引擎需要把公共财政职能摆在突出位置。

由于财税部门权力结构设置的不合理,政府对整个财税的管控能力比较薄弱:财政预算编制和预算执行放在一个部门,既难以确保财政预算编制的科学性,又难以提高财政预算执行效率;国税地税分设导致征税成本极高,压缩了结构性减税的空间;财政与税收部门分设,降低了财政部作为宏观调控部门对财税政策的统一管控能力。因此,这就需要调整财税部门机构设置,增强国家财税管控能力。一方面,增强国务院对国家预算的管控能力,搭建整个国家预算管理新的体制框架,为提高预算管理效率和向人大报告预算制度化创造条件;另一方面,增强财政部作为宏观调控部门对整个财税政策的管控能力,突出财政、税收政策的统一性。建议成立专司财政预算的国家预算局，推动国税地税合并，逐步实现财政、税收统一归口财政部管理。

### 3. 正确履行国有资产所有者职能

政府正确履行国有资产所有者职能，是推动国企改革去产能的重要前提。当前，国企去产能主要采取行政手段，反映了多年来国有资产所有者职能的结构性缺陷。某些国有企业在经济繁荣的时候利润过高，但上缴财政的租金和红利却很少，也没有考虑自身的转型升级；到经济萧条的时候，却因为"大而不能倒"造成财政包袱，其债务需要国家埋单。当前，推动国有企业去产能、债转股，只能缓解眼前国有企业的困难，并不能从根本上解决问题。要从根本上解决问题，还需要正确履行国有资产所有者职能，形成国有资本优化布局的改革方案。

此外，国有经济分布仍过宽、过散；国有资本公益性严重不足；对于"关系国家安全和国民经济命脉的重要行业和关键领域"的范围，目前尚没有明确的目录与标准，导致国有资本战略布局调整实际操作难度较大；国有资产管理条块分割，难以从全局高度对国有经济布局结构进行总体规划。这就需要推动宏观管理、资本运营和监督评价三种国有资产管理职能和机构的分离，理顺财政部、国资委、国有资本投资及运营公司之间的关系，以管资本为主形成新的国有资产管理体制。

### 4. 完善对外经济职能

2015年以来，随着亚投行、丝路基金的设立和人民币入篮，我国对外经济职能得到进一步加强。但从整个经济职能看，对内经济职能比较强、对外经济职能比较弱的格局尚未得到根本改变。在"一带一路"战略深入实施、经济外交的战略性日益凸显的今天，如何在行政机构设置上突出经济外交，成为行政权力结构改革的重大任务。以对外援助为例，对外援助规模持续增长，但对外援助分散在商务部、外交部、财政部等部委，没有一个机构系统地规划与评价对外援助政策及项目的有效性。如何整合各类分散的对外经济职能,形成强有力的大外交职能,更需要从调整行政权力结构入手,大大强化政府的对外经济职能。

### 5. 强化以公共服务为中心的社会职能

服务业市场开放需要推动政府购买公共服务,人口城镇化需要政府把基本公共服务均等化作为基本职能,释放消费需求需要政府强化社会保障职能,创造良好的消费预期。也就是说,强化以公共服务为中心的社会职能,是经济转型升级中政府有为的重要领域。

同时也看到,经济职能强、社会职能相对薄弱是政府职能突出的结构性缺陷。在强化各级政府最终责任的前提下,充分利用市场机制和社会机制做大公共服务"蛋糕"是走向现代政府治理的重要标志。新一届中央政府在推行政府购买公共服务、PPP模式等新机制上迈出重要步伐,但由于行政权力结构上尚未解决政事不分、政社不分、管办不分的问题,事业单位改革多年来难以真正突破,社区微政权作用远未发挥出来,公益性社会组织作用远未发挥出来。这就需要加快推进事业单位去行政化,从法律法规上明确公益性社会组织法人地位,推动社区微政权成为基层公共服务的重要载体和重要平台,形成公共服务供给的多元主体。

### 6. 建立公共服务导向的中央、地方关系

多年来,地方政府以GDP为中心的行为模式,使得其把招商引资、经营城市作为重要职能。由此不仅导致了政商关系的扭曲,政府与市场关系的扭曲,还造成大量的地方债务风险。从现实看,地方政府增长主义的根源在于中央、地方财税关系以经济总量为导向,而不是以公共服务为导向。这种体制格局不改变,仅仅是化解地方债务问题,很难从根本上解决问题。

改变地方增长主义倾向,实现地方政府向公共服务主体角色回归,对改革中央、地方财税关系提出了新的要求。由于中央、地方财税关系改革

滞后，公共服务事权与财力不匹配，中央、地方公共职责分工体制尚未建立起来；一些公共职能如环境保护、市场监管由中央垂直管理更有利，但这些职能仍放在地方。近年来的实践表明，中央、地方关系不调整，无论是政府职能转变，还是优化行政权力结构与运行机制，都难以取得实质性进展。为此建议：按照中央、省、县(市)三级政府框架划分中央、地方职责分工，逐步将中央和地方各级政府的公共服务职责明确化、法定化、可问责；适应人口城镇化趋势调整行政区划，实现公共资源在城乡间均衡配置；把形成有效的地方治理作为新时期理顺中央、地方财税关系的基本目标，按照三级政府的框架重新确定各级政府征税权，财权财力配置重点向县(市)倾斜，赋予其稳定的税源。

# 三、结构性改革需要处理好五大关系

在增长、转型、改革高度融合的背景下推进结构性改革，需要使经济增长处于合理区间，但更重要的是实现转方式、调结构的重大突破。这就需要处理好速度与结构、短期与中长期、政策与体制、政府与市场、顶层设计与基层创新五大关系。

## (一) 处理好速度与结构的关系

从实践看，在经济转型期，追求过高的经济增长速度往往容易强化旧结构，而不利于形成新结构。尤其是在去产能、去库存、去杠杆的背景下，追求过高的经济增长速度并不现实。这就需要经济增速适度让位于经济质量，让位于结构调整，服从经济转型升级这个大局。

### 1. 从更加注重速度到更加注重结构

(1)注重通过结构调整提升经济质量。延续原有结构下的经济增长不可持续，不能以一时的经济增长而牺牲结构调整。因此，当前经济增长速度应当让位于经济质量,应更加注重提升消费、服务业在经济增长中的比例,更加注重工业转型升级。

(2)经济增速要为结构调整预留空间。在保持经济适度增长的同时,要把结构调整作为宏观调控的重点。当前经济下行压力不断增大,既有增长周期的原因,更有发展方式的问题。客观地看,这些矛盾和问题大都与经济结构调整滞后直接相关。

(3)不能因为短期内经济下行压力增大而忽略转方式、调结构的长期目标。不能因为经济增长速度而导致宏观政策摇摆不定,延误经济结构调整时机。在去产能、去库存、去杠杆上坚定不移。同时,要创造良好的政策体制环境,在培育新的经济增长点上不遗余力。

(4)保持 6%~7%的 GDP 增速。经济增长速度要考虑到各方面的承受能力,只要居民消费价格涨幅保持在 3%左右,城镇新增就业在 1000 万人以上,城镇登记失业率控制在 4.5%以内,单位国内生产总值能耗下降3.4%以上,尽可能不采取货币扩张等手段刺激经济增长,我国保持6%~7%的 GDP 增速就是有可能的。

**2. 调结构的重点是加快发展现代服务业**

(1)中速增长建立在现代服务业快速发展基础上。近几年来,我国服务业每增长 1 个百分点,可带动 GDP 增长约 0.4 个百分点。如果"十三五"服务业年均增长 10%,则可以带动 4 个百分点的经济增长。在这个前提下,可以形成经济中高速增长的底线。

(2)维持充分就业。目前服务业每增长 1 个百分点能吸纳约 100 万个新增就业,如果服务业年均增长 10%,未来五年每年将吸纳新增就业 1000万人左右,成为吸引就业的主要渠道,并为创新创业开辟巨大的市场空间。即使去产能、去库存带来较大幅度的经济波动,也能够消化经济结构调整中带来的失业现象。

(3)在发展服务型制造上寻求新的增长点。着力发展以研发为重点的生产性服务业,改造传统产业,实施"互联网＋生产性服务业"计划,推动服务型制造的快速发展。在这个前提下,不仅能为去产能、去库存找到一条新路子,还能形成绿色发展的新格局。如果 2020 年服务业占比达到 55％,能源消耗量将下降 14％左右,二氧化硫将减排 18％左右。

### 3. 争取服务业年均增长速度达到 9％～10％

（1）"十三五"服务业年均增长速度不应当低于过去 10 多年间的水平。2001—2013 年服务业年均实际增长 10.6％,"十三五"在服务型消费全面快速增长的条件下,服务业将进入一个快速发展时期。

（2）服务业的投资空间巨大。服务业领域面临行政垄断和市场垄断,一旦加快服务业市场开放,将释放巨大的增长潜能。例如,教育、医疗等服务需求远没有得到满足,到 2020 年总体实现基本公共服务均等化,至少需要新增数十万亿元的投资。

（3）产业变革的现实需要。2015 年服务业增加值占 GDP 的比重达到 50.5％,到 2020 年,服务业占比将达到 58％左右,基本形成以服务业为主体的产业结构,要求服务业增加值年均增长速度不低于 9％～10％。在生产性服务业和生活性服务业潜力逐步释放的条件下,服务业增加值年均增长 9％～10％是可实现的。

## （二）处理好短期与中长期的关系

经济转型升级是个大战略,在时间跨度上不能看得太短。如果太看重短期的波动,就会失去中长期的机会。把握 2020 这个历史关节点推进结构性改革,需要立足于中期,消化短期,并赢得中长期。

### 1. 从关注短期到谋划中长期

按照我国到 2020 年国内生产总值和城乡居民收入比 2010 年翻一番的目标,以 2015 年平均汇率计算,到 2020 年人均 GDP 将达到 1.1 万美元,基本跨越中等收入阶段进入高收入国家行列。从这个意义上来说,2020 年是我国迈向高收入国家行列的一个重要节点。即使 2020 年达不到高收入国家标准,但如果产业基础具备了,进入高收入国家行列是比较确定的。

**2. 立足中期,缓解短期**

(1)客观认识经济转型时期带来经济下行的短期压力。无论是产能过剩,还是房地产库存积压等,都是经济转型滞后的结果。如果工业、房地产行业在过去五年实现成功转型,就不会出现今天的情况。总的来看,工业与房地产行业的经济转型升级已经刻不容缓。去产能、去库存、去杠杆能够解决经济增长中的短期矛盾,但从中长期看,结构性改革更重要的是突出转型发展。如果转型发展做好了,用转型发展的办法去产能、去库存、去杠杆,才能既消化短期问题,又赢得中长期发展的主动性。

(2)就短期解决短期,不仅难以解决问题,还可能带来更大隐患。不能就短期而论短期,把矛盾和隐患留在未来。解决短期问题,只有从经济转型升级入手才能实现标本兼治。去产能、去库存、去杠杆都很重要,更重要的是经济要新产业、新业态、新的增长点出现,这样才能在去产能、去库存、去杠杆的条件下避免经济硬着陆。

(3)立足 2020 这个中期化解短期。明确到 2020 年经济转型升级的目标,立足中期来化解短期矛盾,不仅可以缓解短期经济下行的压力,增强转方式、调结构的动力,而且能够为未来 10 年、20 年的可持续发展打下坚实基础。

**3. 把握好经济转型升级的历史节点**

(1)关键是经济转型要闯关。与市场经济体制改革初期价格要闯关一样,今天的经济转型也处于闯关的重要历史节点。建议尽快形成经济转型闯关的行动计划,确保经济转型 1～2 年打基础,2～3 年见成效,5 年内取得决定性成果。

(2)2016—2017 年是一个小坎。这两年的经济增长速度目标可以安排得稍微低一些,以确保经济结构调整的顺利进行。如果这两年新的经济增长点培育有所突破,2018—2020年就会有较好的增长势头。在这两年中,服务业市场开放需要取得实质性突破,从而确保在服务业快速发展中消化去产能、去库存的巨大压力。

(3)2020年是一个大坎。如果服务业市场开放取得实质性突破,确保服务业占GDP的比重接近60%,越过这个坎,未来10年实现6%～7%的经济增长便有了基础。

## (三) 处理好政策与体制的关系

在当前的经济形势下,短期内政策刺激起托底作用。但化解经济下行压力,主要不是靠政策刺激,关键在于适应发展趋势,处理好政府与市场关系,充分发挥市场在资源配置中的决定性作用和更好发挥政府作用,在制度创新中发挥政策的放大效应。与此同时,政策要与体制创新相配套,并服务于制度创新。

### 1. 从依靠政策刺激到着力体制创新

只要经济增长处于合理区间,在不发生硬着陆的前提下,坚持不用政策刺激,尤其是不再用大水漫灌式的刺激政策保增长。当前,尤其是房地产、股市慎用加杠杆的办法推动一时的繁荣。就房地产加杠杆而言,一线城市房价快速攀升,使得真正需要去库存的二、三线城市去库存压力反而增大。就股市而言,再鼓励各类资金加杠杆入市,最终造成虚拟经济的非理性繁荣,反而使得实体经济更难得到经济转型升级所需要的资金。为此,短期政策应让位于体制创新,服务于体制创新,把主要的注意力放在体制创新上,坚持通过体制创新形成经济增长的内生动力,形成新的经济增长点。

### 2. 关键在于形成服务业市场双向开放的制度安排

(1)让市场在服务业领域发挥决定性作用。服务业市场开放既是经济结构调整的关键,又是市场化改革的战略重点。建议尽快形成服务业市场双向开放的行动计划。

(2)服务业对国内社会资本全面开放。进一步解放思想,全面推行服务业领域的负面清单管理,真正实现社会资本能够进入法律未禁止的服务业领域。

(3)服务业对外资有序开放。系统梳理可以对外资开放的服务业领域,在国内四大自贸区尽快形成对外资开放的正面清单,限期实现对外开放。与此同时,建议设立服务业市场对外开放综合改革试验区,在扩大服务业对外开放中发挥重要作用。

**3. 发展服务业的政策与体制要配套**

近年来,尽管国家允许不少服务业领域对社会资本开放,但由于相关的价格、财税、土地、人才等多方面的政策不配套,社会资本进入一些服务业领域仍有很大的难度。在这种情况下,就需要先行推进工业与服务业政策平等,系统改变激励工业发展、抑制服务业发展的传统政策。在社会急需发展的现代服务业领域,实施各类优惠政策,为服务业市场开放创造有利的政策条件(见表8-4)。

表8-4　"十三五"结构性改革的时间表

|  | 2018 年 | 2020 年 |
|---|---|---|
| 服务业市场开放 | 率先向社会资本放开教育、医疗、健康、养老等领域。 | 服务业领域行政垄断和市场垄断初步打破,形成服务业双向市场开放的新格局。 |
| 户籍制度改革 | 全面实施居住证制度。 | 农民工退出历史舞台,户籍人口城镇化率达到 50%。 |
| 投资体制改革 | 实现投资与消费的动态平衡;服务业固定资产投资占比明显提升。 | 基本形成以服务业为主导的投资结构。 |
| 加快二次开放 | 服务业有序对外开放。 | 服务业对外资和内资同等待遇;初步形成以服务贸易为重点的外贸结构。 |

**续　表**

|  | 2018 年 | 2020 年 |
|---|---|---|
| 财税体制改革 | 2016 年全面完成营改增；启动消费税改革；全面清理行政性收费。 | 探索开征房产税、环境税等；启动国税地税合并。 |
| 金融体制改革 | 有序推进金融业对外开放；鼓励发展各类民营银行；推出证券市场注册制改革。 | 现代金融监管框架初步建立；金融支持实体经济的格局初步形成。 |
| 教育结构改革 | 教育去行政化取得初步进展。 | 职业教育得到快速发展。 |
| 社会保障制度改革 | 城乡社会保障制度初步统一。 | 城乡社会保障水平差距明显缩小。 |
| 监管体制改革 | 行政审批与市场监管职能与机构初步分开，大数据监管全面运用。 | 消费市场、垄断行业监管体制基本理顺。 |

## （四）处理好政府与市场之间的关系

如何在激发市场活力、企业活力的同时，形成经济转型升级中的有为政府，是有效推进结构性改革的重大挑战。从实践看，经济生活领域诸多的结构性扭曲源于过多行政干预导致的政府与市场关系扭曲，但在去产能、去库存、去杠杆中又往往不自觉地过多运用行政手段。因此，如何处理政府与市场之间的关系始终是结构性改革的一大难题。

### 1. 结构性改革要防止政府替代市场

（1）经济生活领域，相当多的结构性扭曲是源于政府与市场关系的扭曲。投资与消费失衡、人口城镇化滞后于规模城镇化、服务业领域不合理的行政管制等，都与政府主导模式所导致的政府与市场关系扭曲直接相关。

（2）注重改变政府主导型经济增长方式。例如：第一，从解决投资与消费失衡的现实需求出发，把投资权交还给企业；第二，改变行政主导的城镇化模式，改变按照行政等级配置公共资源的状况，为全面实施居住证制度创造条件;第三,在服务业领域全面实施清单管理,破除服务业领域不合理的行政管制。

(3)尽可能避免用行政手段去产能、去库存、去杠杆。在市场经济条件下,去产能、去库存、去杠杆的主体是企业,应当尽量由市场主体决定,政府不应当越俎代庖。除非在特殊情况下不得已而为之,但不能常态化。

**2. 供给侧结构性改革的主角是企业和企业家**

(1)发现新需求、创造新供给的主体是企业和企业家。多年来,过剩产能、过高房地产库存的产生,都有政府干预的重要因素。事实上,企业和企业家对市场的反应最敏感,其自主决策产生的后果也由自己承担,政府没有必要去干预。

(2)不能简单地把结构性改革看成是政府增加有效供给。从多年来的实践看,政府替代市场主体提前预判产业发展的技术路线并不成功。加快企业结构调整,优化企业的技术结构、产品结构和组织结构,促进企业转型升级的主体是企业,政府不应当为企业结构调整和创新主观设定技术路线。

(3)企业和企业家是创新的主体,重视产业变革中的企业家精神。企业家精神是推动产业创新、产业变革的最重要因素。应把优化企业发展环境、激发企业活力、倡导企业家精神作为结构性改革优先解决的重大问题。注重激发非公经济活力,注重企业家私人产权保护,注重知识产权保护;在国企改革去产能过程中,同样需要注重企业家精神的发挥,在产业重组过程中尽可能不搞政府"拉郎配"。

**3. 政府要成为创造制度环境的主体**

(1)推动政商关系规范化。在政府主导型经济增长方式下,地方政府与企业家之间的边界往往划分不清,政商关系模糊,不仅使得企业把过多的时间用于和政府官员打交道上,淡化了企业创新,同时还导致过多的机制性腐败。

（2）政府是制度供给的主体，企业是追求营利的主体。政府是规则制定的主体，是裁判员，不能亲自下场踢足球。政府应对所有企业一视同仁，不能偏袒于任何一个企业。

（3）政府重在优化企业转型与改革的制度环境。当前，要千方百计地把企业过高的制度成本降下来。在深化简政放权改革、打击官商勾结的同时，以服务业领域全面推行"营改增"为起点，实施大规模减税计划，适当降低企业"五险一金"成本，推动营商环境国际化。

（4）地方政府要成为公共服务主体。在人口城镇化快速发展的今天，地方政府之间的竞争将逐步由围绕GDP展开，转变为围绕提供良好公共服务、提升城镇品质、吸引人口流入展开。如果一些地方公共服务不好，人口净流出，经济发展就会出现动力枯竭的现象，更谈不上经济转型升级。

### （五）处理好顶层设计与基层创新之间的关系

从近两年改革的实际进展看，有些领域的改革进展较快，并且有实质性突破，但有些领域的改革滞后，并出现了改革"打滑、空转"的现象。当前，改革已经进入"深水区"，改革的环境和条件发生了重大变化，改革的难度和复杂性也大大增加。这就需要将顶层设计和基层探索创新有机结合起来。

#### 1. 结构性改革顶层设计很重要，基层创新也很重要

（1）结构性改革离不开基层创新。例如，各方面对服务业市场开放的认识并不统一，但可以做地方试验，如果效果好，就可以在全国范围内实行。从过去38年的改革经验看，改革创新是一个探索的过程，尤其离不开地方的探索实践。改革试点—扩大试点—全国范围内普及，成为多项制度创新的现实有效路径。

（2）我国是一个大国，地方情况千差万别，许多改革不能一刀切。例

如,广东和东北的情况差异很大,其在经济转型升级上面临的形势和任务差别很大,如果采取同样的办法进行改革,就很难达到同样的效果。

(3)改革需要发挥顶层推动和基层创新两个优势。结构性改革攻坚涉及中央、地方关系,涉及部门利益、行业利益等,改革落地和预想往往差距较大。这就需要强化改革的顶层协调和顶层推动,以更大的决心和魄力突破既得利益。与此同时,按照经济转型升级的要求合理安排改革试点,鼓励地方结合实际进行探索创新,发挥基层首创精神。要鼓励地方按照中央统一部署,结合本地实际先行先试。鼓励地方改革试点,营造全社会改革的大环境。

**2. 实现顶层设计和基层探索创新有机结合**

(1)把握结构性改革的特点,优化改革推进方式。落实党的十八届三中全会、四中全会和五中全会全面深化改革精神,改革任务相当繁重。从现实看,需要区分哪些适合通过文件上传下达贯彻落实,哪些需要基层创新和主动试点。为此,需要根据改革特点采取最优化的改革推进方式。

(2)基础制度建设突出顶层设计。尽管制度安排的具体表现形式可以有差异,但一个国家大的基础制度框架,只能通过顶层设计来完成。在国资国企、财税、金融、对外开放等基础制度建设上,应当全国一盘棋,需要强化顶层设计,并从中央到地方自上而下地推动。

(3)在经济转型升级具体的制度创新和机制创新上提倡地方试点。在不违背大的原则的前提下,考虑到不同省区市的具体情况,可以允许地方政府做大胆的尝试。

**3. 建立鼓励改革的激励机制**

(1)在经济转型闯关的特定背景下,更应当赋予地方政府更大的改革自主权。例如,从经济转型升级的现实需求出发,可以设置服务业市场开放综合改革试验区、生产性服务业发展综合改革试验区,使得更多地方能够有更大的改革创新空间。

（2）形成鼓励改革者的具体办法。经济转型闯关，需要改变庸政、懒政、不作为。在大胆提拔锐意改革、有魄力、有能力的干部方面形成具体的激励机制，形成结构性改革的良好氛围。

（3）适应经济转型升级建立地方政府业绩考核机制。把服务业、人口城镇化、消费、基本公共服务等作为地方政府业绩考核的硬指标，尽快形成与结构性改革激励相容的新机制。

# 参考文献

[1] 迟福林. 转型闯关——"十三五":结构性改革历史挑战[M]. 北京:中国工人出版社,2016.

[2] 迟福林. 转型抉择——2020:中国经济转型升级的趋势与挑战[M]. 北京:中国经济出版社,2015.

[3] 马骏,等. 中国国家资产负债研究[M]. 北京:社会科学文献出版社,2012.

[4]《中共中央关于制定国民经济和社会发展第十三个五年规划的建议》辅导读本[M]. 北京:人民出版社,2015.

[5] 陈宪,殷凤,程大中. 中国服务经济报告2009[M]. 上海:上海大学出版社,2010.

[6] 李扬,等. 中国国家资产负债表2013——理论、方法与风险评估[M]. 北京:中国社会科学出版社,2013.

[7] 郑秉文. 中国养老金发展报告2014——向名义账户制转型[M]. 北京:经济管理出版社,2014.

[8] 高培勇. 财税体制改革与国家现代化[M]. 北京:社会科学出版社,2014.

[9] 魏后凯,等. 中国城镇化和谐与繁荣之路[M]. 北京:社会科学文献出版社,2014.

［10］迟福林.走向服务业大国的转型与改革——2020年中国经济转型升级的大趋势［J］.上海大学学报（社会科学版），2015（1）.

［11］迟福林.监管转型是深化简政放权的关键［J］.行政管理改革，2015（9）.

［12］迟福林.教育需要第二次改革——"十三五"教育结构调整与改革的思考［J］.中国井冈山干部学院学报，2015（5）.

［13］迟福林.走向服务业大国的转型与改革——2020年中国经济转型升级的大趋势［J］.上海大学学报（社会科学版），2015，32（1）.

［14］迟福林.经济转型的新趋势与新动力［J］.中国金融，2016（1）.

［15］迟福林."十二五"时期教育公共服务体系建设：突出矛盾与主要任务［J］.经济社会体制比较，2011（2）.

［16］祁斌，查向阳，等.直接融资和间接融资的国际比较［J］.新金融评论，2013（6）.

［17］刘国艳，等.从国际比较看我国直接税与间接税比例关系［J］.财政研究，2015（4）.

［18］刘植才.我国财产税制存在的缺陷及其改革构想［J］.现代财经，2006（1）.

［19］李松.调查称小城镇"抢地"冲动强烈　违规违法问题凸显［J］.半月谈，2013（13）.

［20］王志英.地方本科院校转型应用技术类型高等学校途径探讨［J］.现代企业教育，2014（16）.

［21］吴霓.我国民办教育发展的现状特点、问题及未来趋势——基于统计数据和政策文本的比较分析［J］.教育科学研究，2015（2）.

［22］程莹，张美云，俎媛媛.中国重点高校国际化发展状况的数据调查与统计分析［J］.高等教育研究，2014（8）.

［23］深圳市老龄办.顶层设计发展老龄服务事业和产业［J］.中国社会工作，2013（7）.

［24］甄学军.教育开放现状与展望［J］.开放导报，2014（2）.

［25］赵应生,钟秉林,洪煜.转变教育发展方式:教育事业科学发展的必然
选择[J].教育研究,2012(1).

［26］曹远征,等.重塑国家资产负债能力[J].财经,2012(15).

［27］王磊,王丽坤,潘敏.养老金缺口辨析与弥补对策[J].党政干部学刊.
2014(3).

［28］中国中小企业发展促进中心,中国中小企业国际合作协会.2015 年全
国企业负担调查评价报告[J].中国中小企业,2015(11).

［29］阎婧祎,中国大学的同质化现象分析及对策[J].大连民族学院学报,
2015(7).

［30］朱劲松.我国农村教育水平与城市化率实证研究[J].商业时代,2010(14).

［31］崔英.金融危机背景下我国政府采购领域商业贿赂治理对策研究
[J].北京理工大学学报(社会科学版),2009(6).

［32］杨长湧.我国扩大服务业对外开放的战略思路研究[J].国际贸易,
2015(4).

［33］朱永新.为民办教育创造公平友好的制度环境[J].河南教育(基教
版),2014(10).

［34］李克强.GDP 增长 1 个百分点能拉动 150 万人就业[N].工人日报,
2013-11-05.

［35］迟福林."十三五"改革应以服务业开放为重点[N].经济参考报,
2015-10-29.

［36］迟福林.转型升级需要深化教育改革[N].经济参考报,2015-06-05.

［37］迟福林."十三五":以结构性改革推动转型升级[N].经济参考报,
2015-12-16.

［38］迟福林.形成服务业主导的产业结构[N].人民日报,2015-08-26.

［39］迟福林.推进以公共资源配置均等化为重点的中小城镇发展[N].中
国经济时报,2014-01-06.

[40] 迟福林. 城镇化要走公平可持续新路[N]. 人民日报,2013-01-23.

[41] 迟福林. 以公共资源配置均等化为重点的中小城镇发展[N]. 中国经济时报,2014-01-06.

[42] 迟福林. 推进市场监管向法治化转型[N]. 经济参考报,2014-06-27.

[43] 周子勋. 新型城镇化或将成为中国经济增长的新动力[N]. 中国经济时报,2014-12-22.

[44] 陈青松. 新型城镇化的金融大考[N]. 中国企业报,2014-04-01.

[45] 朱敏. 如何更好地发挥城镇化对消费的拉动作用[N]. 中国经济时报,2013-05-13.

[46] 张斌. 中国经济趋势下行的逻辑[N]. 21 世纪经济报道,2013-10-14.

[47] 王昌林. 支撑 7％的产业发展新动力[N]. 光明日报,2015-08-07.

[48] 张斌. 中国经济趋势下行的逻辑[N]. 21 世纪经济报道,2013-10-14.

[49] 李洪鹏,温如军. 中央定价范围减少至 7 类 20 项[N]. 法制晚报,2015-10-21.

[50] 2015 年度全国市场主体发展、市场竞争环境和市场消费环境有关情况[N]. 中国工商报,2016-01-14.

[51] 贾康. 直接税和间接税比重失衡阻碍经济转型[N]. 人民日报,2012-10-10.

[52] 许生. 企业税负现状调查与政策建议[N]. 学习时报,2013-08-26.

[53] 吴楚. 中小微企业扶持政策不能"看上去很美,做起来很难"[N]. 中国青年报,2015-03-08.

[54] 蔡昉. 对"人口红利"的几点认识[N]. 经济日报,2015-06-18.

[55] 姚轩杰. 宽带基础设施外溢投资待启动,中小城镇潜力大[N]. 中国证券报,2013-08-08.

[56] 报告称北京应弱化户籍福利　明确外来人口落户条件[N]. 光明日报,2014-05-27.

［57］苗树彬,方栓喜.扩大中等收入群体是个大战略［N］.光明日报,2013-04-23.

［58］周顿."人口老龄化"困扰中国［N］.民主与法制时报,2015-11-24.

［59］邱玥.告别 2015 文化消费持续发力［N］.光明日报,2016-01-14.

［60］王惠绵.扩大中等收入群体是个大战略［N］.深圳商报,2014-03-11.

［61］陈郁.2050 年我国老年人口消费潜力将达 106 万亿元左右［N］.经济日报,2014-12-03.

［62］张彬.2020 健康产业或达 10 万亿 央企积极布局健康产业［N］.经济参考报,2013-04-12.

［63］张锐.产能过剩覆压中国制造业［N］.中国经济导报,2012-09-27.

［64］林火灿.建立长效机制化解产能过剩［N］.经济日报,2014-11-18.

［65］赵正.移动教育:颠覆传统 K12 教辅市场［N］.中国经营报,2014-07-19.

［66］2014 年中国出国留学人数近 46 万"海归"逾 36 万［N］.新民晚报,2015-03-10.

［67］马丁·沃尔夫.中国不应再拖延改革与调整［N］.金融时报,2014-04-12.

［68］梁达.以人口城镇化来释放巨大内需潜力［N］.上海证券报,2013-01-09.

［69］罗政.房企业绩分化 上市公司谋转型［N］.经济参考报,2015-09-10.

［70］罗政.上半年房企业绩分化 部分上市公司寻求转型［N］.经济参考报,2015-09-10.

［71］吉雪娇.11 月 25 家房企销售金额同比大涨 17％［N］.金融投资报,2015-12-25.

［72］中国社科院测算中国养老市场 2030 年 13 万亿［N］.国际金融报,2015-11-30.

［73］赵瑾.全球服务贸易接近 10 万亿美元 服务贸易商机涌现［N］.人民

日报,2015-12-20.

[74] 张飞.放开服务行业　释放市场红利[N].上海证券报,2015-04-14.

[75] 全球正处第三个经济"超级周期",新兴市场增长是关键[N].南方日报,2013-11-11.

[76] "中欧改革论坛启动研讨会"召开　中欧自贸区研究启动[N].光明日报,2015-03-16.

[77] 蔡昉.全要素生产率可延长传统的人口红利[N].北京日报,2015-11-23.

[78] 刘少华.全球价值链上游:中国企业来了! 越发高端"走出去"[N].人民日报(海外版),2016-01-04.

[79] 曹婷.人才成为制约互联网金融发展瓶颈[N].经济参考报,2015-09-17.

[80] 马文普."一带一路"战略需培养专业化国际人才[N].中国企业报,2015-07-27.

[81] 李韶文.高端人才短缺制约服务外包升级[N].国际商报,2014-05-30.

[82] 尹蔚民.提高技术工人待遇[N].经济日报,2015-12-14.

[83] 李兰.缓解就业市场结构性矛盾刻不容缓[N].经济参考报,2015-03-05.

[84] 王学力.提高我国技术工人待遇　推动"中国制造2025"[N].中国劳动保障报,2015-11-01.

[85] 周小华.把民办高校纳入国家财政保障范围[N].长沙晚报,2015-03-08.

[86] 杜玉波.高等教育要更加适应经济社会发展需要[N].中国教育报,2014-07-24.

[87] 阙明坤.以供给侧改革促民办教育消费升级[N].人民政协报,2015-12-09.

[88] 宋宁华.自贸区"社会参与委员会"今揭牌[N].新民晚报,2014-09-29.

# 后 记

　　"十三五",我国经济转型的历史性特点十分突出:增长、转型与改革高度融合;经济转型升级蕴藏巨大的发展潜力和市场空间;经济转型面临的矛盾与风险因素日益增多。在这个特定背景下,不仅需要结构调整,更需要结构性改革;不仅需要需求侧结构性改革,更需要供给侧结构性改革。为此,"十三五"需要把着力推进供给侧结构性改革作为经济转型升级的重大选择。

　　改革开放38年的实践表明,无论是一个地区,还是一个企业,往往不是赢在起点,而是赢在转折点。当前,面对经济转型的结构性矛盾,需要以更大的决心和魄力攻坚结构性改革,闯出一条以结构性改革化解结构性矛盾的新路子。"十三五",适应经济转型的大趋势推进结构性改革,重点是正确处理好市场、企业和政府的关系,更大程度地发挥市场在资源配置中的决定性作用,进一步激发企业活力,加大更有效的制度供给,以实现经济转型的实质性破题。

　　本书是近一两年来我在国内外公开场合演讲和深入思考的内容基础上形成的。本书的成稿得到了我的同事方栓喜、张飞、檀怀玉、李许卡、杨天英、陈薇等的协助。浙江大学出版社对本书的编辑出版给予了大力支持,在此一并表示感谢。

迟福林

2016 年 5 月 10 日